La contre-culture

Collection Mémoires

Dirigée par Henry Dougier avec un comité international d'historiens :

L'histoire des idées, des sensibilités, des créations dans le monde, au travers de lieux-symboles saisis à des moments charnières de bouillonnement ou de rupture.

Le suivi éditorial de cet ouvrage a été assuré par Valérie Antoni.

Nous tenons à remercier la Fondation franco-américaine de nous avoir accordé en 1991 une bourse Tocqueville pour nous rendre aux États-Unis en tant que « visiting scholar ». Nous exprimons également toute notre reconnaissance au Department of History de UCLA, et en particulier au Pr Monkkonen, pour leur accueil et leur aide.

Tél. : 01.40.26.06.06. Fax : 01.40.26.00.26. ISSN : 1157-4488. ISBN : 2-86260-697-9.
Dépôt légal : 2e trimestre 1997. Imprimé en France.

La contre-culture

États-Unis, années 60 :
la naissance de nouvelles utopies

Par Christiane Saint-Jean-Paulin

Éditions Autrement - collection Mémoires n° 47

Sommaire

Introduction

> La rébellion la plus élémentaire exprime, paradoxalement, l'aspiration à un ordre.
> *L'Homme révolté*, Albert Camus.

Violentes, passionnées, les années 60 sont des années de crise. Tandis que de nouvelles nations apparaissent et que s'étend l'influence des pays socialistes, les États-Unis sont, comme d'autres pays occidentaux, secoués par une remise en cause du consensus sur lequel ils étaient fondés. Dans cette atmosphère de tension et d'inquiétude, la *counter-culture*, « contre-culture », se constitue alors d'idées politiques, d'un style de vie et de conceptions philosophiques qui se définissent avant tout par leur opposition avec les modes de pensée de la grande majorité de la population - en somme la culture de la société industrialisée.

Cette culture dominante est en fait contestée par un groupe relativement restreint de personnes - essentiellement jeunes, étudiants et intellectuels - qui, souvent par idéalisme, cherchent un absolu ailleurs que dans une société dont ils rejettent le conformisme.

Dans ce mouvement disparate, on relève deux tendances principales. La première, politique et tournée vers les pauvres, traduit un renouveau de la gauche sous l'appellation légèrement différente de « nouvelle gauche » ou New Left. Ce renouveau apparaîtra rapidement comme la résurgence d'un courant anarchiste. De la démocratie américaine, ce « Mouvement », comme on l'appelle, ne relève que les insuffisances. Il est l'expression des contestataires. Ces militants qui dénoncent pêle-mêle les inégalités sociales, la guerre du Viêt-nam, le système politique et l'université se dressent contre toute forme d'autorité et font des manifestations l'un de leurs moyens d'action privilégiés. D'abord modérée et réformiste, la nouvelle gauche ne tarde pas à se convaincre que les bouleversements mondiaux auxquels elle assiste prouvent que le monde occidental est condamné, ainsi que le capitalisme qui lui a donné naissance et, de façon générale, toute société industrialisée.

La seconde tendance, celle des hippies, plus tardive, est davantage orientée vers l'expression personnelle de l'individu. Comme leurs camarades, ils se révoltent contre la société américaine mais, plus encore que sur les problèmes politiques, leurs critiques portent essentiellement sur le mode de vie des classes moyennes. Ces jeunes aux cheveux longs qui ont choisi la marginalité cherchent à s'épanouir dans le style alternatif qu'ils créent ; et, soit isolément, soit dans des communautés, ils luttent avant tout pour eux-mêmes. Sur fond de rock, les révolutions sexuelle et psychédélique en sont les éléments les plus visibles. Cependant, le mouvement hippie ne tardera pas à quitter les grandes villes pour essaimer dans un cadre rural. Sa lente agonie nourrira ainsi les « baba-cools » des années 70, qui constituent sa filiation directe.

Malgré tout, il n'y a pas opposition entre ces deux sensibilités, l'une, politique, davantage tournée vers l'extérieur et l'action, et l'autre, hippie, orientée vers l'intérieur et les sens. Comme les contestataires, les hippies affirment leur désaccord avec la société bourgeoise qualifiée de matérialiste et en rejettent les signes de prospérité. Au travail, à l'ordre et à une morale qui privilégie la famille, ils préfèrent le désordre (voire l'anarchie) et les formes d'hédonisme les plus variées. En fait, qu'il s'agisse de la révolte contre le capitalisme et l'impérialisme ou de celle de l'individu qui s'efforce de se dégager de contraintes jugées insupportables, l'idée fondamentale est celle de libération.

Époque de transition, de profonds changements, les années 60 ont engendré leur propre mode d'expression, la contre-culture, foisonnante et éphémère, créative et pourtant stérile, superficielle et si révélatrice.

Quelles conditions ont favorisé la naissance de ce mouvement qui proclame son opposition jusque dans son nom ? La vie quotidienne d'un hippie est-elle aussi gaie que les murs bariolés de son *crash-pad* de Haight-Ashbury ou que la vie dans les communes rurales de Californie ? La révolution sexuelle, les voyages étincelants au LSD, le psychédélisme ont-ils provoqué ou révélé le vide métaphysique ambiant que les *flower children* tentèrent de combler de lointaines spiritualités ? Comment le rock a-t-il pu assurer le passage vertigineux entre contre-culture et culture de masse ?

Les pages suivantes tentent de répondre à toutes ces interrogations qui, à l'aube du nouveau millénaire, resurgissent comme un rappel des peurs ancestrales... Pour certains, le mouvement hippie a contribué à l'approfondissement de la démocratie américaine. Pour d'autres, il l'a fragmentée et fragilisée. Alors, miracle ou mirage ?

1. *Naissance de la contre-culture*

Quelles conditions ont favorisé aux États-Unis, dans les années 1955-1960, l'émergence du mouvement contre-culturel ? Sur fond de baby-boom et d'abolition progressive de la ségrégation, la nouvelle génération profite d'une qualité de vie inconnue de ses aînés pour raviver la tradition américaine de contestation, découvrir Herbert Marcuse et développer une nouvelle sensibilité de gauche.

Une population, deux cultures

Parmi les principaux facteurs qui président à la naissance de la contre-culture se trouvent des éléments démographiques et culturels. L'arrivée d'une nouvelle génération, très différente de la précédente, bouleverse l'équilibre des classes moyennes. Le changement de mentalité devient d'autant plus sensible que la société de consommation étale ses contradictions et que de nouvelles approches philosophiques fascinent les esprits.

L'impact de la génération du baby-boom tient d'abord à son importance numérique et à son comportement. Le prolongement de l'adolescence, nouveau phénomène de masse, caractérise les pays prospères, d'où son apparition d'abord aux États-Unis puis en Europe.

La contre-culture est essentiellement un phénomène de jeunes (notamment d'étudiants) ; la contestation touche surtout la tranche d'âge des dix-sept/trente ans. Déjà sensible pendant la Seconde Guerre mondiale, la reprise de la natalité s'accentue à partir de 1946, et le baby-boom, qui dure une quinzaine d'années, entraîne un considérable rajeunissement de la population américaine : en 1964, 40 % des Américains ont moins de vingt ans.

Mais la génération des années 60 se différencie également par son éducation. En raison de nouvelles théories psychologiques, cette dernière s'éloigne considérablement de celle reçue par les adultes. En un sens, les aînés sont d'ailleurs eux-mêmes les artisans d'un changement de mentalité qui aboutira à une remise en question du consensus existant. À cet égard, l'un des ouvrages clés est sans nul doute le best-seller du Dr Spock, *The Commonsense Book of Child Care*. Paru en 1946, traduit dans une vingtaine de langues, vendu à 30 millions d'exemplaires dans les pays occidentaux, il a révolutionné les principes éducatifs : le pédiatre conseille aux jeunes mères de ne pas traumatiser les enfants par une quelconque contrainte et d'encourager chez eux autonomie et esprit d'initiative. Le but est d'en faire des êtres épanouis, élevés dans le bonheur et auxquels est épargné un maximum de frustrations. La mise en application de ces théories contribuera à l'indépendance et au narcissisme d'une génération qui vit dans une aisance matérielle et une sécurité inconnues de ses parents. Tous ces facteurs marqueront l'esprit des *baby-boomers* et en feront des rebelles.

Les caractéristiques globales de cette génération se retrouvent chez les étudiants, mais viennent s'y greffer des facteurs propres à cette microsociété. De fait, les campus constitueront les véritables catalyseurs du malaise de la jeunesse issue des classes moyennes. En une décennie, de 1960 à 1970, le nombre d'étudiants fait plus que doubler, passant de 3,2 à 7,1 millions - soit une augmentation qui représente un effectif comparable au nombre total d'étudiants américains depuis la fondation de Harvard.

En raison de leur fonction, les universités constituent en fait de gigantesques ensembles particulièrement homogènes, au point de vue de l'âge et de la situation vis-à-vis de la société américaine - démultipliant ainsi le malaise de la jeunesse. De surcroît, par sa spécificité même, le statut sociologique des étudiants est source de frustrations auxquelles ils n'ont pas été préparés : la société prospère dans laquelle ils vivent engendre des désirs qu'ils n'ont pas les moyens matériels de satisfaire. Ne pouvant posséder immédiatement les biens de consommation qui les entourent, ils les rejettent.

Ainsi, contrairement aux groupes défavorisés dont elle recherche l'appui, la contestation contre-culturelle est le fait d'éléments souvent privilégiés qui, tout en bénéficiant d'une éducation plus longue qu'auparavant, disposent de davantage de temps libre et de moins de contraintes que leurs camarades salariés.

Le boom économique des *sixties*, autre cause interne de la crise de la jeunesse, accélère l'essor d'une société de consommation qui véhicule des valeurs contradictoires. En stimulant les demandes de l'individu, elle contribue à la croissance industrielle d'un pays déjà prospère, mais diffuse simultanément des messages antinomiques. Elle prône ainsi le matérialisme, puisque le bonheur est associé à la notion de mode plutôt qu'au véritable épanouissement de l'individu dans la sérénité. On peut alors dire que, dans la pratique, l'avoir se substitue à l'être.

Par ailleurs, bien que le travail procure une prospérité matérielle, son éthique disparaît : pour vendre ses produits, la société met l'accent, non sur les besoins auxquels ils répondent, mais sur le plaisir qu'ils procurent. L'hédonisme devient alors la référence, et l'argent constitue le moyen privilégié d'accéder à une forme de bonheur. Mais, à l'inverse de leurs aînés, le plaisir des jeunes se concentrera davantage sur le corps. Malgré tout, la recherche d'une certaine jouissance est toujours la même bien que, d'une génération à l'autre, elle ait changé de support.

Ainsi, les produits les plus significatifs de la société moderne, ceux qui auront le plus d'impact sur la mentalité de la jeunesse, s'apparentent directement aux loisirs : voiture, télévision, radio et disques. Les uns développent l'indépendance, les autres tendent vers l'uniformisation en diffusant une culture de masse. Avec la voiture, l'élément le plus populaire est la télévision, qui jouera un rôle majeur dans le développement de la contre-culture. Car elle n'est plus un signe de richesse (la quasi-totalité des foyers américains en est pourvue), mais un élément de la vie quotidienne qui symbolise le monde de la communication de masse. Si jusqu'en 1959 la télévision divertissait, dès le début des années 60 elle informe et se politise : en augmentant la durée du journal télévisé, les chaînes accordent une place sans cesse grandissante aux actualités et les présentateurs deviennent des vedettes.

Une tradition de rébellion

Cependant, la société moderne ne se borne pas à produire des biens matériels qui comblent les besoins (réels ou artificiels) de la population. Elle propose également des modèles de non-conformisme, notamment dans le domaine du spectacle. Les décennies précédentes ont amorcé une évolution des mentalités dont témoignent cinéma et musique. Désireuse d'attirer le consommateur potentiel et de répondre à son attente tout en faisant naître de nouveaux besoins, la société est en fait depuis longtemps tournée vers la nouveauté et produit déjà une culture de masse qui véhicule des thèmes en opposition avec ses valeurs. Repris et amplifiés, ils deviendront ceux de la contre-culture.

Dès les années 50, le cinéma traduit un malaise social. James Dean fascine les foules et sert de modèle aux adolescents. Le héros d'*East of Eden* est un mal-aimé, un révolté qui souffre de la rivalité avec son frère jumeau, se sent rejeté par sa famille et essaie de conquérir l'estime paternelle. Ce thème de l'incompréhension, lié à celui du conflit des générations, s'affirmera aussi avec force dans *Rebel Without a Cause*. Quant à *Giant*, le dernier film de Dean, sorti sur les écrans après sa mort, il fut l'un des principaux succès commerciaux de la Warner Brothers. Outre les problèmes familiaux et personnels, le film aborde également des questions sociales et annonce, d'une certaine manière, la sympathie qu'éprouveront les jeunes pour des combats tels que celui du syndicaliste Chavez qui lutte en faveur des journaliers agricoles.

La transformation culturelle de la société américaine dans les années précontestataires est encore plus marquée dans deux formes essentielles de musique : le jazz, étroitement lié à la culture noire, et le rock, dont l'importance ne cesse de croître.

L'entrée des Noirs dans la vie culturelle occidentale s'est effectuée quelques décennies auparavant grâce à la découverte de l'art africain, et surtout par l'intermédiaire de la musique. Le jazz séduit des générations de jeunes et la musique noire va imprégner toute la musique occidentale populaire. On peut même penser que cette révolution culturelle a contribué à modifier en profondeur les mentalités. Le leader noir Eldridge Cleaver insiste d'ailleurs sur le rôle vital que le jazz doit jouer dans la société moderne. Selon ses propres termes, il constitue actuellement le seul véritable moyen de communication international. Cleaver met également l'accent sur la notion de culture au sens large et souligne le rôle de la danse et du corps dans l'évolution des mentalités.

Comme le jazz auquel il doit beaucoup, le rock des années 60 témoigne, lui aussi, de transformations profondes dans la sensibilité et deviendra rapidement l'un des moyens d'expression de la contre-culture : dans *Soul on Ice*[1], Eldridge Cleaver, étudiant les causes de la révolution culturelle qui se déroule sous ses yeux, rend hommage à Elvis Presley. Il fait allusion à sa voix et à son comportement, et insiste sur le contact qu'il a su établir entre les communautés noire et blanche.

De même, dans *Do It*, un contestataire aussi convaincu que Jerry Rubin affirme avec force le rapport entre la société de consommation, la voiture, le rock d'une part, la liberté sexuelle et la « révolution » de l'autre. Il écrit :

> La civilisation d'abondance, en fabriquant une voiture avec radio pour chaque famille bourgeoise, a fourni ses troupes à Elvis. [...] *La révolution a commencé avec le rock*[2].

S'il faut se garder de prendre ces déclarations au pied de la lettre, il n'en demeure pas moins que la contre-culture est le produit d'une société d'abondance, contre laquelle elle s'élève. Malgré tout, des liens très forts les unissent.

Les prémices de la révolte ne touchent pas seulement les milieux musicaux ou cinématographiques. Loin des spots et des scènes, une autre composante contribue à la montée de ce qui fut l'un des phénomènes les plus originaux de la seconde moitié du XXe siècle : il s'agit d'une bohème littéraire et artistique qui annonce le mouvement contre-culturel. Comme toutes les bohèmes, elle se situe en marge de la communauté qu'elle critique et s'efforce de choquer par ses outrances. Tout se passe comme s'il s'agissait d'une subculture légèrement à part, à l'égard de laquelle la société fait preuve d'une tolérance inconnue ailleurs. La liberté d'expression de la *beat generation* est en effet très large : la culture américaine laisse s'exprimer des tendances marginales et, par sa souplesse, se

1. Londres, Panther, 1972.
2. *Do It*, Paris, Le Seuil, 1971, p. 19.

donne la possibilité d'évoluer. Elle exerce ainsi sur ses cadets une influence qu'ils n'avaient jamais connue auparavant. Il est à ce propos intéressant de constater que la créativité de la *beat generation* restera essentiellement littéraire (avec des hommes comme Burroughs, Snyder, Ginsberg ou Kerouac), alors que celle de la contre-culture s'orientera surtout vers la musique.

Des cercles intellectuels actifs et non conformistes existent donc depuis longtemps aux États-Unis, à New York (Greenwich Village), à Los Angeles (Venice) et à San Francisco (Haight-Ashbury), pour ne citer que les principaux. À San Francisco, notamment, toute une communauté s'est formée, qui gravite autour de personnages tels que Jack Kerouac ou Allen Ginsberg. Dans *On the Road* (1957), Kerouac raconte l'expérience de ceux qui décident de rompre avec la stabilité d'un milieu vécu comme oppressant et qui partent à l'aventure. Il est alors aisé de voir tout ce que la contre-culture en général, et surtout le mouvement hippie, doivent à la *beat generation.* Mais les beatniks, essentiellement des artistes et des écrivains, ne tenteront pas d'exprimer politiquement leur révolte.

Le personnage le plus influent de cette génération, le plus proche de la contestation et du mouvement hippie, est sans aucun doute Allen Ginsberg, de sorte qu'à bien des égards on peut le qualifier de « précurseur de la contre-culture ». Attiré par la Californie, il arrive à San Francisco en 1953 ; deux ans plus tard, il donne une lecture publique de son poème *Howl* (Hurlement), qui annonce certains thèmes de la rébellion des jeunes - notamment la révolte politique et l'attrait pour les plaisirs de la drogue et du sexe. Comme nombre d'étudiants contestataires dix ans plus tard, il professe des opinions marxistes ou néo-marxistes et compare le capitalisme et l'impérialisme américains au monstre Moloch, dieu sanguinaire, machine et cannibale. Revendiquant le droit à un non-conformisme politique, le poète affirme : « *I am a communist*[3]. » Plus loin, il réclame l'abolition de l'argent pour tous les achats de produits vitaux, ce que d'ailleurs s'efforceront de réaliser les hippies en créant des magasins gratuits, les *free shops.* Ginsberg

3. « Je suis communiste », *Howl and Other Poems*, San Francisco, City Lights, s.d., p. 47.

le Poète annonce ici des thèmes politiques qui s'affirmeront avec vigueur dans la jeunesse américaine des *sixties*.

Dans *Howl*, il fait également allusion à des plantes hallucinogènes comme le peyotl. Et l'on voit poindre Ginsberg le Gourou, futur grand prêtre du mouvement psychédélique qui, vêtu d'une longue robe blanche, va célébrer le culte de la drogue dans des cérémonies dont il sera la vedette. Par provocation, il déclare même fumer de la marijuana dès qu'il le peut. Il est de ceux qui tenteront la fusion de la drogue et du mysticisme en une expérience d'expansion de la conscience, entraînant dans leur sillage certains des meilleurs esprits qui ne purent résister au chant des sirènes.

Dans tous les domaines, Ginsberg se situe à l'avant-garde de la contre-culture et s'en fait le héraut. Les paradis artificiels ont certes toujours existé, mais les contestataires des années 60, en en prononçant l'apologie, les rendront accessibles à des générations entières, séduites par de tels panégyriques. L'emprise de Ginsberg continuera à s'exercer dans le domaine littéraire, bien après la contre-culture, avec des œuvres telles que *Kaddish* (1961), *Reality Sandwiches* (1963), *Ankor Wat, Airplane Dreams* ou *Planet News* (1968).

En somme, pendant les années précédant l'émergence de la contre-culture, se développe dans les milieux intellectuels la tradition d'une minorité non conformiste. La révolte y est considérée comme le mode d'expression privilégié de la jeunesse, bien que les raisons en soient encore imprécises. La décennie suivante ira plus loin. Elle transformera de nombreux jeunes en *rebels with a cause*, des « rebelles engagés ». Pour aboutir à une telle prise de conscience, l'œuvre de certains maîtres à penser n'est pas négligeable.

Un grand maître à penser : Herbert Marcuse

L'un des intellectuels les plus influents à l'époque de la contestation est indiscutablement le philosophe Herbert Marcuse. Né à Berlin, dans une famille aisée, il adhère en 1917 au Parti social-démocrate, qu'il quitte deux ans plus tard. Après des études de philosophie à Berlin et Fribourg, où il suit les cours de Heidegger, il émigre aux États-Unis. Il y enseigne dans les universités de Columbia, Brandeis et San Diego.

L'essentiel de sa réflexion sur l'homme et la société est exprimé dans deux livres qui eurent un grand succès : *Éros et Civilisation* (1955) et *L'Homme unidimensionnel* (1964)[4]. Critiquant la société de consommation dans une analyse inspirée du marxisme et de la psychanalyse, le philosophe jouit d'une audience considérable auprès des jeunes, et beaucoup le prennent comme gourou, parfois même sans avoir lu ses ouvrages. On pense à un dessin humoristique du *Realist* qui montre deux hippies assis par terre, face à face. L'un d'eux, un barbu, déclare à son ami(e ?) : « Je t'ai dit de tout remettre en question, mais je ne t'ai jamais dit de remettre Marcuse en question. »

La pensée de Marcuse se veut avant tout humaniste et, dénonçant l'oppression dont, selon lui, est victime l'individu au sein de la société capitaliste, il prône une libération complète, en particulier dans le domaine politique et au niveau du mode de vie.

Sa réflexion sur les rapports entre la société industrielle et l'individu est inséparable d'un examen de la structure psychologique de l'homme. Dans l'introduction d'*Éros et Civilisation*, il attire l'attention sur le lien entre politique et psychologie car, dit-il, les catégories psychologiques sont devenues des catégories politiques et l'individu est placé sous la dépendance de l'État. Au but politique qui sera celui des débuts de la contestation s'ajoute rapidement un objectif personnel, la libération de l'être tout entier tant du point de vue sexuel que du point de vue comportemental ou moral, et cette démarche repose sur la revalorisation d'aspects de l'homme jusqu'alors refoulés. Reprenant les découvertes de la psychanalyse, Marcuse rappelle que l'être humain se compose de trois éléments : le *ça* (ou le soi), domaine de l'inconscient, des instincts primaires, le *moi*, dont la fonction essentielle est de contrôler les tendances du ça, et le *surmoi*, qui est avant tout un produit de

4. *Éros et Civilisation. Contribution à Freud*, Paris, Minuit, 1963 ; *L'Homme unidimensionnel. Essai sur l'idéologie de la société industrielle avancée*, Paris, Minuit, 1968.

l'éducation. Tout en le déplorant, il constate le dualisme de l'homme et insiste sur les deux « principes ultimes qui dominent l'appareil mental : le principe de plaisir et le principe de réalité ».

Tant dans la pensée du psychiatre et biologiste allemand Wilhelm Reich, l'un des précurseurs de la révolution sexuelle, que dans celle de Marcuse, qui s'en inspire, les instincts occupent une place de choix, que l'on retrouvera dans le mode de vie des contestataires ou des hippies. Comme chez Reich, davantage préoccupé par l'épanouissement individuel que par la transformation sociale, la lutte politique et la lutte pour la libération sexuelle seront pour Marcuse les deux aspects d'une même cause : le combat pour la liberté. Il rappelle que l'être humain est naturellement porté vers la recherche du plaisir maximal. Pour lui, l'instinct pousse à la satisfaction immédiate, car « l'inconscient est dirigé par le principe du plaisir[5] ». Mais l'existence de l'homme dans un monde extérieur entraîne inéluctablement des conflits. Aussi les instincts, qui se fondent avant tout sur le principe de plaisir, s'opposent-ils au principe de réalité. Il est rare qu'ils puissent être satisfaits immédiatement. Un report de satisfaction devient donc indissociable de la maîtrise d'un futur que l'homme privilégie aux dépens du présent.

Il semble pourtant que les contestataires n'aient pas compris la complexité de la pensée de Marcuse, ni intégré l'impossibilité d'échapper entièrement au principe de réalité. Car, comme Marcuse le reconnaît lui-même, la répression des instincts est indispensable à toute civilisation. Généralement considérés comme ambivalents, les rapports entre Éros et Thanatos sont fort complexes, et le conflit entre les deux explique l'équilibre précaire qui existe au sein de la civilisation. Dans sa lutte contre l'instinct de mort, Éros crée la culture mais, ce faisant, il perd de sa force dans la mesure, précisément, où la civilisation exige le contrôle des instincts. Car la culture nécessite une sublimation continuelle, ce qui affaiblit Éros, le bâtisseur, et libère les pulsions destructives. Marcuse explique :

> Éros sans garde-fou est tout aussi fatal que sa contrepartie mortelle,

5. Herbert Marcuse, *Éros et Civilisation, op. cit.*, p. 63.

> l'instinct de mort. [...] La civilisation commence quand l'objectif primaire [la satisfaction intégrale des besoins] est effectivement abandonné[6].

Des renoncements sont donc inévitables car « le sacrifice systématique de la libido, son détournement rigoureusement imposé vers des activités et des manifestations socialement utiles *est* la civilisation[7] ». Or, c'est précisément ce que nieront les contestataires.

Selon Marcuse, la civilisation est alors indissociable de la raison, et le refus de cette dernière constitue un acte politique de jeunes qui se dressent contre la société moderne et affirment que les instincts et la sensibilité sont incompatibles avec la raison. Le triomphe d'une culture qui restreint le développement des capacités humaines est la conséquence de la défaite des instincts, considérés comme négatifs et potentiellement dangereux. De la victoire de la raison naît une société que le philosophe qualifie d'unidimensionnelle.

Certes, toute société est répressive, mais Marcuse est convaincu du caractère surrépressif de la société de consommation. D'après lui, elle assoit sa prospérité et sa surrépression sur le fait qu'elle ne se limite pas à la satisfaction des besoins vitaux de l'homme mais introduit, au niveau du travail, des contraintes qu'un mode de vie plus frugal éviterait.

Le progrès et la technologie renforcent en effet le caractère aliénant de la société et, pour le philosophe, la société industrielle n'a d'autre alternative que de tendre vers davantage de totalitarisme, car plus les capacités intellectuelles et matérielles de la société se développent, plus la civilisation devient oppressive. Il est persuadé que la domination de la société, notamment capitaliste, sur l'individu n'a jamais été aussi grande. Le progrès technique devient même nuisible dans la mesure où, renforçant des besoins artificiels, il asservit l'homme. En somme, si la société de consommation n'use pas de brutalité envers l'individu, elle pratique néanmoins une répression insidieuse qui s'appuie sur le conditionnement des êtres humains. Ceux-ci, dépendants des

---

6. *Ibid.*, p. 24.
7. *Ibid.*, p. 15.

objets, passent leur vie à produire des biens de consommation inutiles ou des gadgets qui les détournent des problèmes essentiels ; la pensée individuelle disparaît, victime de l'endoctrinement des médias. Tout se passe comme si la pauvreté était nécessaire à l'indépendance d'esprit, d'où l'opposition de la jeunesse contestataire à la technique. Pour libérer l'homme, il serait indispensable de réduire le temps de travail et la production.

Dans la mesure où il est excessif et ne se borne pas à assurer le minimum vital, le travail incarne effectivement un instrument de contrainte inutile. Entièrement négatif, il occupe la majeure partie de l'existence, aussi l'homme ne trouve-t-il aucun plaisir dans l'accomplissement de sa tâche. De sujet, il est devenu objet. Il a perdu sa liberté. Par conséquent, seule la réduction du temps de travail le libérerait en lui permettant un développement harmonieux. La baisse inévitable du niveau de vie qu'elle entraînerait par ailleurs serait largement compensée par les gains spirituels. Puisque le travail doit être réduit au maximum afin de dégager le plus de temps libre possible, il doit d'ailleurs être automatisé, non pour augmenter la productivité, mais pour donner à l'homme des activités personnelles plus épanouissantes.

Si les ouvrages de Marcuse témoignent d'une réflexion sur la société de consommation et contribuent à développer une sensibilité dont ils sont par ailleurs l'expression, sa critique ne débouche pourtant que rarement sur des propositions concrètes. Quoi qu'il en soit, son impact sur la pensée contestataire sera considérable, d'autant qu'à l'approche néo-marxiste de la société américaine vont s'ajouter le refus de l'autorité, le rejet des valeurs morales traditionnelles, la primauté à ce qui relève de la sensualité, ou encore l'anti-intellectualisme et le culte de l'irrationnel. La jeunesse révoltée des années 60 se révélera incapable de bâtir, hors de la société américaine, quelque chose de durable et la contestation débouchera rapidement sur un anarchisme libertaire. Lorsque seront passés les moments de délire, les uns et les autres découvriront pourtant que l'on peut s'égarer sur les chemins de la liberté.

Le consensus à l'heure du « global village »

Le contexte politique joue un rôle majeur dans les années 60. Au terme de la Seconde Guerre mondiale, les États-Unis exercent une influence internationale qui tient à leur engagement aux côtés des Alliés et à la possession de l'arme nucléaire. Quant aux pays du tiers-monde, ils connaissent révolution sur révolution, et les médias font de l'univers a global village, *selon la formule de McLuhan*[1]. *C'est la fin du consensus, apparemment sans faille, de l'ère Eisenhower.*

La nouvelle sensibilité politique qui accompagne l'arrivée de la jeune génération se traduit par la prise de conscience, dans les classes moyennes, des inégalités raciales et sociales. Avec le combat contre l'impérialisme, la lutte contre la pauvreté constituera l'un des thèmes essentiels d'une approche libérale, voire marxiste, qui voit dans le capitalisme américain la cause de la précarité et du racisme.

Si le combat pour l'égalité des droits ne date pas des années 60, du moins au cours des *sixties* s'accélère-t-il et adopte-t-il de nouvelles méthodes. Rappelons le boycott des bus de Montgomery en Alabama (1955) ou le *sit-in* de la cafétéria de Greensboro en Caroline du Nord (1960) suivi, deux mois plus tard, de la fondation d'une association composée essentiellement d'étudiants noirs, le Student Nonviolent Coordinating Committee (SNCC). Ce mouvement sera à la base de nombreuses actions menées à partir des campus, tant dans le Sud que dans le Nord, et il peut être considéré comme à l'origine de la contestation contre-culturelle. L'année suivante, les premiers bus intégrés des *freedom riders*, les « voyageurs

1. *Comprendre les médias*, Paris, Le Seuil, 1968, p. 31 à 34.

de la liberté », partiront à destination de Montgomery et de La Nouvelle-Orléans. Marches et manifestations diverses se succéderont désormais au fil des ans.

Cependant il serait erroné de croire que la jeunesse révoltée est seule consciente des problèmes sociaux. En fait, son combat permet surtout d'accélérer une évolution déjà entamée avec, notamment, une série de décisions prises par Truman[2] puis par la Cour suprême. Les attaques des contestataires contre le racisme vont donc dans le même sens que les déclarations de principes ou les mesures, encore embryonnaires, du gouvernement.

De même que les problèmes raciaux, les questions sociales concourent à mobiliser une intelligentsia de plus en plus consciente des inégalités. Le gouvernement démocrate s'efforce d'ailleurs de lutter contre la pauvreté et, plus encore que Kennedy, Johnson reprend des principes sociaux et antiraciaux énoncés par ses prédécesseurs. En 1964 il déclare solennellement la « guerre à la pauvreté », avant de lancer quelques mois plus tard la notion d'une *great society* fondée sur l'abondance et la liberté pour tous.

Les corrélations s'établissent également à un moindre niveau. Le livre de Michael Harrington, publié en 1962, *The Other America*[3], joue un rôle majeur dans la prise de conscience des problèmes sociaux. Son impact considérable sur le public contribue à répandre des idées progressistes. En somme, la contre-culture apparaît à un moment où, sur le plan intérieur, les inégalités et les contradictions de la société éclatent au grand jour et favorisent l'émergence de nouveaux courants gauchistes.

Changements à gauche

La naissance de la gauche contestataire est l'expression au niveau politique du malaise de l'intelligentsia devant des événements qu'elle interprète comme la preuve de l'échec du capitalisme.

2. Dès 1946, Truman avait décidé de mesures destinées à lutter contre la discrimination et en faveur de l'égalité raciale, puis avait créé le President's Committee on Civil Rights, dont le rapport intitulé *To Secure These Rights* constitue de fait le programme du Civil Rights Movement pendant les deux décennies suivantes.
3. Londres, Penguin, 1978.

Le développement d'une nouvelle gauche est inséparable de la fin du maccarthysme, car les intellectuels retrouvent une liberté d'expression sans laquelle la contre-culture n'aurait pu exister. Les États-Unis mettent en effet un terme à l'ostracisme exercé contre les personnes soupçonnées de sympathies communistes ou même socialistes, qui peuvent désormais s'exprimer. L'apparition de la gauche contestataire s'explique également par la nécessité de trouver des organisations permettant de se faire entendre car, tant au niveau des partis qu'à celui des syndicats, la gauche communiste et socialiste traditionnelle est en plein déclin. En fait, les principales idées de la contestation seront exprimées par la Student League for Industrial Democracy (SLID), organe de jeunesse de la League for Industrial Democracy (LID), mouvement socialiste qui se rénove puis prend le nom de Students for a Democratic Society (SDS).

Mais le mouvement contre-culturel ne naît pas brusquement : dès 1955, on note la reprise d'une opposition intellectuelle sous la forme d'idées nouvelles, de journaux et de mouvements, restreints certes, mais aux objectifs bien affirmés. Les ouvrages de C.W. Mills, comme *The Power Elite* paru en 1956, ou ceux de Paul Goodman (*Growing up Absurd*, 1960, ou *Making Do*, 1963) témoignent de l'activité de penseurs qui analysent de manière critique la société américaine. Pour ce qui est des journaux ou revues, il faut mentionner, entre autres, la fondation à partir de 1955 du journal *The Village Voice*, plutôt libéral, du magazine comique *Mad*, du *Realist* ou encore du mensuel *Liberation*, dont l'attitude à la fois engagée et tolérante est caractéristique de la gauche d'origine.

Le grand mouvement de contestation politique qui caractérise les années 60 débute par la formation de deux associations d'abord modérées : le Student Nonviolent Coordinating Committee (SNCC), composé surtout d'étudiants noirs, et le Students for a Democratic Society (SDS), qui rassemble principalement des étudiants blancs.

En 1960, le SNCC est le premier à se créer. Mais, bien qu'étant en partie l'héritier spirituel du Southern Christian Leadership Conference (SCLC) de Martin Luther King, il entend garder son indépendance ; et il jouera lui aussi un rôle moteur dans la lutte contre la discrimination. En fournissant aux jeunes avant même la guerre du Viêt-nam une cause mobilisatrice chargée d'un important potentiel idéologique, la révolution noire ouvrira la voie à la contre-culture. Quant au SDS, qui voit le jour en 1962, il en constitue également un élément majeur. Dès le début, des liens très solides se tissent avec le SNCC ; ils participeront à de nombreuses luttes avant de se radicaliser. Car la nouvelle gauche modérée, la New Left, ne tardera pas à devenir intransigeante et extrémiste.

À côté de ces deux tendances existent une multitude de groupuscules, souvent éphémères, de sensibilités prochinoise, prosoviétique ou trotskiste : le PLM (Progressive Labor Movement), né en 1962, croit fermement en l'effondrement imminent du capitalisme ; quant aux Du Bois Clubs, créés en 1964 à San Francisco, ils reflètent le courant réformiste prosoviétique du parti communiste américain. Ajoutons enfin les trotskistes de la Youth Socialist Alliance (YSA). Mais il s'agit là de groupes peu représentatifs.

Ainsi, les mouvements de gauche connaissent un regain d'activité qui témoigne de leur vitalité. Mais leur multiplicité peut en même temps s'interpréter comme un signe d'éparpillement et de faiblesse.

En quelques années, on assistera à la radicalisation de la gauche contestataire sous l'effet de révoltes étudiantes, le *student power*, et des manifestations contre la guerre du Viêt-nam, tandis qu'au sein même du mouvement l'intransigeance croissante de chacun entraînera l'apparition de nombreux groupes de plus en plus éloignés de l'ancien idéal modéré, avant d'aboutir à un éclatement final.

En fait, la radicalisation du mouvement noir est le prélude à celle de la nouvelle gauche. Elle débute essentiellement avec la création en 1963 du Revolutionary Action Movement (RAM), qui conjugue marxisme et racisme antiblanc. Bientôt ce sera l'assassinat de Malcolm X, puis des émeutes graves dans tout le pays, comme celle de Watts pendant l'été 1965. Mais la radicalisation la plus significative est celle du SNCC, qui abandonne ses principes de non-violence et ne tarde pas à rejeter ses éléments blancs. Elle s'effectue surtout à partir de 1966 avec l'élection à sa tête de

Stockely Carmichael ; et en 1967 son successeur, Rap Brown, lance un appel direct à la révolution armée. Cependant, plus encore que le SNCC avec lequel il entretient des rapports étroits, c'est le Black Panther Party (BPP) qui, dès 1966, jouera un rôle majeur. Il est fondé près de San Francisco par Huey Newton, Eldridge Cleaver et Bobby Seale, et se développe rapidement. Sur le modèle du BPP va même se créer en 1967 un groupe de radicaux blancs, le White Panther Party (WPP), qui se signale par des actes de terrorisme ; mais son impact sur la contestation restera limité.

Malgré tout, les manifestations violentes qui accompagnent la radicalisation du mouvement noir n'annoncent pas cette révolte généralisée de la population noire espérée par certains : selon un sondage publié dans *Time* en 1970, environ 60 % des personnes interrogées pendant la période 1963-1970 croyaient qu'il leur était possible de faire respecter leurs droits sans avoir recours à la violence, et même chez les jeunes la proportion n'est jamais inférieure à 55 %. En dépit de leur notoriété, les mouvements radicaux noirs ne parviennent donc pas à gagner l'adhésion de la majorité des Afro-Américains.

Suivant de peu celle du mouvement noir, la radicalisation du SDS souligne la déception des étudiants blancs à l'égard des démocrates. En 1966, s'inspirant du concept de *black power*, il en appelle au « pouvoir étudiant », *student power*, notion née à la suite de l'agitation universitaire de 1964 du Free Speech Movement. Dans le préambule d'une déclaration du SDS, on peut lire : « Notre but est la destruction de l'impérialisme américain et l'avènement d'un monde sans classes grâce au communisme mondial. »

Enfin, en 1967, se crée le Youth International Party (les Yippies), fondé par une vingtaine d'artistes et d'intellectuels dont Allen Ginsberg ; mais, davantage peut-être que Ginsberg, ses dirigeants les plus médiatiques sont sans doute, Abbie Hoffman et Jerry Rubin. Idéalistes et adeptes des drogues, les Yippies prônent moins une révolution politique qu'une révolution culturelle, et incarnent une tendance anarchiste originale qui intègre des éléments psychédéliques. Parmi leurs mots d'ordre, outre *« We will burn Chicago to the ground »* (Nous incendierons Chicago), on relève « *We will fuck on the beaches* » (Nous baiserons sur les plages) ou « *Acid for all !* » (De la drogue pour tous). Cette « gauche psychédélique », comme l'appellent certains, s'impose comme l'expression nouvelle d'un courant anarchiste, pittoresque et dangereux.

La radicalisation éloigne ainsi les jeunes de leur humanisme premier. La justesse de leur combat, qu'ils mènent aux côtés des laissés-pour-compte d'une société prospère, n'exclut pas le développement d'un esprit partisan, à une époque où marxisme et néomarxisme progressent sur le plan mondial. La non-violence paraît dépassée. De réformiste, la gauche devient révolutionnaire, voire anarchiste, tandis que son rêve de libération se brise dans le désordre.

Émergence du tiers-monde et expansion du communisme

Tandis que les années 50 continuaient à donner au monde l'image d'une Amérique forte, la décennie suivante s'écoule dans un contexte tout autre qui laisse à la jeunesse l'impression que l'avenir se trouve dans la révolution et le socialisme.

Le tiers-monde apparaît avec l'effondrement des empires coloniaux, et les intellectuels soulignent volontiers les échecs des démocraties occidentales. En quelques années, on assiste à la décolonisation de la plus grande partie de l'Afrique et de la quasi-totalité de l'Asie du Sud-Est sous domination européenne. Les conditions parfois difficiles dans lesquelles elle se déroule fascinent des étudiants, qui feront de la lutte une de leurs notions clés.

Sur le plan international, l'un des événements les plus influents sur les mentalités américaines est l'indépendance de l'Afrique noire. De surcroît, la présence sur le territoire américain d'une importante population noire, victime de la discrimination, lui confère un grand impact ; entre 1950 et 1959, six pays deviennent indépendants : la Guinée, le Ghana, le Soudan, la Libye, le Maroc et la Tunisie. En 1960, c'est le tour d'une grande partie de l'Afrique centrale et occidentale, soit une vingtaine de nations. Enfin, de

1961 à 1968, on assiste à la décolonisation de la quasi-totalité des pays encore dominés par les Occidentaux. Les intellectuels américains de tendance néo-marxiste, c'est-à-dire qui préfèrent prendre pour modèle un autre pays que l'Union soviétique - en l'occurrence Cuba et la Chine -, sont d'autant plus sensibilisés à ces nouveaux problèmes politiques que les années 60 voient se développer aux États-Unis les revendications des minorités de couleur.

En Asie, la situation change également. Comme la Corée, le Viêt-nam est coupé en deux, mais l'issue du conflit sera différente. À la guerre d'Indochine qui s'achève va succéder celle du Viêt-nam. En fait, la décolonisation s'accompagne partout d'optimisme et de confiance car, à l'aube des années 60, les réalités politiques et économiques décevantes n'ont pas encore surgi ; beaucoup dans le monde pensent alors avoir trouvé dans le marxisme et ses dérivés - léninisme, trotskisme, maoïsme ou castrisme - une solution viable à la pauvreté.

Outre la décolonisation, la caractéristique majeure de l'époque est l'expansion de l'influence communiste sur tous les continents, mais surtout dans le tiers-monde. La Chine, communiste depuis 1949, joue un rôle politique grandissant. Elle s'impose militairement au Tibet, soutient la Corée du Nord et, dix ans plus tard, apporte au Nord-Viêt-nam une aide matérielle et morale.

Mais la crise du début des années 60 qui a l'impact le plus négatif sur l'image des États-Unis est sans aucun doute la révolution cubaine. La victoire de Castro sur le dictateur Batista, en janvier 1959, sera interprétée comme la preuve de la justesse de son combat contre les riches. Le castrisme connaît alors une véritable vogue. La tentative d'un débarquement contre-révolutionnaire appuyé par la CIA et effectué en avril 1961 dans la baie des Cochons suscite dans l'intelligentsia des réactions de sympathie à l'égard de Cuba ; les manifestations procastristes se multiplient sur les campus. Qui plus est, le risque d'un conflit atomique lors de la crise des missiles mobilise les opposants au nucléaire. La situation à Cuba est alors considérée par une frange de l'opinion publique comme représentative de la lutte de tous les exploités contre le capitalisme. Aussi de nombreux jeunes accorderont-ils un soutien inconditionnel au chef de la révolution cubaine, dont ils feront un de leurs héros. À l'aube des années 60, les États-Unis se trouvent donc en position de faiblesse et les faits semblent annoncer l'imminence du triomphe du socialisme.

Le combat des pacifistes

Le combat contre la guerre s'impose comme une donnée majeure de la contestation dans la seconde moitié des années 60, lorsque s'intensifie le conflit vietnamien, et participe du mouvement de libération qui sous-tend la contre-culture. La protestation pacifiste sur les campus ne date d'ailleurs pas de l'escalade militaire de 1964 car, de tout temps, notamment à Berkeley, des objecteurs de conscience ont manifesté leur antimilitarisme et demandé le respect de la liberté individuelle.

En fait, le Mouvement pour les droits civiques, qui avait constitué la première grande cause mobilisatrice de la jeunesse, ne tarde pas à se transformer. Bien que Johnson signe en 1964 le *Civil Rights Act*, Martin Luther King crie sa déception devant la lenteur des progrès sociaux ; et le pacifisme devient alors la nouvelle grande cause mobilisatrice d'une jeunesse étudiante d'autant plus concernée qu'elle risque maintenant d'être appelée sous les drapeaux.

L'engagement américain au Viêt-nam commence de manière progressive par l'envoi de quelques centaines de conseillers militaires, avant même l'élection de Kennedy, mais leur présence passe presque inaperçue auprès de l'opinion publique. Le bombardement systématique du Nord-Viêt-nam débute en février 1965, et les effectifs américains augmentent de façon spectaculaire, passant de 23 000 hommes en 1964 à 184 000 en 1965, puis 385 000 en 1966. Ils continueront d'ailleurs de croître, pour atteindre en 1968 le chiffre de 536 000. Dès son arrivée au pouvoir, Nixon retirera des troupes, à raison de 60 000 puis 140 000 hommes par an, tandis que le mouvement pacifiste s'amplifie et que les manifestations se succèdent.

Sur les campus, les jeunes se mobilisent et, en mars 1965, soit un mois après les bombardements systématiques sur le Nord-

Viêt-nam, ils organisent à l'université du Michigan le premier *teach-in*[4] contre la guerre. Le mouvement se répand et des dizaines d'universités feront de même dans tout le pays. Marches et manifestations pacifistes se multiplient au cours des années suivantes ; en mai 1966, les *sit-in* s'organisent pour dénoncer la politique du gouvernement, car l'université participe à l'effort militaire. Bientôt, sur certains campus, on assiste aux premiers *pledges*, « engagements solennels », de jeunes qui refusent publiquement d'effectuer leur service.

Les manifestations de 1967 marqueront l'apogée du pacifisme. En avril, environ 250 000 personnes à New York - et 70 000 à San Francisco - participent à une manifestation mise sur pied par le Comité de mobilisation contre la guerre. Puis, pendant l'été, s'organise le *Vietnam Summer* : des milliers d'étudiants se réunissent dans sept cents villes pour dénoncer la politique extérieure du gouvernement. Du mois d'août à la fin octobre se déroule, de San Francisco à Washington, une manifestation, le *Peace Torch Marathon*, dont le but est d'amener dans la capitale fédérale un million de personnes le 21 octobre. Son symbole est une torche allumée à Hiroshima, fabriquée avec les morceaux d'une bombe à fragmentation récupérée au Viêt-nam. Transportée par avion jusqu'à San Francisco, elle passe de main en main tout au long du parcours. Enfin, en automne 1967, une manifestation devant le Pentagone rassemble plus de 50 000 personnes ; mais le chiffre, bien que non négligeable, est nettement inférieur à celui escompté. Dans une atmosphère somme toute bon enfant, les gardes chargés de la protection du bâtiment se laissent facilement déborder et, devant un public de jeunes dont beaucoup sont sous les effets de la drogue, les gourous chantent les incantations qui doivent faire léviter le bâtiment, car les esprits du mal qui l'habitent le quitteront lorsqu'il sera suspendu en l'air à une centaine de mètres de haut. Mais tous les efforts sont vains : le Pentagone ne bouge pas.

En fait, si l'on en croit les sondages, c'est seulement avec l'offensive du Têt[5], début 1968, que le nombre d'Américains opposés

4. Le *teach-in* est une assemblée générale.
5. Cet échec militaire communiste constitue pourtant un succès politique. L'opinion publique

à la poursuite des opérations militaires l'emporte sur celui des partisans de la politique gouvernementale. Mais, paradoxalement, 1968 semble avoir compté moins d'actions pacifistes majeures, peut-être en raison des nombreux événements violents qui se succèdent : l'assassinat de Martin Luther King, qui déclenche des émeutes dans les ghettos noirs, celui de Robert Kennedy durant sa campagne présidentielle, l'agitation à Columbia et les émeutes de Chicago lors de la convention démocrate. Lassés du désordre, les électeurs choisissent le républicain Richard Nixon pour présider aux destinées du pays. Ainsi la gauche contestataire et le mouvement pacifiste ont-ils contribué à écarter du pouvoir les démocrates - à moins que ces derniers n'aient été tout simplement victimes de leurs propres contradictions.

L'année suivante verra en revanche une forte reprise des activités pacifistes, sur fond de révoltes étudiantes. Au cours de l'été 1969, des prêtres ou des pasteurs « progressistes » brûlent un million de fiches de mobilisation, et des centaines de milliers de personnes se rassemblent à Washington. Les bombardements sur le Nord-Viêt-nam s'intensifient, tandis que les États-Unis retirent progressivement leurs troupes. Si la violence sur les campus rappelle de multiples problèmes économiques et politiques, Nixon n'en sera pas moins facilement réélu deux ans plus tard, avec près de 60 % des suffrages. Il est vrai que le taux de pertes américaines au Viêt-nam avoisine maintenant zéro.

On notera que les manifestations pacifistes des années 60 sont plus souvent dirigées contre l'impérialisme américain que contre l'impérialisme soviétique. Et les étudiants ont été davantage sensibles aux problèmes moraux posés par la peine capitale - stigmatisée en 1960 par l'exécution d'un condamné à mort, Caryl Chessman[6] - qu'à la construction du mur de Berlin et à l'invasion, en 1968, de la Tchécoslovaquie par les forces du pacte de Varsovie, ou, quelques années plus tôt, à la politique chinoise au Tibet ou

américaine, jusque-là favorable à l'engagement, change d'avis. L'impact psychologique est considérable.

6. En février 1960, les jeunes se mobilisent en faveur de ce détenu de la prison de San Quentin. Condamné à mort, il fut exécuté treize ans après la prononciation de la sentence, malgré des manifestations de soutien.

à l'affaire de Budapest. Car la gauche contestataire ne dénonce que les conflits qui s'inscrivent dans une approche néo-marxiste, et ses motivations semblent d'ordre idéologique plutôt qu'humanitaire. Racontant après de nombreuses années les principales étapes du mouvement étudiant, Todd Gitlin, l'un des anciens leaders du SDS, se sent tenu de faire son autocritique : « Si, comme moi, nous savions que Hô Chi Minh avait massacré les trotskistes vietnamiens, nous enterrions l'information[7]. » Il est de surcroît convaincu que les défilés derrière le drapeau viêt-công ont sans doute choqué l'opinion publique et contribué à la baisse de popularité du mouvement pacifiste. En fait, le tiers-mondisme de plus en plus marqué chez les contestataires s'est révélé un facteur de marginalisation. Qui plus est, les étudiants, moins sollicités par les forces armées que leurs camarades ouvriers, bénéficient de privilèges certains.

La joie de vivre, la recherche passionnée du plaisir ne peuvent faire oublier la menace de mort qui plane. Aussi le désengagement qui s'opère dès l'élection de Nixon contribuera incontestablement à précipiter la fin de la contre-culture. Pourtant, si elle souligne l'existence d'intérêts propres à la jeunesse, la mobilisation pacifiste ne constitue pas un lien suffisamment puissant entre les tendances de la gauche contestataire. Elle ne conduit pas à l'établissement de propositions cohérentes en vue d'établir un modèle de société viable. Bien qu'elle soit un thème majeur de la contre-culture, la lutte contre le conflit vietnamien ne pourra aider à résoudre les conflits internes qui apparaissent au sein de la gauche, car ils se situent sur un autre plan.

7. Todd Gitlin, *The Sixties, Years of Hope, Days of Rage*, New York, Bantam, 1989, p. 185.

2. *La révolution culturelle au quotidien*

On a beaucoup parlé, avec pittoresque, des hippies et de leur vie quotidienne. Mais qu'en est-il vraiment sur le terrain ? L'exemple du quartier de Haight-Ashbury à San Francisco révèle précisément, au-delà des carnavals, défilés ou autres happenings, la fonction profonde de la fête contre-culturelle et de cette tentative de socialisme utopique qui aboutira aux communes urbaines, rurales et religieuses.

La vie des hippies : sans toit ni loi ?

La nouvelle génération tire profit de son âge et de sa vitalité pour exprimer dans un mode de vie marginal son aversion pour la société établie. L'analyse de l'action politique de la gauche contestataire ne doit pas faire croire à l'existence de deux jeunesses : l'une, politisée, qui serait préoccupée par les problèmes nationaux et internationaux et une autre plus tournée vers une quête personnelle. Il n'existe pas de différence majeure entre les activistes politiques et les membres des communautés hippies : tous témoignent d'une même sensibilité de gauche et partagent le même mode de vie.

Le mode de vie hippie s'est rapidement propagé dans la jeunesse étudiante, et une forte majorité de *political activists* (militants politiques) se disent hippies. Contrairement aux étudiants noirs du *sit-in* de Greensboro[1], les jeunes du SDS ou de groupes analogues ne portent ni costume ni cravate et ne lisent pas la Bible. En outre, loin de chercher à s'intégrer à la société américaine pour la modifier de l'intérieur, ils la rejettent et n'aspirent qu'à la détruire. Leurs positions politiques s'accompagnent dès lors d'une attitude nouvelle vis-à-vis de la famille, de la morale et de la religion. Les notions de travail, de responsabilité individuelle cèdent la place à un hédonisme qui s'affiche, et c'est ce qui différencie le « Mouvement » des organisations politiques ou syndicales traditionnelles.

Rex Weiner nous donne, dans son livre *Woodstock Census*[2], les

1. Le 1er février 1960, un groupe de jeunes Noirs décide de se faire servir un repas dans la cafétéria, jusque-là réservée aux Blancs, du magasin Woolworth, qui, par ailleurs, accepte leur présence en tant que clients.
2. Rex Weiner (avec Deanne Stillman) *Woodstock Census, the Nation Side Survey of the Sixties Generation*, New York, Viking, 1979.

résultats d'une enquête menée auprès de plusieurs centaines de personnes âgées d'une vingtaine d'années à l'époque de la contestation et il fait notamment apparaître l'unité du mouvement au point de vue comportemental. Plus de 60 % des personnes interrogées, 75 % des militants et 90 % des utilisateurs intensifs de drogues déclarent qu'ils se considéraient comme hippies dans les années 60 ; il ajoute que, tout en étant concernés par la guerre du Viêt-nam, la lutte pour les droits civiques et le combat contre la pauvreté, les hippies ne croyaient pas que la solution résidait en une confrontation directe avec le pouvoir.

Ainsi le style de vie hippie se répand dans toutes les catégories socioprofessionnelles, y compris les classes « politiques ». La gauche contestataire participe très largement au mouvement psychédélique et revendique son caractère culturel, fondé sur le changement.

Changer de nom, c'est changer de vie

Fréquent, le changement de nom répond à un triple but, symbolique, pratique et ludique. Le nom souligne l'appartenance à une famille ; or les jeunes la rejettent, précisément parce qu'ils y voient un élément fondamental de la société capitaliste. Donné par les parents, imposé, le nom est le témoin de l'empreinte familiale. Aussi les jeunes en adoptent-ils volontiers un autre afin de symboliser leur nouvelle naissance, leur second baptême. Cette démarche répond, de plus, à un besoin concret : celui de ralentir l'action de la police contre les déserteurs ou les drogués. Enfin, on ne peut exclure la dimension ludique de ces changements patronymiques, qui sont autant de masques et de déguisements pour devenir autre. Relevons ainsi, par exemple, un savoureux « Chocolate George »...

Ces noms, souvent très poétiques, s'inspirent volontiers de la culture indienne. En effet, la contre-culture est très ouverte à ce qui est différent, « exotique », étrange ou étranger. Les noms renvoient volontiers à des éléments de la nature, tels Sunshine (Rayon de soleil), Rainbow (Arc-en-ciel), ou encore Tobacco (Tabac) ou Spider (Araignée). Parfois, il s'agit simplement d'un prénom suivi de la ville d'origine. L'un des changements les plus connus est celui du Dr Richard Alpert qui, avec son ami Timothy Leary, sera l'un des « pionniers » du LSD ; à la suite d'un séjour en Inde au cours duquel il rencontre des gourous, Alpert devient en effet Baba Ram Dass.

« *Crash-pads* » *et carences alimentaires*

Cette volonté de changement va se marquer aussi dans l'habitat et l'alimentation. Dans ces domaines également, les hippies cherchent à se libérer du mode de vie « bourgeois » de leur éducation et affirment par ces choix un rejet du confort et une volonté d'avoir leur identité propre.

En rébellion contre le confort et le matérialisme de la société de consommation dont ils sont issus, les contestataires choisissent un cadre bien différent de celui qu'ils ont jusqu'alors connu. Aux pavillons de banlieue, ils préfèrent les *crash-pads*, des « piaules », logements surpeuplés dans lesquels ils cherchent, au milieu de leurs pairs, la chaleur humaine et la communication dont ils ont besoin. Par souci de dépouillement, par nécessité ou pour s'identifier aux plus démunis, les hippies vivent dans un cadre réduit au strict minimum : matelas posés à même le sol, absence de sièges et de table. La cuisine et les sanitaires sont des plus primitifs. Les hippies se rapprochent ainsi des peuples du tiers-monde. Seule fausse note, la présence de matériel hi-fi, car la musique joue un grand rôle dans la contre-culture. Les murs sont décorés de posters aux couleurs psychédéliques qui constituent la contribution la plus originale des hippies à un art populaire, volontairement éphémère.

Il faut signaler la place des animaux domestiques. Manifestation de la nature au sein de la ville, les animaux - en particulier les chats - apportent par leur présence un soutien affectif stable à des jeunes qui, en rupture avec la famille et la société, ont choisi de vivre dans un milieu où les relations avec autrui ne durent parfois que quelques jours. Et les caresses auxquelles invitent les chats s'accordent avec une culture qui privilégie les sensations.

Dans un cadre dépouillé, la spiritualité passe également par la nourriture, à mi-chemin entre l'ascétisme et l'illégalité. L'alimentation des hippies est différente de celle de leurs parents. Elle se compose principalement de deux types de produits. Tout d'abord, on remarque l'importance des sodas, des cookies, du miel et du beurre de cacahuète souvent avalés à pleines cuillerées, ainsi, naturellement, que celle des produits de fast-food. Au début de *Do It*, Jerry Rubin, soulignant l'héritage raciste de l'Amérique et l'impact du Ku Klux Klan, se déclare un enfant de l'« Améri*ke* » ; si, un jour, il doit être exécuté pour ses crimes révolutionnaires, il veut, dit-il, un hamburger-frites et un Coca avant de mourir[3]. Sur ce point, sa libération est loin d'être totale. Le second type d'aliments est de nature plus classique : légumes et viande, notamment du poulet ; mais on note l'absence quasi complète de produits frais. Il s'agit, de plus, d'une alimentation communautaire dont le mode de préparation varie peu, sorte de pot-au-feu dans lequel sont mélangés tous les ingrédients.

La nourriture est fréquemment de mauvaise qualité ; les ailes de poulet et les cous de dinde, adoptés depuis longtemps par les pauvres dans les minorités noire et asiatique, ne fournissent que quelques protéines. Les carences alimentaires ne sont pas rares. Les légumes et le riz brun occupent une place non négligeable : la communauté d'idées avec les peuples du tiers-monde est omniprésente. Le menu ne change presque jamais. Mais les jeunes ne s'en soucient guère : là n'est pas l'essentiel. La drogue entretient leur inappétence et c'est pourquoi, comme dans d'autres pays industrialisés, leur corps mince, voire décharné, devient un idéal esthétique.

Parfois achetée, la nourriture peut aussi être reçue gratuitement, cultivée dans des fermes hippies ou volée. Les jeunes se procurent de quoi manger auprès des supermarchés qui leur offrent des excédents ou dans les poubelles. Ils utilisent également les colis de vivres envoyés par leurs familles et les *food stamps*, bons distribués par les autorités aux défavorisés. Occasionnellement, ils se

---

3. Voir *Do It, op. cit.*, p. 12.

procurent de l'argent en vendant leur sang ou en se portant volontaires pour des recherches médicales. On note cependant l'hostilité fréquente des milieux défavorisés devant ces jeunes pour qui la pauvreté prend des attraits ludiques.

Les techniques de « fauche » ne manquent pas : on peut voler des bouteilles de lait déposées le matin devant les portes ou des caissettes de produits au moment de la livraison aux magasins d'alimentation. On peut aussi chaparder, comme le suggère un journaliste de *Rat* : il conseille à ses lecteurs de choisir de préférence des produits chers - caviar, champignons ou saumon, par exemple - et leur indique même la manière de s'y prendre. Il suggère aussi de se limiter et de ne pas emporter plus qu'on ne peut dissimuler. Il est cependant préférable de porter des vêtements amples, car il est plus facile d'y cacher de la marchandise dérobée. « Vous ne serez pas pris mais, si cela arrivait, n'oubliez pas qu'on ne peut pas retenir grand-chose contre vous[4]. »

Cette façon de se procurer de la nourriture présente pour les contestataires un interdit fort excitant. Par ces risques, les jeunes bravent des tabous : on peut rapprocher de telles conduites de ces épreuves initiatiques au cours desquelles les adolescents doivent montrer leurs aptitudes à franchir les étapes, avant d'obtenir leur place d'adultes au sein de la tribu. En outre, en encourageant le chapardage, la contre-culture reprend à son compte l'idée que la propriété c'est le vol et que la « fauche » dans les magasins est plus un sport qu'un délit.

Une apparence très soignée...

Plus encore que par leur nom, qui appartient au domaine du langage, les hippies se distinguent surtout par leur physique. Et c'est précisément cette image colorée, pittoresque, qui définit les hippies, car, sans elle, ils ne pourraient se démarquer extérieurement.

Les cheveux longs, pour les garçons comme pour les filles, constituent le premier signe distinctif. Imitant en cela les Indiens,

4. *Rat*, 22 mars 1968.

ils portent des *headbands* (bandeaux). D'après le *Woodstock Census*, 87 % des activistes politiques et 94 % des *heavy drug users* ont porté les cheveux longs ; un peu plus de 40 % des hommes les ont eus vraiment très longs. Près de la moitié se sont laissé pousser la moustache et/ou la barbe. Les cheveux courts sont alors le signe d'une mentalité bourgeoise - ou une preuve d'appartenance au FBI...

Chez les hippies, la coiffure a une double fonction : elle est à la fois protestataire et signe de reconnaissance à l'intérieur d'une microsociété. Ce phénomène, qui consiste à afficher sur son corps des marques d'appartenance à une communauté, est d'ailleurs fréquent dans diverses cultures. Mais, tandis que dans les sociétés primitives les coiffures, scarifications ou autres signes sont acceptés et imposés par l'ensemble du groupe, les hippies adoptent une marque de ralliement qui va à l'encontre de la société à laquelle ils appartiennent. Si, pour quelques jeunes, le port des cheveux longs a, de plus, une connotation christique, dans l'ensemble il met surtout en évidence une solidarité avec les plus démunis et les marginaux. Au niveau politique, à un moment où une partie de la classe d'âge doit aller à la guerre, il symbolise également la difficulté d'accepter une fonction sociale - en l'occurrence leur rôle de guerrier. Dans la mesure où l'armée impose une coupe très courte, les jeunes expriment ainsi leur refus de jouer le rôle que la société leur assigne. Pourtant, le refus de la guerre n'exclut pas l'attirance pour des combattants qui luttent, à leurs yeux, pour la bonne cause, comme Che Gevara ou Fidel Castro, ces guérilleros mythiques.

Parallèlement, au niveau de la personnalité, les cheveux longs traduisent une attitude nouvelle vis-à-vis de la femme. En entretenant une ambiguïté sexuelle fondamentale, les jeunes montrent leur difficulté à grandir, à accepter leur corps. Ils tentent de retrouver le moment de la vie où les sexes étaient encore peu différenciés - l'enfance.

Chez les filles, les cheveux longs, traditionnellement signes de féminité, traduisent néanmoins, comme pour leurs camarades, leurs idées politiques. Nombre d'entre elles adoptent la coiffure de chanteuses comme Joan Baez, et près d'une sur six a les cheveux plats, à la manière des Indiens, des Latino-Américains ou des Vietnamiens. Leur coiffure symbolise alors leur combat politique aux côtés des peuples du tiers-monde. Ainsi, pour de multiples raisons, le port des cheveux longs représente l'un des éléments essentiels de la protestation contre-culturelle.

De façon générale, les relations des contestataires avec leur propre corps sont significatives. Leur révolte, leur besoin de liberté s'y expriment sans doute parce que, n'ayant pas encore de place dans le monde du travail, ils ne possèdent que leur corps et, rejetant la civilisation industrielle, ils le veulent le plus proche possible de l'état de nature. Paradoxalement, bien qu'ils mettent l'accent sur l'amour et l'érotisme, ils s'occupent fort peu de leur corps, car ils sont persuadés que la nature est toujours parfaite. Alors que, dans toutes les sociétés, les êtres humains se parent pour attirer l'autre, la majorité des contestataires refusent de séduire. Ils veulent avant tout traduire de façon physique leurs convictions politiques ou philosophiques ; en un mot, le corps doit refléter l'esprit.

Chez les filles, l'épilation est alors ressentie comme un signe d'embourgeoisement. La pilosité féminine correspond en somme au port de la barbe et des cheveux longs par leurs camarades masculins. 40 % des femmes en général, et environ 60 % des militantes, déclarent avoir cessé de s'épiler les jambes pendant les années 60. Et Rex Weiner de conclure avec humour que, dans certains cercles radicaux, des jambes nettes vous cataloguaient à la solde du FBI[5].

Plus généralement, l'absence d'hygiène s'impose comme une caractéristique essentielle. D'après un sondage, 37 % des personnes interrogées, 48 % des militants *(political activists)* et 52 % des utilisateurs de drogues dures *(heavy drug users)* disent avoir à l'époque délaissé le savon. Cependant, une proportion importante de la jeunesse continue à se laver, et il faut se défier d'une image trop médiatisée des hippies. Dans ce courant qui se définit par ses mouvements (de populations, de mode), il faut relativiser la portée des chiffres.

5. Rex Weiner, *Woodstock Census, op. cit.*, p. 42.

Par une assimilation symbolique surprenante, qui peut s'interpréter comme un renversement de valeurs, la malpropreté corporelle incarne souvent dans la contre-culture une pureté spirituelle, une preuve de libération. L'hygiène est considérée comme une expression individuelle du capitalisme, la propreté comme une valeur bourgeoise. Aussi les jeunes sont-ils d'accord avec Jerry Rubin lorsqu'il déclare : « Une génération qui rejette la notion de propreté des classes moyennes est une génération de révolutionnaires. »

Cette confusion entre idéologie et hygiène est d'autant plus inattendue que, dans le cadre de la lutte contre les maladies, les gouvernements cubain ou chinois lancent, quant à eux, des campagnes en faveur de la propreté. Il y a fort à parier que cette négligence volontaire du corps (qui dure parfois plusieurs mois) aura oublié ses motivations politiques pour ne se concentrer que sur ses applications spirituelles et nourrir sa propre mode.

Modes et parures

Dans leur apparence, les hippies se distinguent aussi par leurs tenues. Les jeunes abandonnent rapidement leurs vêtements de ville des premiers *sit-in* pour adopter un style tout différent : jeans d'une part, habits pittoresques de l'autre. Et l'on assiste à la naissance d'un style jeune, coloré et fantaisiste, qui refuse pour la première fois d'être la copie conforme de la mode des adultes.

Chez les garçons comme chez les filles, jeans et tee-shirts se généralisent, encore imprégnés du prestige de James Dean. Le jean véhicule en outre de multiples significations : il évoque les chercheurs d'or, rappelle les cow-boys et les grands espaces de l'Ouest américain. Presque inusable, il se veut bon marché et, à ce titre, trouve sa place dans un mouvement qui cherche à être proche des milieux modestes. Bref, c'est le vêtement idéal de jeunes qui vivent dans la nature ou mènent une vie de bohème. Il exprime, de plus, des valeurs profondément démocratiques, puisqu'en gommant les différences de statut social il nie l'importance de la hiérarchie et de l'autorité. En fait, il traduit de façon concrète la notion de liberté au cœur même de la contestation : il montre la liberté de mouvement et d'expression d'un corps dont il souligne la forme.

Unisexe de surcroît, il estompe la différenciation entre les individus, renvoyant implicitement au monde de l'enfance dans lequel garçons et filles se ressemblent. De façon générale, les hippies cherchent d'ailleurs à se rapprocher des enfants. À la recherche d'un paradis perdu, les *flower children* rêvent de concilier expérience et innocence. Mais, tandis que les cheveux longs des hommes expriment un désir de féminisation du corps, le jean traduit chez les femmes la volonté d'une liberté physique, à l'égal de leurs camarades, soulignant, si besoin est, que pour elles la place sociale de l'homme est davantage prestigieuse. En fait, tous ces éléments témoignent de l'ambiguïté des jeunes face à leur corps, d'un malaise identitaire profond.

Les deux tiers des personnes interrogées ont, en outre, porté des vêtements très originaux, bariolés, souvent d'inspiration exotique. On pense à ces tuniques de couleurs vives, ces longues robes blanches, ces sandales de cuir et ces bijoux que portent hommes et femmes. Les tissus deviennent fluides, et les vêtements, volontiers amples, laissent le corps libre de ses mouvements. Les jupes longues, les châles et les ponchos rappellent le XIXe siècle ou des civilisations étrangères. Ces vêtements mettent l'accent sur le retour au travail manuel et témoignent d'une culture dans laquelle le temps compte peu - celle, justement, de ces sociétés pauvres, peu industrialisées, dans lesquelles la jeunesse révoltée cherche des réponses à ses interrogations.

On doit pourtant souligner la dualité fondamentale du rôle de la femme chez les hippies. Les jupes longues renvoient à des civilisations dans lesquelles la femme est soumise à l'autorité de l'homme. Curieusement, elles voisinent avec la minijupe, lancée en 1964 par le couturier anglais Mary Quant et adoptée par près de la moitié des étudiantes, évoquant l'enfance et transformant les femmes en nouvelles Lolitas.

Quant aux bijoux, contrairement à l'usage habituel dans la société américaine, ils sont portés indifféremment par les deux sexes et perdent leur caractère précieux. Les hommes portent des colliers ou des pendentifs, jusqu'alors réservés aux femmes, ce qui montre une nouvelle fois leur volonté de gommer la différence des sexes, ainsi que leur fascination pour des objets considérés auparavant comme typiquement féminins. Le style des bijoux change, comme d'ailleurs leur matière, désormais très ordinaire. Ils se réduisent à deux ou trois catégories, traduisant une volonté de se rapprocher d'un art populaire. Bon marché, ils sont créés dans des matériaux naturels, terre cuite, laine ou tissu tressés, ou métal non précieux ; ils sont volontiers exotiques, et parfois franchement inattendus, tels les os de poulet dont se pare la chanteuse Janis Joplin.

À côté des bracelets en tissu de style mexicain ou indien, on trouve des *love beads* (grosses perles peintes) et des *peace symbols* (symboles pacifiques), qui ont été portés par 60 % des jeunes dans leur ensemble, 65 % des militants et trois quarts des *heavy drug users.* Les croix égyptiennes, également fort prisées, donnent l'impression d'une recherche ésotérique dans des civilisations passées ou lointaines. Les bijoux se transforment en amulettes. Enfin, des pratiques nouvelles comme les tatouages ou les peintures corporelles, empruntées aux traditions indiennes, font leur apparition sur le corps de jeunes Américains issus, pour la plupart, des classes moyennes. L'armée n'aimant pas incorporer de recrues qui portent sur le corps des dessins obscènes, certains se font tatouer pour se faire réformer. C'est en tout cas le conseil avisé que donne un journaliste d'*Open City,* à Los Angeles[6].

L'adoption d'un style différent, tant corporel que vestimentaire, témoigne d'une conviction de l'importance des apparences : il doit y avoir adéquation entre l'extérieur et l'intérieur. Le paraître doit révéler l'être. Les contestataires expriment ainsi leurs valeurs et les affichent pour choquer. Pourtant, à cette société de consommation qu'ils critiquent tant, les contestataires empruntent certaines pratiques : le vêtement en particulier, en tant que *signe,* ne constitue pas une idée nouvelle.

---

6. John Hopkins, *The Hippies Papers, Notes from the Underground Press,* New York, Signet Book, 1968, p. 52.

Un corps mis à rude épreuve

Le mode de vie très marginal des hippies entraîne des problèmes de santé généralement inconnus dans le milieu d'origine. Les jeunes entretiennent avec leur corps des rapports ambigus, qu'il faut souligner. Tout corps est beau, disent-ils, et ils l'exposent sans vergogne ; aussi le tableau clinique est-il plutôt sombre. Dans *Love Needs Care*[7], David Smith et John Luce étudient l'état de santé des hippies. Leur régime alimentaire entraîne des affections courantes dans les milieux les plus démunis des États-Unis ou du tiers-monde.

Les hippies présentent, en effet, des signes de malnutrition, par exemple des carences en protéines, en vitamines, en particulier B3 et C, et en sels minéraux, carences qui n'avaient jusqu'alors été signalées que chez des alcooliques chroniques. De plus, apparaissent quelques cas de kwashiorkor, ce syndrome de déficience nutritionnelle qui ne se rencontre en général que chez les jeunes enfants dans les pays en voie de développement.

En raison de la malnutrition, des maladies infectieuses trouvent dès lors, dans cette population marginale, un terrain favorable. Par leur mode de vie et l'usage de la drogue, les hippies contractent de nombreuses infections des voies respiratoires supérieures : rhumes, angines, bronchites chroniques aiguës, qui peuvent aller jusqu'à la pneumonie - affections parfois mortelles en raison du manque de soins. À cela, il faut ajouter les hépatites, souvent en relation avec la drogue, de multiples problèmes de type gastro-entérite, les colites chroniques, les empoisonnements alimentaires et les dysenteries bacillaires.

Parmi les maladies chroniques se trouvent naturellement des maladies de peau : l'absence d'hygiène, l'habitude de marcher pieds nus, la promiscuité en sont les principales causes. Smith et Luce mentionnent également l'acné qui, non soignée, peut engendrer des pustules sur le visage ou le dos, l'impétigo, certaines dermites, l'eczéma et la teigne. Enfin 25 % à 35 % des hippies ont des poux.

Les maladies vénériennes sont, bien sûr, monnaie courante.

7. Boston, Little Brown Company, 1969.

Selon les statistiques, 15 % à 20 % des hippies en auraient contracté. Il n'est alors pas étonnant que San Francisco, l'un des principaux centres du mouvement hippie, occupe en ce domaine la quatrième place au niveau national. Parmi les MST les plus courantes se trouve la gonorrhée. En 1968, sur les 430 000 cas signalés aux États-Unis, on en compte 63 000 en Californie, et on estime qu'une personne sur dix âgée de quinze à vingt-cinq ans présente des symptômes de MST.

Il ne faut pas oublier les maladies mentales ou les comportements qui, sans être à proprement parler pathologiques, n'en sont pas moins alarmants. Smith et Luce signalent qu'environ 20 % des hippies présenteraient des troubles psychiques non négligeables. Ce chiffre élevé serait dû à la fois aux effets de la drogue, à un environnement peu compatible avec la santé psychique et au fait que les communautés servent souvent de refuges à une jeunesse en rupture sociale. On rapporte le cas d'un hippie qui se promène avec un marteau de porte suspendu au cou et refuse de parler à un interlocuteur qui ne frapperait pas au préalable, comme s'il se trouvait devant une porte d'entrée[8]. Un autre se prend pour une orange et admet mal que les gens doutent de cette identité. Certes, tous ne présentent pas des troubles mentaux aussi prononcés. Il n'en demeure pas moins que le non-conformisme est cultivé dans la communauté hippie et que des individus parfois très perturbés s'y mettent à l'abri d'une société hypocrite et malhonnête - cette *plastic society*, selon leurs propres termes, c'est-à-dire la société industrielle.

En somme, la contre-culture se traduit au quotidien par l'affirmation d'un nouveau mode de vie, librement choisi. Mais cette liberté s'accompagne d'une violence corporelle qui renvoie à diverses interprétations psychologiques ou idéologiques.

Dans une large mesure, le comportement des hippies peut aussi être attribué au désintérêt causé par l'absorption de drogues, qui font perdre le sens des réalités. La négligence extrême du corps

8. Charles Perry, *The Haight-Ashbury. A History*, New York, Random-Rolling Stone Press Book, 1984, p. 174.

serait dès lors une forme de suicide, consécutive à un mal de vivre et à une insatisfaction profonde. Et, bien qu'elle se prétende celle du bonheur, de la joie et de la liberté, cette génération serait en réalité profondément déprimée. Une autre interprétation possible de la violence des jeunes envers leur propre corps serait un désir quasi religieux de mortification, une volonté inconsciente d'expier des fautes. Dans tous les cas, on est loin de l'image de jeunes gens sains et proches de la nature qui expriment leur joie de vivre par des comportements nouveaux.

L'attitude des jeunes, leur fascination pour la pauvreté peuvent s'expliquer également par des raisons psychosociologiques. Dans des études consacrées aux rites de passage, les ethnologues soulignent les rapports entre la liminalité et la communauté. La vie étudiante est, de fait, une mise à l'écart des jeunes dans des campus, et les examens qui la jalonnent sont autant d'épreuves à surmonter avant l'intégration dans la société. Certes, les jeunes contestent l'institution universitaire, mais à ce rite de passage ils en substituent un autre : ils s'éloignent volontairement de la société pour, disent-ils, en créer une nouvelle, fondée sur une spiritualité renforcée.

Le mouvement hippie s'apparenterait, par ailleurs, à ce que, dans son ouvrage *The Ritual Process*[9], l'ethnologue Victor Turner nomme des « mouvements religieux millénaristes ». Ces derniers véhiculent généralement les notions d'égalité, d'anonymat, d'absence de biens matériels, sont caractérisés par le port de vêtements semblables et prônent soit la continence sexuelle, soit la communauté sexuelle, ce qui dans les deux cas aboutit à l'abolition du mariage et de la famille. Pour Turner, de tels mouvements se rencontrent le plus souvent chez les masses déracinées qui vivent en dehors de la société structurée. Il s'agit essentiellement de phénomènes de transition, tolérés par le reste de la société.

Les hippies constituent donc des communautés spontanées dans lesquelles, comme c'est souvent le cas, le mysticisme joue un

9. Victor Turner, *The Ritual Process, Structure and Anti-Structure*, Chicago, Aldine, 1976.

grand rôle et s'accompagne de conduites d'abaissement et d'humilité, fréquentes dans la religion.

Tout se passe comme s'il existait, pour les civilisations, des cycles dans lesquels les tensions se relâchent avant un retour à un type de société proche du précédent ; des périodes de désordre doivent naturellement succéder à des moments d'ordre. Les excès disparaissent de façon plus ou moins spontanée, non sans engendrer des changements. Après un passage de type communautaire de ce genre, les hommes retrouvent les structures collectives précédentes, modifiées par l'apport de la période de défoulement. Le mouvement ne tardera d'ailleurs pas à s'effondrer, tandis que les jeunes reprendront le chemin des universités. Le désordre a ainsi sa place dans un processus plus général, et le chaos s'achève par la création du monde. En somme, devant cette dialectique entre l'ordre et le chaos, l'attitude de la société est révélatrice : elle regarde, non sans bienveillance, le développement de ces mouvements, persuadée qu'après la contestation les jeunes éprouveront un besoin de stabilité. Et, de fait, à la contre-culture succédera une période de conservatisme social et moral, ainsi qu'un renouveau religieux.

En se rapprochant délibérément des conditions de vie des démunis, le mode de vie hippie témoigne, certes, d'une prise de conscience de l'existence des laissés-pour-compte. Mais il est aussi l'expression d'une souffrance personnelle, et les spécialistes appellent « états limites » les comportements parfois aberrants des jeunes. Cette attitude serait alors le produit de problèmes personnels, que d'ailleurs elle renforcerait. Au total, on est frappé par la sincérité de la jeunesse contestataire, l'importance pour elle de signes extérieurs, le besoin de ne rien cacher et d'attirer les regards. Son mode de vie traduit la recherche d'une identité nouvelle et n'exclut ni ambiguïtés ni contradictions. Il montre sa difficulté à trouver la voie qu'elle a choisie et les pièges d'une liberté qui s'exprime pleinement dans un quartier hippie type : Haight-Ashbury.

Haight-Ashbury, un quartier de rêve

Le quartier de Haight-Ashbury à San Francisco joue un rôle essentiel. Face au capitalisme américain, dont il rejette le matérialisme, la morale sexuelle et l'éthique du travail, il constitue une tentative gauchiste pour fonder une société nouvelle, non répressive. Entre deux parades, les Diggers et la Free Clinic œuvreront, fût-ce de façon éphémère, pour une amélioration sociale du sort de ceux qui vivent en marge d'une Amérique prospère.

Haight-Ashbury est un ancien quartier bourgeois, constitué de maisons victoriennes au charme vieillot, dont le bow-window et le porche sont souvent précédés d'un escalier. Il est situé non loin de la San Francisco State University et du Golden Gate Park, immense, boisé et sauvage, dans lequel la communauté hippie cherchera maintes fois ce contact avec la nature si caractéristique de la contre-culture. Le parc se prolonge par une avenue agrémentée de gazon et d'arbres, le Panhandle. Haight constitue donc le haut lieu de la culture hippie pendant un peu plus d'un an, avant sa dislocation et le départ vers des communes rurales. Selon les estimations, environ 75 000 personnes y vécurent du début du mouvement psychédélique jusqu'à l'automne 1967.

Vers 1960, Haight-Ashbury est encore un quartier ouvrier, mais il attire bientôt toute une communauté bohème, installée auparavant à North Beach. De nombreux *beats* vivent à San Francisco au moment de la révolution psychédélique et exercent même une influence directe sur la jeunesse, comme le poète R. Duncan, qui est enseignant dans une université de la ville. L'ancienneté de leur présence explique d'ailleurs le rôle prépondérant de San

Francisco dans le mouvement contre-culturel. C'est en 1955 que débute la « San Francisco Renaissance », avec le poète Ginsberg. L'Anarchist Circle, créé juste après la guerre, et le Poetry Center, fondé en 1947, contribueront eux aussi à faire de la ville un lieu ouvert aux idées les moins conformistes. Les relations entre les anciens et les nouveaux habitants sont au départ cordiales. Cependant, gênées par le nombre croissant de *beats* et par leur mode de vie, les familles ouvrières partent peu à peu. Bientôt le quartier deviendra le centre de la communauté hippie de San Francisco.

Par sa structure interne, Haight est semblable à d'autres quartiers hippies. Comme eux, il s'est formé aux abords des universités, car beaucoup de ses habitants sont d'anciens étudiants ayant abandonné leurs études. Mais les quartiers hippies diffèrent par leur structure de ceux des communautés ethniques ou des classes défavorisées, et leur composition très souple explique leur instabilité. De plus, ils sont constitués essentiellement de célibataires de la même tranche d'âge, puisque la famille hippie est quasiment inexistante. Les jeunes vivent entre eux, presque coupés du monde des adultes. D'autres éléments les distinguent encore : l'absence de déterminisme social - on ne naît pas hippie et il est toujours possible de décider de réintégrer la société américaine -, ainsi que la mobilité de la population et le flux constant de nouveaux arrivants.

Les occupants vont et viennent avec d'autant plus de facilité qu'ils ne sont pas tenus par un travail régulier et peuvent à tout moment suivre un ami rencontré par hasard ou partir à l'aventure. Néanmoins la fluctuation de la population reste, dans une certaine mesure, fonction des trimestres universitaires, car les hippies suivent parfois quelques cours. Des migrations périodiques se produisent, par ailleurs, au moment de l'été. Ceux qui ont passé l'année dans le ghetto en profitent pour voyager ou chercher un job, tandis que d'autres arrivent, désireux de connaître l'expérience psychédélique. Dans un pays déjà caractérisé par de fréquents déplacements géographiques, ces jeunes sont les plus mobiles, tels des nomades, des pionniers à la recherche de quelque nouvelle frontière ; ils témoignent ainsi, en quelque sorte, de leur américanité.

La vie matérielle

Des commerces apparaissent, qui vont jouer un rôle non négligeable dans la diffusion de la contre-culture. Signalons en particulier le *Psychedelic Shop*, des frères Thelin - Ron et Jay -, qui ouvre ses portes en janvier 1966. Ces enfants de la bourgeoisie moyenne - leur père dirige un magasin de la chaîne Woolworth - ont pourtant été tentés un moment par le conformisme de la vie américaine, et l'un d'eux s'était même engagé dans l'armée avant d'entreprendre des études supérieures. Leur magasin est le premier consacré à la littérature et la production psychédéliques. Le succès du livre de Tolkien *Lord of the Rings*[1] *(Le Seigneur des anneaux)* en témoigne. Les frères Thelin joueront un rôle important pour la communauté hippie tout entière en mettant sur pied l'année suivante un grand rassemblement festif, le *World's First Human Be-In*, ou *Gathering of the Tribes*[2], qui se tient en janvier 1967.

D'autres magasins ouvrent, comme le Phœnix ou In Gear, qui vendent tout ce qui est nécessaire à la vie de la communauté - matériel pour prises de drogue et objets divers tels que des perles, des insignes de paix *(peace symbols)*, de l'encens, des bijoux d'inspiration exotique et des cithares indiennes. En toute logique, ce type de commerces entraîne de nouvelles activités. On voit de la réclame pour des produits inhabituels, tel un dentifrice au peyotl. Aux rayons farces et attrapes, on trouve des joints qui explosent et des seringues percées, à moins qu'on ne préfère un coussin qui, lorsqu'on s'assied dessus, imite une sirène de police. À côté de nombreuses publicités pour des concerts et des boîtes de nuit, on en relève d'autres dans la presse underground[3] pour des produits qu'en général on n'associe pas directement aux besoins des hippies, par exemple la location d'une Chevrolet ou des petites annonces immobilières. Enfin, certaines offres de service se distinguent, comme celles de ce hippie qui, profitant de la fascination de la

1. Ronald Reuel Tolkien, *Le Seigneur des anneaux*, Paris, Bourgois, 1996.
2. « Le premier grand rassemblement humain mondial » ou « Rassemblement des tribus ».
3. Ce terme qui signifie « clandestin » qualifie la presse hippie et contestataire. Au XIXe siècle, il s'appliquait aux réseaux qui organisaient l'évasion des fugitifs noirs du Sud esclavagiste. La récupération du mot par la contre-culture n'est, dans ce contexte, pas innocente.

société *straight* (bourgeoise) pour la contre-culture, lance l'agence Hire a Hippie, par l'intermédiaire de laquelle on peut « louer un hippie », garçon ou fille, drogué ou non, pour introduire une note de fantaisie dans les réceptions.

Dans cette même teneur fantaisiste (réelle ou réputée telle), il est impossible de passer sous silence l'existence des Diggers[4] : ces hippies, de sensibilité anarchiste, jouent un rôle important dans le fonctionnement matériel de la communauté, dont ils constituent l'un des éléments les plus pittoresques. Selon les uns, ils tirent leur nom d'un groupe de personnes qui, dans l'Angleterre de Cromwell, alors soumise à une période de famine, se mirent à cultiver les terrains communaux et à distribuer gratuitement de la nourriture ; ceux-là auraient été ainsi surnommés parce qu'ils « creusaient » les tombes pour enterrer leurs morts après des incidents nocturnes. Or, ces Diggers anglais prônaient déjà l'abolition des différences sociales et de la propriété individuelle, anticipant, en un sens, sur la doctrine communiste. Mais le terme pourrait aussi évoquer les pratiques alimentaires d'une ancienne tribu d'Amérique du Nord qui, fouissant le sol, se nourrissait essentiellement de racines.

Au-delà du débat étymologique, les Diggers modernes sont, pour la plupart, d'anciens membres de la San Francisco Mime Troupe, ce qui explique, comme nous le verrons, leur goût prononcé pour les manifestations théâtrales. Le mouvement est lancé par un personnage pittoresque, Emmett Grogan, ami de Gary Snyder et membre de cette troupe. Lors de son service militaire, il repeint les lits métalliques des chambrées en jaune vif, ce qui lui vaut un séjour dans le service psychiatrique de l'hôpital militaire de San Francisco.

À la suite des émeutes raciales de l'automne 1966 et des six jours de couvre-feu imposés dans certains quartiers de la ville dont Haight, les Diggers se mettent à servir de la nourriture gratuitement. Ces distributions ne tardent pas à devenir régulières et attirent rapidement une centaine de jeunes. Pendant le week-end, le

---

4. De *to dig*, creuser.

nombre de personnes quadruple, en raison de nouveaux arrivants séduits par l'originalité et l'exotisme de l'expérience. Vêtus comme des moines, les Diggers donnent donc à manger, comme le font dans les ghettos noirs les Black Panthers qui distribuent le petit déjeuner aux enfants.

Les Diggers tiennent aussi des magasins où tout est gratuit. Ils possèdent une jeep jaune, de la couleur du *yellow submarine* des Beatles, et un garage surnommé « The Free Frame of Reference » (« le système de référence libre »), qu'ils utilisent pour stocker vêtements et denrées. Le partage de la nourriture auquel ils procèdent prend un sens symbolique. Il se veut synonyme de convivialité, geste vers l'Autre et marque de fraternité. Signe d'amitié et d'hospitalité, il revêt également un caractère social et politique en rappelant les inégalités.

Le but des Diggers ne se limite cependant pas à ouvrir des restaurants gratuits. Ils souhaitent organiser leur propre production de nourriture dans leurs propres fermes, et aider les nécessiteux. Ils rêvent même de posséder leurs hôtels, leurs garages et leurs centres de couture. Ce groupe de jeunes, volontiers qualifiés d'anarchistes, rejette toutes les institutions, l'Église y compris ; mais cela ne les empêche pas de trouver l'appui du père Leon Harris, de la All Saints' Episcopal Church, qui contribue au succès de leurs distributions de produits alimentaires en les autorisant à utiliser les cuisines de la maison paroissiale.

Au même titre que les boutiques pittoresques et les distributions de nourriture, la Free Clinic de Clayton Street est un élément majeur de la communauté ; elle représente le pendant médical de cette vague sociale. Elle est fondée en juin 1967 par un interne en médecine de San Francisco afin de permettre aux hippies d'avoir accès gratuitement aux soins. Dans un pays où la couverture sociale est faible, cette pratique est alors peu courante. Son succès est immédiat : au cours des deux premiers mois, elle donne près de 10 000 consultations. L'originalité de ce centre si populaire tient au fait qu'il est l'un des rares lieux de rencontre entre les hippies et la société. Sa formule souple a séduit beaucoup de marginaux ; loin de faire la morale aux patients, le personnel soignant respecte leurs choix, gagnant ainsi leur confiance. À l'occasion, la clinique sert même de refuge aux jeunes sans abri qui ne savent où passer la nuit.

Des problèmes financiers surviendront : le ministère de la Santé refuse d'accorder les subventions nécessaires et une partie des services ferme au bout de trois mois. Pourtant, malgré son existence éphémère, la Free Clinic agit comme un modèle ; dans le pays ouvriront environ cinq cents établissements présentant des analogies avec ce qui n'était au départ qu'une expérience spontanée et indépendante à l'adresse des nécessiteux. À ce titre, cette clinique ouvre la voie à une autre approche de la santé publique.

Le pittoresque des boutiques, la fantaisie des Diggers et le caractère humanitaire de la Free Clinic ne doivent pourtant pas faire oublier l'insalubrité du quartier. Les trottoirs y sont souillés d'immondices de toute nature et l'intérieur des habitations surpeuplées ne répond pas aux critères sanitaires. Les interventions de police contraignent certains établissements ou logements à une fermeture parfois définitive. Cependant, ces tentatives pour faire appliquer les règlements sur l'hygiène publique traduisent davantage une volonté de lutter contre ces marginaux non conformistes qu'un réel désir de combattre la précarité où ils vivent. Et, de toute manière, les autorités sont impuissantes à endiguer le flux des arrivants et le développement des commerces plus ou moins licites qu'il engendre.

« Coffee houses », concerts et « acid tests »

L'essor du mouvement hippie à San Francisco, notamment dans le quartier de Haight, s'accompagne de l'ouverture de nombreux cafés, night-clubs et boutiques, où les gens se retrouvent. Ils stimulent la vie d'une communauté dont les principales distractions sont les concerts, souvent gratuits, et autres manifestations diverses.

Dès le milieu des années 60, plusieurs *coffee shops*, boutiques et night-clubs apparaissent à Haight, constituant des lieux de rencontre sans lesquels la contre-culture n'aurait pas suivi le même cours. En 1960 s'ouvre, dans Hayes Street, *The Blue Unicorn*, la toute première *coffee house*, qui ne prendra vraiment son essor que quelques années plus tard. Elle réunit alors artistes, intellectuels marginaux et toute la bohème qui s'installe progressivement à Haight. C'est là que se tiennent les réunions de la Sexual Freedom League ou du Legalize Marijuana Movement (LEMAR). Y milite Chet Helms, personnage pittoresque qui participe également à des concerts rock et se trouve en contact avec des groupes musicaux comme The Final Solution, composé d'étudiants de San Francisco. On voit ainsi s'établir très tôt le lien entre les jeunes, la musique et la drogue.

Le 4 juillet 1965, *Mother's*, autre lieu mythique, ouvre sous la direction de Tom Donahue. Ce dernier fait déjà partie du show-business et possède sa propre maison de disques. *Mother's* est décoré de façon somptueuse ; les feuilles de plastique fixées aux murs vibrent au rythme de la musique, tout en retenant la lumière colorée des spots. Le mois suivant, Donahue fait venir le groupe new-yorkais Loving Spoonful (ou Spoonful). Un mois plus tard encore, apparaît à San Francisco un second night-club, où se produit l'un des groupes rock les plus populaires, les Matrix. Son propriétaire, Marty Balin, acteur et chanteur qui réside déjà à Haight, est lui-même à la tête de son propre groupe rock, le Jefferson Airplane, spécialisé dans le blues *country* et les *folk ballads*. Citons également des cafés comme le *I/Thou Coffee Shop*, de Dave Rothkop, ou encore le *Drog Store Cafe*. Mais, si nous recherchions l'exhaustivité, la liste serait bien longue à établir.

À côté des cafés et des boutiques, les théâtres et les salles de concerts constituent un autre espace d'expression qui, né de la contre-culture, contribue à son développement. Parmi les salles de spectacle les plus connues, l'Avalon, le Fillmore et Longshoremen's. La San Francisco Mime Troupe, déjà citée, sera bientôt exclue du *San Francisco Arts Festival* pour obscénité. Son directeur artistique, Bill Graham, la quittera quelques mois plus tard. Outre ses fonctions dans la troupe, il est le propriétaire du Fillmore Auditorium, salle de 1 500 places où il organise fin 1965 des concerts avec la Great Society et le Jefferson Airplane (devenu plus tard le Jefferson Starship) qui attirent des milliers de spectateurs.

En janvier 1966, Kesey et Graham mettent sur pied le *Trips Festival*, qui se tient dans le Fillmore Auditorium. Le spectacle connaît un vif succès ; il comporte de la musique, des projections d'images, des effets de lumière, et des milliers de personnes s'y entassent. Quant à l'Open Theater de Berkeley, dirigé par Ben et Rain Jacopetti, il s'efforce, par ses représentations de type multimédia, de recréer lui aussi les impressions et sensations produites par la drogue. La recherche qu'il prône dans le domaine esthétique va ainsi de pair avec les expérimentations psychédéliques des jeunes.

Haight n'est pas seulement le cœur social et culturel de la communauté hippie de Californie du Nord ; il en constitue aussi le centre économique et financier, car il s'y échange ces produits essentiels à la contre-culture que sont la marijuana et les substances psychédéliques. Au milieu des années 60, San Francisco est une ville dans laquelle nombre de gens ont déjà fait l'expérience de la drogue ; les jeunes, à leur tour, y sont séduits par les activités intellectuelles ou artistiques de personnalités comme Allen Ginsberg ou Richard Alpert. Ami de Leary, ce dernier, en 1965, enseigne à Stanford University, tout en dirigeant la *Psychedelic Review*. Cependant, l'intellectuel qui a le plus contribué au lancement de la révolution psychédélique - et de la contre-culture en général - est sans aucun doute l'écrivain Ken Kesey. Son livre *One Flew Over the Cuckoo's Nest (Vol au-dessus d'un nid de coucous)*, publié en 1962, connaît un succès considérable. Kesey est un homme brillant. Ancien étudiant de Stanford, il travaille comme auxiliaire dans le service psychiatrique d'un hôpital où sont menées des recherches sur des drogues comme le peyotl, la mescaline, la psilocybine et le LSD ; il se porte naturellement volontaire pour des expériences. Avant même la naissance du mouvement hippie, c'est déjà un des personnages marquants de la bohème de San Francisco, avec ses amis, les Merry Pranksters[5]. En 1964, il s'achète un vieil autobus que les Hell's Angels peignent de toutes les couleurs, et

5. Littéralement, les « Joyeux Drilles ».

ensemble ils parcourent les États-Unis. Le voyage jusqu'à New York n'est qu'un long délire produit par l'absorption de substances variées, dont le LSD mélangé au jus d'orange sorti du réfrigérateur. La forte personnalité de Kesey et son épopée psychédélique fascineront toute une partie de la jeunesse américaine.

Kesey consomme volontiers marijuana ou LSD et, avant l'essor du mouvement hippie, ses *acid parties* sont déjà bien connues des services de police. Lorsque quelques mois plus tard il fait la connaissance d'un dénommé Owsley, ce dernier voit rapidement dans les Pranksters un moyen pour diffuser sa drogue. Ken Kesey et ses amis organisent donc plusieurs *acid parties*, c'est-à-dire des prises de drogue collectives sur fond de musique. Dans son domaine à deux pas de San Francisco, il invite les Hell's Angels. Il leur fait essayer le LSD, qu'ils ajoutent avec enthousiasme à la liste déjà longue de leurs consommations favorites : bière, vin, marijuana, benzédrine, séconal ou nembutal... Les « anges » se lancent rapidement dans le trafic de drogue et ont tôt fait de former un réseau de professionnels plus redoutables que les hippies, mettant notamment sur pied un trafic à destination de la côte Est. Dès lors, ces marginaux pittoresques, ces adeptes de la non-violence qu'étaient les hippies sont en contact avec de véritables trafiquants. Ainsi, le rejet de la société, le refus du matérialisme et des notions morales jugées conservatrices n'ont pas permis l'émergence de valeurs plus solides. Cette anomie a engendré un trafic illégal qui n'a pas - et pour cause - réussi à outrepasser le rapport d'argent.

Attirés par tout ce qui est susceptible de contenir des substances psychédéliques et avides d'expériences nouvelles, les hippies se mettent, au printemps 1967, à consommer une grande quantité de bananes ; leur amour inattendu pour ce fruit vient de la découverte affirmée de certaines propriétés : selon des journaux underground comme l'*Oracle* et le *Berkeley Barb*, sa peau contiendrait une substance agissant sur le cœur et le système nerveux. Tout en avertissant l'utilisateur éventuel des dangers qu'il court, un journaliste donne la recette pour fabriquer soi-même le produit : congeler la peau, la broyer, puis la mettre au four à 200 degrés, avant de la fumer. L'engouement est tel que certains adeptes du fruit défendu parlent déjà de *yellow power* (pouvoir jaune). En mars 1967, un rassemblement organisé par le Yellow Mellow Movement réunit 2 000 étudiants sur le campus de Berkeley. On y aurait même assisté au spectacle insolite d'un doyen en train de fumer un joint.

Aucune intoxication n'est cependant signalée. La raison en est simple : comme le concluent les autorités de la Food and Drug Administration (FDA) après plusieurs mois de recherche, ni la peau des bananes ni leur chair ne contiennent de substance hallucinogène. Pendant les quelques mois que dure le canular, les hippies abusèrent de bananes qui, si elles ne purent leur procurer les hallucinations escomptées, ne leur firent du moins aucun mal. Cette plaisanterie, connue sous le nom de *banana hoax*, avait trompé aussi bien le gouvernement que ces jeunes, toujours prêts à essayer les dernières drogues.

Loin de ce canular en fin de compte fort innocent, les *acid tests* sont, dans un registre plus sérieux, ces réunions, ces « parties » ouvertes à ceux qui veulent partager drogue et musique. Les *tests* ne sont pas toujours clandestins et font éventuellement l'objet d'une véritable publicité. Il est vrai que le LSD n'est pas encore interdit par les lois californiennes ; ce n'est qu'à partir d'octobre 1966 que la possession d'*acid* constituera un délit et que sa vente deviendra un acte criminel.

Le premier *acid test*, d'ailleurs annoncé publiquement, se tient en novembre 1965, non loin de San Francisco, dans un magasin appartenant à un ami de Kesey. D'autres suivront. Ainsi, peu après, 400 personnes se rassemblent dans une demeure de San Jose ; d'autres, en décembre 1965, dans un night-club de Palo Alto en présence du groupe rock des Warlocks (qui deviendront le Grateful Dead) et de nombreux Pranksters. Pour le quatrième *acid test*, l'un des plus importants par le nombre de participants, l'endroit prévu est Stinson Beach, à quelques kilomètres au nord de San Francisco, mais, en raison d'un changement de dernière minute, il se déroule à Muir Beach Lodge et dure jusqu'au lever du soleil.

S'il est difficile de connaître le nombre exact de ces parties dans lesquelles la drogue est si largement consommée, il faut cependant mentionner les deux plus célèbres : celle organisée à San Francisco pour le réveillon du jour de l'an 1966 et l'autre, en janvier 1966, qui rassemble 2 000 personnes au Fillmore Auditorium. Restent fameux aussi un *test* à Portland dans l'Oregon pour Noël 1965 et un autre qui réunit 200 personnes à Los Angeles en février 1966. Quant au *Trips Festival*, il s'agit d'un *acid test* gigantesque organisé par Kesey et les Pranksters et auquel participent les Grateful Dead et Big Brother and the Holding Company. La mise en scène utilise des lumières mobiles qui balaient la salle, des projecteurs de cinéma, des haut-parleurs multipliés et des effets visuels divers. Le festival dure trois jours. Devant ce succès, d'autres parties analogues s'organisent.

Les autorités de la région de San Francisco et de Los Angeles sont évidemment hostiles à ce genre de manifestations artistiques, non en raison du nombre élevé de décibels, mais du fait de la vente de drogue. Elles tenteront, de manière maladroite, de trouver des substances interdites dans le matériel des musiciens ou de faire appliquer des règlements depuis longtemps tombés en désuétude. Une loi de 1909 ne dit-elle pas que les mineurs n'ont pas le droit d'aller danser dans des lieux publics à moins d'être accompagnés d'un adulte ?... Mais l'évolution du mode de vie rend ces textes bien obsolètes, et la police contrôle difficilement la situation.

En fait, si des personnes comme Leary ou Alpert ont tiré de l'usage de drogues des expériences vite appréciées d'une clientèle encore restreinte, le mouvement psychédélique est véritablement lancé par Kesey et les Pranksters, qui font de la Californie, et en premier lieu de San Francisco, l'épicentre de cette révolution.

Le déclin

La période psychédélique du quartier est de courte durée. Mais elle est rythmée par de grands spectacles qui marquent la vie de la communauté et contribuent aux yeux d'une jeunesse contestataire au prestige d'une expérience qui entend montrer qu'il est possible de créer, loin de la société capitaliste, une communauté viable dans laquelle elle se sente libre.

Les principaux événements en sont la *Digger's Death of Money and Rebirth of the Haight Parade*[6] de décembre 1966, suivie moins d'un an plus tard, en octobre 1967, par une autre cérémonie burlesque annonçant cette fois la mort du hippie et la naissance de l'homme libre : *Death of Hippie Ceremony and Birth of Free Man.* Cette deuxième manifestation marque, de fait, le début du déclin de Haight. Après le peu de succès du *Summer of Love*[7], elle est un prélude à la dispersion.

Le *Summer of Love* se passe à vrai dire dans de mauvaises conditions climatiques qui, en cet été 1967, découragent les plus enthousiastes de se rendre à San Francisco. Il débute le 21 juin par une célébration du solstice et doit s'accompagner de fêtes analogues dans tout le pays. Des milliers de personnes se rendent à San Francisco pour assister au lever du soleil, puis rejoignent d'autres hippies qui se dirigent vers le Polo Field du Golden Gate Park. La fête se déroule dans une ambiance de kermesse avec, comme à l'accoutumée, des orchestres, des chants tibétains et les distributions de nourriture des Diggers qui transforment l'événement en un gigantesque pique-nique. Mais la foule est moins nombreuse que lors du *be-in* du début de l'année ou du *Monterey Pop Festival*, qui s'est tenu quelques jours plus tôt.

De nombreuses manifestations et de multiples festivals se tiennent cet été-là dans toute la Californie et dans le reste des États-Unis. Ainsi, en juin 1967, du festival de musique sur le mont Talmapais, dans le Marin County, qui réunit entre 10 000 et 20 000 personnes. En revanche, le *Festival of Om*, en août 1967, ne rassemble que 2 500 personnes, et échoue en partie en raison de sa mauvaise organisation. Le 7 août 1967, à San Francisco, 500 personnes se joignent à la *Flame's Parade*, la Flame étant un organisme qui, à la façon des Diggers, sert des repas gratuits aux indigents grâce aux dons des touristes ; les hippies se rassemblent ensuite sur Hippie Hill pour chanter « *Om* », puis la journée s'achève par un défilé aux flambeaux.

Mais, malgré l'apparente ferveur, le déclin est inévitable et, contrairement au phœnix, emblème de l'association Flame, Haight

6. « La mort de l'argent et la renaissance de Haight ». Parade des Diggers.
7. « Été de l'amour ».

sera incapable de renaître de ses cendres. On ne doit cependant attribuer ni au mauvais temps ni à l'échec de quelques cérémonies le déclin de Haight et, plus généralement, l'essoufflement du mouvement. Les problèmes du quartier hippie proviennent désormais de la conjonction de son succès, responsable du surpeuplement, de la perte de son authenticité et du développement de la violence.

Après la *Death of Hippie Ceremony*, de nombreuses boutiques ferment et les Diggers réduisent leurs activités. Il devient plus difficile de subsister et davantage encore lorsque cesseront totalement les distributions de nourriture au Panhandle. Il reste, malgré tout, possible de se nourrir gratuitement, à l'occasion, car des barbecues accompagnent fréquemment les concerts de rock, et des associations comme All Saints' Episcopal Church distribuent du pain trois fois par semaine. Les questions alimentaires ne font qu'accentuer les problèmes démographiques déjà sensibles dans la communauté, et l'idée d'émigrer à la campagne se répand progressivement. Ce sera le départ vers les communes rurales. Ken Kesey s'installe en Oregon à sa sortie de prison et d'autres jeunes, y compris des Pranksters, prendront la même décision.

En 1967-1968, on assiste donc à l'effondrement de l'expérience de Haight-Ashbury, dû en partie à une trop ample médiatisation, recherchée dans les premiers temps par les hippies eux-mêmes. Ceux-ci en viennent désormais à regretter la venue de tant de personnes qui, s'installant à leur tour, entravent leur épanouissement par d'insolubles problèmes de logement et de nourriture. Car cet essor démographique constitue un obstacle à la liberté personnelle des « anciens ». Le mouvement hippie, qui avait bénéficié de l'attention des médias lors de sa naissance, est ainsi victime de sa trop grande publicité : le voilà envahi, non seulement par des jeunes en quête d'aventure, mais aussi par les touristes de la société *straight*. Ainsi, dès le printemps 1967, la Gray Line Bus Company met en place à travers le quartier de Haight-Ashbury un circuit de visite qui connaît un succès considérable. Les touristes viennent contempler le pittoresque de ces jeunes, pieds nus, vêtus de vêtements exotiques, en train de rêver ou de fumer, tribu moderne qui a décidé de vivre en marge de la civilisation américaine ; et ils les regardent avec l'intérêt que l'on porte aux espèces nouvellement acquises par un zoo. Les hippies, quant à eux, se prêtent volontiers, dans les débuts, à la curiosité des visiteurs : on accueille les bus en tendant aux gens des miroirs pour les renvoyer au spectacle de leur propre surprise. La compagnie devra bientôt organiser deux tours par jour.

Mais cette médiatisation ne saurait empêcher le déclin du quartier et, dans un milieu qui met pourtant l'accent sur le devoir d'aimer son prochain, la violence commence à se développer. Après l'essor de 1966 et 1967, Haight se dégrade de façon considérable. Le quartier devient un lieu dangereux, envahi par la pègre, et dans lequel se vendent de plus en plus de drogues dures comme l'héroïne. Le nombre de pickpockets et de malfrats croît sensiblement, et on signale même des meurtres, tel celui d'un jeune homme qui a travaillé pendant un temps pour le groupe Peter, Paul and Mary avant de se mettre, en 1966, à vendre du LSD. Lorsqu'il est assassiné quelques mois plus tard, on le trouve porteur de dizaines de milliers de dollars[8].

On en arrive à des extrémités comme le développement de rites sataniques. En janvier 1967, un mariage sataniste a lieu à San Francisco et, à l'automne de la même année, des hippies célèbrent la mémoire du sataniste anglais Aleister Crowley. Une confrérie, la Brotherhood of Lucifer, organise des cérémonies qui, si elles rencontrent finalement peu de succès, n'en sont pas moins révélatrices d'une dérive de la contre-culture. On se souvient de Charles Manson, ancien hippie de San Francisco qui, attiré par ce genre de pratiques, en vient à assassiner, en août 1969, Sharon Tate et quatre autres personnes.

Pour finir, des heurts violents se produisent, notamment en juillet 1967, et plus encore en février 1968, lors de graves émeutes qui opposent la police et les *street people*, les gens de la rue. Haight-Ashbury s'avère rapidement décevant, le rêve d'une liberté complète ayant tôt fait de s'évanouir devant une réalité devenue sordide. Par-delà les difficultés matérielles, c'est la philosophie hippie qui est mise à mal par une communication difficile.

---

8. Voir Burton Wolfe, *The Hippies*, New York, The New American Library, 1968.

Une communication difficile

Les liens avec la gauche contestataire se révèlent moins étroits que ceux espérés. Certes, les hippies de San Francisco ont de nombreux contacts avec la contestation politique sur le campus de Berkeley ou d'autres universités et, comme en témoigne leur presse, ils se tiennent au courant. Le mouvement contre-culturel forme un tout : les articles de presse sur les luttes des Noirs, sur la guerre du Viêt-nam ou sur la redistribution des richesses aux personnes démunies voisinent avec ceux qui traitent de la vie sexuelle ou des raids de la police à la recherche de marijuana ou de LSD ; et, à l'instar des *political activists*, les hippies refusent l'anticommunisme. Mais, dans la pratique, les contestataires les plus militants regrettent l'attitude des hippies : ils ont, un temps, vu en eux des alliés potentiels et ont multiplié les efforts pour attirer des dizaines de milliers d'entre eux ; mais les jeunes de Haight participent moins aux manifestations que ceux de Berkeley. Ils se tiennent plutôt à l'écart des combats politiques et des aspirations révolutionnaires, la communauté utopique dans laquelle ils vivent les incitant moins à réformer la société. De plus, la communion souhaitée avec autrui s'avère difficile à mettre en pratique : les actes restent très en deçà des mots.

Les contacts avec les communautés indienne et noire sont encore plus superficiels, voire inamicaux. Les hippies se veulent proches des Indiens, mais ces derniers, en retour, manifestent peu d'empressement. Quand on sait que plus de 40 000 Indiens vivent dans la région de San Francisco, on mesure à quel point le *pow-wow* de l'automne 1967 à Speedway Meadow est un échec : le but de la manifestation, qui était de mettre en contact les *Native Americans* (les Indiens) et les hippies, n'est guère atteint, puisque seules quelques centaines de personnes s'y rendent. De même, lorsqu'en juin de la même année les hippies envisagent de créer un festival au Grand Canyon avec la participation des Indiens Hopis, ils se heurtent à l'incompréhension de ces *Native Americans* choqués de voir les Blancs pénétrer dans leurs sanctuaires et faire l'amour en public. Et plus tard, en 1969, les nombreux jeunes qui envahissent Taos[9]

9. Taos est une petite ville du Nouveau-Mexique, au nord-est de Santa Fe.

n'obtiendront pas non plus des tribus locales le soutien espéré. Tout porte à conclure que l'image que les hippies se sont faite des Indiens ne correspond pas à la réalité. Ils s'en sont voulus proches, persuadés que leur rejet de la société américaine ferait d'eux des interlocuteurs privilégiés des *Native Americans.* Ils étaient attirés par une civilisation restée proche de la nature et qui faisait elle-même usage de substances psychédéliques. Leur contact leur permettrait, pensaient-ils, de se libérer. Mais leur connaissance des Indiens demeure superficielle, se limitant, de fait, au port de vêtements bariolés et de colliers de perles.

Les relations entre les hippies et les Noirs sont encore plus tendues qu'entre hippies et Indiens ; mais les témoignages sont plus contradictoires, et il reste difficile de s'en faire une idée précise. Pour Helen S. Perry, les incidents de Berkeley et la vie à Haight-Ashbury ont permis aux jeunes Blancs de mieux comprendre le sens du mot « oppression » car, comme les Noirs, ils sont victimes de brutalités policières. Selon elle, les Noirs des classes défavorisées sympathisent dans l'ensemble avec une jeunesse révoltée qui dénonce la société américaine, et Haight-Ashbury serait le lieu de rencontre de deux communautés qui tentent de forger une société idéale. Mais ce point de vue doit être confronté à l'hostilité dont le *Berkeley Barb* se fait l'écho dans ses articles. Traitant des rapports entre les communautés hippie et noire, Chester Anderson y dénonce, dans un numéro de 1967, la ségrégation qui existe à Haight. *« Haight-Ashbury is the first segregated bohemia I've ever seen ! »* s'y exclame-t-il, avant d'ajouter que les Noirs n'aiment guère les hippies, et réciproquement. Et il déplore d'autant plus cet état de fait que les Noirs sont, rappelle-t-il, les pères spirituels des hippies, par le biais du jazz, du rock'n roll et de l'usage de certaines drogues[10].

La semaine suivant cet article, le *Berkeley Barb* en fera paraître d'autres sur la question, dans une rubrique intitulée « Hip-Spade Debate » (débat hippies/Noirs). Certes, la bohème hippie compte peu de Noirs, y lit-on, mais ce phénomène témoigne-t-il d'un rejet, conscient ou non, de la part des hippies ? ou vient-il simplement de ce que les centres d'intérêt des deux communautés sont

10. *Berkeley Barb,* 3 mars 1967.

finalement très différents ? Néanmoins, le journaliste estime qu'Anderson a raison de faire remarquer que cette nouvelle bohème consiste surtout en un grand nombre de drogués de race blanche ; et il s'avoue conscient du fait que la venue des hippies, introduisant un nouveau mode de vie dans un quartier si proche d'une importante communauté noire, pourrait provoquer des troubles raciaux lors de l'été suivant.

Sur la même page, un lecteur analyse la situation, en termes très voisins : au-delà des stéréotypes du ton, il pense que, loin de s'entendre, les deux communautés se haïssent et que les barrières sociales et raciales demeurent solides. Le fait, dit-il, qu'elles soient opprimées et qu'elles aient un ennemi commun ne suffit pas à les fondre en une seule communauté. C'est que le combat est différent pour les Noirs et pour les hippies : si tous déclarent bien se battre pour leur liberté, le mot n'a pas le même sens dans les deux cas. Pour les premiers, la liberté passe par l'accès au confort de la classe moyenne blanche et par l'intégration à la société américaine tandis que, rejetant ce milieu dont ils sont issus, les seconds recherchent le plaisir sous toutes ses formes, dans une pauvreté volontariste qui n'a rien de commun avec celle dont souffrent les déshérités ; l'animosité constatée ne fait que refléter, sur le plan culturel, les divergences politiques.

Le mouvement hippie est, en résumé, né à Haight-Ashbury d'un contexte singulier engendré par la rencontre d'une bohème rapidement foisonnante et de fortes personnalités présentes en Californie. Mais l'animation du quartier, le côté pittoresque de ses cafés, ses boutiques et ses *acid parties* ne peuvent dissimuler les problèmes concrets que pose une liberté totale. Les difficultés de vie pratique dans cet endroit surpeuplé et la perte d'authenticité qui va résulter d'un trop grande médiatisation expliquent le déclin rapide qui succède à un essor spectaculaire. Quelques mois à peine séparent l'éclosion de cette expérience utopique libertaire de son enlisement dans une réalité devenue sordide. Fascinés par eux-mêmes, les « enfants fleurs » ne virent pas que leur reflet idyllique s'effaçait peu à peu derrière une figure grimaçante aux cheveux dénoués.

Fêtes, parades et happenings

Dans une communauté dépourvue de structure économique ou politique, spectacles et manifestations constituent des temps forts. Les grands concerts et happenings de San Francisco se révèlent les vecteurs de différentes fonctions, tant religieuses que ludiques ou politiques.

En raison de la médiatisation de Haight et du rôle de la Californie dans l'essor de la contre-culture, les grands spectacles de San Francisco et de sa région ponctuent la vie des quartiers hippies en un curieux mélange de pantomime et de processions traitées sur un mode burlesque. Ce genre de fêtes s'apparente d'ailleurs assez aux manifestations avec majorettes et lâcher de ballons si prisées de la population. En un sens, elles appartiennent à une tradition américaine, qui mobilise chacun dans une dynamique de liesse. Cependant, par leur fantaisie, elles témoignent de la créativité d'une microsociété qui veut s'exprimer en toute liberté.

Bien que constituées d'éléments disparates, les parades d'inspiration religieuse, généralement centrées sur des éléments chrétiens ou païens, traduisent le besoin de retrouver des pratiques ancestrales qui tranchent avec la monotonie de la vie quotidienne dans une société industrielle. À Haight-Ashbury, les deux principales, la *Death of Money and Rebirth of the Haight Parade* et la *Death of Hippie Ceremony and Birth of Free Man*, se déroulent l'une le 16 décembre 1966, l'autre le 6 octobre 1967. Les quelques mois qui les séparent sont généralement considérés comme l'apogée de la culture hippie, et ces cérémonies sont toutes deux la célébration de funérailles qui précèdent une naissance.

D'abord prévue pour le 10 décembre, la *Death of Money and Rebirth of the Haight Parade* se tient finalement six jours plus tard. Ses organisateurs, les Diggers, comptent parmi eux bon nombre de comédiens. En un geste symbolique, afin de pousser le public à participer à la fête, ils distribuent de menus objets, comme ces sifflets et ces sucettes qui font le bonheur des écoliers, ou encore de l'encens et des bougies. Le défilé rassemble un millier de personnes, chiffre relativement bas comparé à la population de Haight-Ashbury. Il est précédé des Hell's Angels sur leurs motos. Le fait qu'il s'agisse essentiellement d'une procession funéraire souligne l'importance, dans le milieu contre-culturel, d'une mort symbolique, présage d'une renaissance certaine. Mais s'y trouve également un mélange étonnant de références aux civilisations grecque et égyptienne, ainsi qu'à un Moyen Âge chrétien.

Moins d'un an après cette célébration burlesque de la mort de l'argent, Haight est le témoin d'un autre spectacle d'inspiration religieuse. Pour marquer le premier anniversaire de l'interdiction du LSD par la justice californienne, de nouvelles funérailles symboliques sont organisées, le 6 octobre 1967. Le but de la *Death of Hippie Ceremony and Birth of Free Man* est de marquer la mort du hippie en ce qu'il est, selon les jeunes, un produit des médias. Il faut, de fait, exorciser un quartier qui, victime de son image, attire davantage de personnes qu'il ne peut en accueillir. De cette mort, un homme nouveau doit naître, un homme libre.

Les fêtes durent trois jours. Le vendredi matin se déroule au sommet de Buena Vista Park le *sunrise service*, cérémonie en l'honneur du soleil au cours de laquelle, renouant avec des rites anciens, la foule acclame le lever de l'astre. Puis, armés de balais, les hippies entreprennent de nettoyer Haight Street. L'après-midi, ils organisent la procession funéraire. Se baptisant pour l'occasion la Brotherhood of Free Men, la Confrérie des hommes libres, des jeunes portent un cercueil long de quinze pieds au fil d'un chemin de croix qui marque ses stations sur les hauts lieux de la culture hippie : le carrefour de Haight et Ashbury et quelques magasins comme le *Psychedelic Shop*. Des centaines de personnes suivent le cercueil et offrent des objets personnels qui représentent leur ancien moi. Quant au samedi, ce sera le « jour des changements » : les organisateurs insistent sur la nécessité d'un renouveau. À cette occasion, le *Psychedelic Shop* baisse symboliquement son rideau. Le dimanche, enfin, se veut la journée de silence ou, selon le terme d'un journaliste, le jour de la résurrection.

Pourquoi le thème de la mort s'impose-t-il avec autant d'évidence ? Les jeunes n'enterrent pas le cercueil ; ils le brûlent, le transformant tout à la fois en un bûcher symbolique, un autodafé spontané et un feu de joie. Soulignant chez les hippies un fort symbolisme religieux, mêlé d'ailleurs au burlesque, le révérend A. Cecil Williams, de la Glide Memorial Church, croit y déceler une quête spirituelle et, au cours d'une déclaration au *Barb*, fait une analogie - d'ailleurs excessive - avec la Passion du Christ. Il se dit même convaincu de la profonde religiosité des hippies. Cependant, s'il existe bien dans cette subculture une tendance diffuse au mysticisme, il ne s'agit en aucun cas de culte à proprement parler.

Ces cérémonies de funérailles ne sont pourtant pas les seules évocations du christianisme ; d'autres comportements mettent en évidence la fascination des hippies pour la religion au sens large du terme même si, finalement, rares sont ceux qui en adoptent vraiment une nouvelle. Dans un contexte somme toute mystique, les cheveux longs des hommes peuvent évoquer ceux du Christ, et il est permis de voir dans les distributions de nourriture des Diggers une vague ressemblance avec la communion. Ailleurs, on relève l'idée d'une étoile qui guide les bergers et les Rois mages jusqu'à l'Enfant Jésus - à moins qu'il ne s'agisse de quelque voyage vers une terre promise ou d'une forme moderne de présage. Quoi qu'il en soit, l'indicible est présent et porteur de croyances. Le surnaturel fascine.

Ainsi, en avril 1967, une soucoupe volante aurait conduit des Diggers vers un endroit proche de Nevada City, où doit se tenir un *be-in*. En arrivant sur les lieux, les jeunes découvrent que l'herbe est brûlée sur un rayon de cent pieds et, selon un article du *Berkeley*

Barb d'avril 1967, des analyses effectuées par un laboratoire de l'université de Californie sur des pierres ramassées sur place révèlent un taux élevé de radioactivité. Qu'on ait affaire ici à un des nombreux témoignages de soucoupes volantes ou à une plaisanterie, on constate la présence sous-jacente d'éléments, sinon religieux, du moins irrationnels.

Enfin, d'autres cérémonies empruntent le plus souvent leurs motifs à des religions orientales ou à des cultes primitifs - généralement en l'honneur de Dame Nature - qui séduisent l'Occidental par leur pittoresque. Cet effort pour ressusciter des rites anciens, voire pour en créer, peut surprendre à une époque où nombre de contestataires adoptent une approche néo-marxiste. Mais la notion de religieux ou de surnaturel, n'est pas, *a priori*, incompatible avec des théories révolutionnaires, car la ferveur des contestataires présente bien des analogies avec la foi.

Le 14 janvier 1967 se déroule, toujours à San Francisco, le *World's First Human Be-In*, ou *Gathering of the Tribes, a Human Be-In*. Il est organisé à l'appel de l'*Oracle* et du *Berkeley Barb*, et rassemble 20 000 personnes chargées de fleurs ou d'encens. On remarque la présence au Golden Gate Park de grands noms de la contre-culture, dont Leary et Rubin. La cérémonie débute à l'aube par une promenade circulaire dans le sens des aiguilles d'une montre, effectuée autour du Polo Field. Ce rite hindou, qui s'accompagne d'incantations, s'accomplit habituellement autour d'un lieu sacré. Allen Ginsberg et Gary Snyder font partie des grands prêtres. Des dizaines de milliers de personnes se rendent à la cérémonie. Celle-ci comprend un pique-nique, qui, pour les hippies, permet d'affimer leur sens de la convivialité. Heureux à la pensée de tant de clients potentiels, le chimiste de la drogue, Owsley, fait don de nourriture aux Diggers, qui confectionnent des milliers de sandwichs. Dans un souci publicitaire, il fait également distribuer des centaines de capsules de son tout dernier lot de LSD, qu'il appelle le *white lightning*, l'éclair blanc.

À un *be-in* de 1967, la foule est très impressionnée par l'arrivée d'un parachutiste, qui semble venir de l'au-delà. Elle est d'autant plus préparée à quelque événement spectaculaire que l'*Oracle* a écrit qu'il fallait s'attendre à un atterrissage de soucoupes volantes dans la région de San Francisco. Quant à Gary Snyder, il souffle dans une conque, tandis que des participants récitent des mantras[1], tel le « *Om Shri Maitreya* ». À la fin de la cérémonie, sous la direction de Ginsberg, les hippies nettoient les lieux ; puis, les derniers fidèles se rendent à l'océan et allument des feux sur la plage, avant de chanter, de prier à nouveau et de se disperser.

À côté de ces manifestations centrées, de façon parfois parodique, sur la religion, d'autres en appellent à un merveilleux issu soit de croyances populaires, soit de la mythologie enfantine, source d'inspiration fréquente. Plusieurs s'inscrivent directement dans la tradition carnavalesque. Plus proches de manifestations religieuses qu'on pourrait le croire, ces fêtes et processions païennes sont pourtant essentiellement destinées à un public populaire.

L'organisation par les hippies de ces festivités est alors d'autant moins surprenante qu'ils se réfèrent volontiers à l'enfance. Les *flower children*, comme ils se nomment, disent leur nostalgie d'un monde qu'ils ont quitté, un monde, paradoxalement, créé par leurs parents et dans lequel ils semblent avoir connu le bonheur.

Dans un spectacle monté par les Diggers pour Halloween, le 31 octobre 1966, figurent des sorcières, ainsi qu'un cavalier décapité qui fait les cent pas en attendant, sans doute, que sonne l'heure de quelque apocalypse. Dans une interprétation moderne du conte de Cendrillon, on aperçoit même une citrouille géante qui promène la Mort, dans un habit rouge du siècle de Louis XIV[2]. Le même jour, dans une salle décorée d'un parachute orange et blanc, se déroule une *acid test graduation*, (prise collective de drogue). Tous ces éléments inattendus, originaux, témoignent ainsi de la créativité d'une pensée qui refuse délibérément de s'intégrer à un monde dominé par une science et une rationalité qu'elle estime stériles et qu'elle rejette délibérément, en redoutant une entrave à sa liberté.

Outre ces emprunts à l'imaginaire enfantin, les hippies utilisent des symboles abstraits qui rappellent parfois le théâtre de l'absurde.

1. Formules sacrées.
2. Voir Charles Perry, *The Haight-Ashbury, op. cit.*, p. 102 *sq.*

Et dans leur carnaval, le moderne côtoie le traditionnel. En 1966, désireux de renouer avec des cultes de la nature, ils décident de célébrer la pleine lune dans une *Full Moon Public Celebration*, au cours de laquelle ils dressent un grand cadre de bois peint en jaune, appelé *the frame of reference*, le « système de référence », et mettent en scène des marionnettes de huit pieds de haut. Les personnes qui se présentent aux distributions de nourriture sont priées de passer au travers de ce cadre. Les Diggers distribuent aux passants une centaine de répliques miniatures du cadre, que ceux-ci peuvent porter autour du cou, et leur demandent de bloquer la circulation aux carrefours en composant des figures géométriques variées. Naturellement, la police arrête, pour entrave à la circulation, les marionnettes géantes et les personnes qui les manipulent ; les organisateurs passeront la nuit en prison, à chanter. Cette manifestation pittoresque leur vaudra un regain de sympathie de la part de la nouvelle gauche de Berkeley. La fantaisie est donc ici un élément de communication, une forme de propagande efficace à l'intérieur de la communauté contre-culturelle. Reste à prouver qu'elle ait eu un impact quelconque sur une population américaine qui ne possède pas encore, elle, ce qu'on pourrait appeler une « sensibilité contre-culturelle ».

Les grands spectacles montés par les hippies, et en particulier par les Diggers, font ainsi appel à un très large registre de techniques de divertissement de masse. Parodie, fantastique et absurde s'y côtoient, sans toujours parvenir à éviter l'écueil de la vulgarité.

Mais les jeunes ne s'expriment pas seulement par ces spectacles proches de la pantomime. Ils affectionnent aussi des manifestations de masse généralement plus statiques telles que les *love-in, nude-in* et *mud-in*[3]. Celles-ci se veulent l'affirmation publique d'idées chères aux hippies, protestation et provocation, rassemblement et divertissement. Leur indéniable côté ludique en assure le succès, et ces happenings se déroulent rapidement dans tout le pays. L'un des premiers et des principaux est le *Haight's Love Pageant*, le Spectacle de l'amour de Haight. Il se tient au Panhandle le 6 octo-

3. De *mud*, boue.

bre 1966 à l'appel de hippies décidés à protester contre la loi sur le LSD qui vient d'être adoptée. Conscients que le législateur ne reviendra pas sur sa décision, ils veulent s'amuser à défier les autorités. Adoptant la tactique des militants politiques, qui consiste à utiliser la loi toutes les fois qu'elle peut les aider en mettant l'adversaire dans l'embarras, ils publient une déclaration qui reprend les termes de la Déclaration d'indépendance. Ils affirment que parmi les droits inaliénables de l'homme se trouvent la liberté du corps, la recherche de la joie et le développement de la conscience.

Ce genre d'action est autant un divertissement collectif accompagné de rock qu'une véritable manifestation au sens politique du terme. Et cette forme de *be-in* que sont les *love-in* peut aussi s'interpréter comme une manifestation ludique d'exhibitionnisme.

Les fonctions de la fête

La fréquence, dans la contre-culture, de ce mode d'expression collectif qu'est la fête et la présence en son sein de nombreux éléments ludiques, voire burlesques, ne sont pas fortuits. L'analyse du phénomène permet de voir pourquoi la communauté hippie adopte si volontiers ce comportement.

Comme dans toute société, parades et happenings ont d'abord une fonction sociologique. Si les fêtes contribuent à structurer chaque communauté humaine en imposant au temps un rythme[4], les spectacles contre-culturels jouent un rôle social d'autant plus important que la communauté hippie est dépourvue de toute autre structure, politique, économique ou religieuse. Mais, par leur organisation même, ils se distinguent des réjouissances collectives de sociétés anciennement structurées en ce que les spectacles n'ont pas lieu à des dates arrêtées et ne sont donc pas attendus avec la même certitude que Noël ou Pâques.

En revanche, comme dans toute communauté, les divertissements fournissent aux participants l'occasion de se retrouver en

4. Voir Pierre Mannoni, *La Psychologie collective*, Paris, PUF, 1985, p. 69.

masse et permettent en somme d'affirmer l'identité du groupe, sa force, vis-à-vis de ceux qui s'y reconnaissent comme de ceux qui n'en font pas partie, c'est-à-dire le reste de la société. Tout en constituant une forme de publicité grâce aux médias et à la presse contestataire, les spectacles servent donc de moyen d'expression à un groupe qui, dépourvu par ailleurs de pouvoir réel, se forge une identité. Et sur le plan individuel, ces événements ludiques remplissent une fonction appréciable : tous répondent à un besoin psychologique de se rassembler.

Mais la fête telle qu'elle se déroule dans le milieu hippie ne joue pas seulement un rôle social d'affirmation du groupe et d'intégration de l'individu. Par ses spécificités, elle véhicule aussi une idéologie proche de celle de la gauche contestataire et peut dès lors s'assimiler à une forme de manifestation politique : elle exprime avec force des postulats essentiels du mouvement contre-culturel. Sa conception souligne en premier lieu une volonté d'ouverture qui correspond à un choix de société. Le lieu lui-même est révélateur. La fête se déroule dans un endroit public, une rue, un parc, ou dans la nature, car bien que les milieux modestes ne se reconnaissent pas en elle, la contre-culture se cherche volontiers des racines prolétariennes. Contrairement à ce qui se passe pour la majorité des spectacles ou des cérémonies de la société *straight*, la création ne s'exprime plus essentiellement dans des lieux fermés. Et le déroulement de la fête en plein air correspond à un déplacement des lieux de culture, au sens large du terme.

La nature de la fête dans la communauté hippie est d'autant plus significative qu'elle renvoie à une volonté fondamentale. Dans la mesure où chacun est invité à y prendre une part active, elle s'oppose à la culture d'élite ; elle affirme ne pas connaître de hiérarchie, ni sociale ni intellectuelle, car nul ne possède un savoir ou des aptitudes qui le placent au-dessus des autres. C'est pourquoi elle s'affranchit d'une préparation minutieuse et descend sur la voie publique : elle veut être directement accessible à tous. L'affirmation par les hippies que chacun y a sa place est donc la mise en question d'une notion d'élitisme, fruit de la classe dirigeante. La fête est dès lors inséparable de l'expression collective d'idées politiques.

De plus, tout doit attirer l'attention des médias : les nombreux éléments burlesques ou faits pour accrocher le regard prouvent que la fête est conçue pour être vue. Au même titre que les marches et les manifestations politiques, elle est avant tout spectacle. Elle a besoin d'un public. Et, de la même manière que les contestataires de la nouvelle gauche, les hippies témoignent d'une véritable fascination pour le spectacle. Ils aiment être acteurs, participer physiquement, se déguiser. Semblables en cela au théâtre, ces divertissements sont autant de jeux au cours desquels les jeunes s'enivrent de cet autre fictif qui évolue dans un monde d'illusion.

Incapables d'être seuls, ils ne peuvent vivre sans une référence constante à l'autre et, qu'il soit réprobateur ou amusé, son regard leur est indispensable. Tandis que les activistes politiques cherchent à exprimer leur amour du prochain au moyen de revendications sociales, les hippies proclament, à leur manière, leur foi en la fraternité. La filiation se poursuit avec le rejet de la contrainte.

En effet, contrairement aux spectacles codifiés que sont les pièces de théâtre, les danses folkloriques ou les cérémonies populaires, la contre-culture refuse d'imposer aux participants quelque règle que ce soit au niveau de la forme. Parades et rassemblements ne comportent donc aucune contrainte, ni au niveau esthétique ni à quelque autre niveau, et laissent une large place à l'improvisation et à la spontanéité. L'individu peut y participer comme il l'entend, par des chants, des danses ou d'autres moyens d'expression. Chacun agit à sa guise, et parades et happenings constituent, de fait, des espaces de liberté totale, des lieux de fantaisie, des paradis où fleurs, musique et encens se mêlent aux plaisirs artificiels. Ainsi, le refus de contraintes, même artistiques, la possibilité pour chacun de faire ce qu'il veut rejoignent les idées politiques de la gauche contestataire, à savoir ce rejet de la hiérarchie et de l'autorité sous toutes ses formes qui est l'une des différences majeures entre la gauche classique et la nouvelle gauche[5]. Dans ces conditions, la

5. Voir Henri Arvon, *Le Gauchisme*, Paris, PUF, 1991.

fête devient l'expression physique concrète de convictions politiques.

Puisque la fête est un instant de défoulement collectif, c'est un moment intense de bonheur et de liberté. Inséparable du concept de joie, elle devient ivresse pure. Les hippies proclament de la sorte que la vie doit être, avant tout, bonheur, et que l'hédonisme est la valeur suprême. Comme toute révolution, la contre-culture chante la liberté.

La grande fréquence des fêtes est également une caractéristique des milieux hippies. Dans toute communauté, elle est une parenthèse au milieu de la vie quotidienne, un moment à part, un temps fort, qui s'oppose traditionnellement au travail. La différence entre ces deux notions est cependant moins marquée chez ces jeunes que dans d'autres sociétés puisque, dans la mesure où sont absentes les activités productives, la contre-culture représente déjà une société de loisirs. Si les fêtes sont nombreuses dans le quartier hippie, c'est sans doute parce qu'elles s'insèrent parfaitement dans un contexte sociologique qui privilégie le temps libre. À cet égard, la micro-société contre-culturelle peut constituer un aspect de la société de consommation, puisque le travail y laisse la place aux loisirs - à moins qu'au contraire, par son bas niveau de vie, elle ne rappelle les sociétés primitives, dans lesquelles, une fois achevée la quête de nourriture, chacun est libre jusqu'à la fin de la journée.

En outre, la fête est pour les participants une manière de repousser le matérialisme de la société américaine. Puisqu'elle ne produit rien d'indispensable sur le plan matériel, elle est synonyme de gratuité. À travers le jeu, les hippies manifestent la valorisation de l'inutile. L'aspect ludique transforme les manifestations contre-culturelles en actes symboliques qui traduisent l'hostilité des participants à l'égard du travail. À la gratuité d'un acte destiné à ne procurer aucun bien concret s'ajoute son caractère volontairement passager, qui traduit lui aussi le rejet du matérialisme, le refus des impératifs de productivité. La fête incarne donc parfaitement l'état d'esprit de cette nouvelle bohème. Autant que le jeu, elle est aussi éphémère que les éléments qui la composent : ses fleurs, ses parfums exotiques, ses sons... Il convient en effet de souligner le goût des jeunes pour les œuvres fugaces, destinées à disparaître sitôt créées, par exemple les dessins à la craie sur les trottoirs ou les châteaux de sable que la mer recouvre.

Pourtant, les pièges existent dans ces moments d'intense liberté, au sein même du jeu ; car le burlesque et l'absurde envahissent la fête. S'ils constituent un moment de détente et de fantaisie, les parades et les grands rassemblements ont aussi un aspect caricatural. Ils se veulent porteurs de message et cherchent, sous leur drôlerie, à exprimer une réalité cachée. Ils permettent au spectateur de prendre ses distances tout en se divertissant. Le burlesque est, en effet, plaisir et attaque, jeu et critique. Il est bonheur et moquerie. Mais un excès de burlesque ou d'absurde est dangereux puisqu'il traduit une agressivité envers l'objet et une volonté de désacralisation. Le sujet ne peut, par des pitreries incessantes, dégrader un objet tout en évitant de se dégrader lui-même. Le comique perpétuel de la farce est finalement autodestructeur. La liberté totale contient des germes de violence.

La contre-culture revendique ainsi une civilisation de la douceur par opposition à une civilisation du dur. Mais une telle attitude nie par là même la violence fondamentale du monde. Et on peut dire que cet hédonisme est finalement soumission à la loi tyrannique du temps. Cependant, si les *flower children* constituent une menace pour la société matérialiste des classes moyennes américaines, ils sont avant tout une menace pour eux-mêmes. Comme dans d'autres domaines de la vie quotidienne, l'activité libertaire sous sa forme festive comporte des contradictions et se révèle incapable de résoudre les problèmes nés, finalement, d'une licence extrême. Le rêve utopique de cette liberté absolue, objet de la quête contre-culturelle, s'effondrera faute de pouvoir contrôler la violence cachée au sein de toute culture.

L'utopie communautaire

C'est seulement après 1967-1968, avec l'éclatement du quartier de Haight-Ashbury, que se développe, sur fond de retour à la nature, le mouvement moderne des communes rurales. À une vie très égocentrée dans des quartiers bohèmes succède le désir de trouver une place au sein d'un groupe qui constitue, sinon une famille, du moins une tribu.

Les sociologues ont très vite été attirés par le pittoresque des communes et ont mené de nombreuses études, en particulier sur celles situées à la campagne. Mais ce type d'enquête a rencontré plusieurs difficultés, dont la première fut d'être admis dans des groupes préférant passer inaperçus. Dans un souci d'anonymat, à la demande des habitants, il a été souvent nécessaire de décrire leur expérience communautaire en faisant en sorte qu'ils ne soient pas identifiables. D'où la première obligation de changer le nom des lieux et des personnes concernés. Une même commune peut ainsi avoir été désignée sous plusieurs appellations.

Autre difficulté, leur structure interne varie également énormément de l'une à l'autre. Le nombre d'habitants peut osciller entre une dizaine et une centaine, et même atteindre deux cents. Dans l'ensemble pourtant, elles comptent moins de membres que les communes du siècle dernier, et présentent une grande homogénéité d'âge, puisqu'elles rassemblent surtout des hommes blancs de dix-huit à trente ans. Il n'existe pratiquement aucune commune constituée de personnes appartenant à une minorité raciale ou ethnique.

Enfin, la rapidité d'évolution de ces groupes rend leur étude délicate, particulièrement dans les communautés urbaines, en raison de l'instabilité de la population. Le nombre de résidents est susceptible de croître ou de décroître subitement dans des proportions considérables. De plus, la majorité des gens ne restent que très peu de temps, généralement quelques mois ou un an. Notons à ce propos qu'un taux de rotation élevé révèle une instabilité et des conditions de vie difficiles.

Les communes urbaines

La formation des communes, notamment urbaines, est souvent précédée de ce que les spécialistes appellent des *near-groups* (« quasi-groupes »), selon la terminologie de Lewis Yablonski dans son ouvrage *The Hippie Trip*[1]. Ces quasi-groupes rassemblent des personnes qui vivent sous un même toit, dans des *crash-pads* (appartements ou maisons). Les membres ont alors le sentiment de constituer un tout organisé en une microsociété qui offre au nouvel arrivant assistance matérielle et morale. Le quasi-groupe comprend essentiellement deux sortes de membres : les anciens, ou initiés, qui ont déjà de l'expérience dans le domaine de la drogue et de la vie matérielle, et les néophytes, qui ignorent souvent tout du milieu dans lequel ils ont décidé de s'installer. L'entrée dans cette microsociété s'accompagne d'une période d'initiation non codifiée au cours de laquelle le néophyte apprend à connaître le groupe, son passé et ses caractéristiques. Le groupe fonctionne souvent sur le principe de la transparence totale. Avant d'être accepté, le candidat doit, au fil des jours, répondre aux désirs des autres, qui veulent tout savoir sur lui. La communauté l'interroge sur son histoire personnelle, sur son passé, ce qui lui permet ensuite d'exercer une pression morale sur lui.

La drogue étant omniprésente dans les communes urbaines, le nouveau venu reçoit des informations pratiques sur la manière de s'en procurer et de l'utiliser. Mais, contrairement aux tribus

1. Lewis Yablonski, *The Hippie Trip*, New York, Pegasus, 1969.

indiennes et aux gangs, les véritables rites sont rares, hormis, par exemple, certaines prises de drogue ou la circulation des joints de marijuana. Pour des pratiques plus complexes, telles que les *trips* au LSD, une relation s'établit entre un membre plus ancien et le jeune, qui apprend de lui les techniques et les comportements. Beaucoup insistent d'ailleurs sur l'importance du contexte, sur la nécessité de relations harmonieuses avec les autres, en un mot sur l'atmosphère du groupe.

Le soir, comme d'ailleurs dans les communes rurales, se déroulent les *rap sessions*, ces rituels de prise collective de drogue - souvent de la marijuana - accompagnés de récits ou de contes dont le rôle est de transmettre les savoirs et les valeurs du groupe tout en insistant sur les dangers d'une société hostile. L'impossibilité d'être seul dans ces logements surpeuplés et le relâchement des liens avec les relations et connaissances du monde extérieur contribuent à fragiliser la personne, qui devient ainsi plus réceptive.

Bien que leur nombre semble comparable à celui des communes rurales, les communes urbaines n'ont pas retenu autant l'attention des médias, ni même celle des sociologues, leur situation au sein même de la société industrielle les rendant moins pittoresques ou moins visibles.

L'une des plus connues, Morehouse, qui dura de 1969 à 1977, se donne pour but le développement de l'esprit humain par l'éducation. Elle s'efforce d'amener à un mode de vie communautaire et donne naissance à une douzaine de centres analogues, répartis surtout en Californie du Nord, mais aussi à Los Angeles. Il existe également des communes urbaines à orientation politique, souvent en contact avec le Revolutionary Youth Movement, du Students for a Democratic Society. C'est le cas de la Resistance Commune, née à l'université de Stanford, en relation avec le mouvement de résistance à la conscription ; de la Peace and Liberation Commune, à San Francisco, qui s'efforce de lutter contre la guerre et le service militaire ; ou enfin de cette infime partie des Diggers qui milite activement sur le plan politique. Pour réagir contre la phase citadine des communes, les jeunes se tournent peu à peu vers la campagne, où le surpeuplement laisse place à la notion de tribu.

Les communes rurales, une tradition américaine

En 1968, une centaine de communes rurales sont fondées. En dépit d'estimations difficiles à établir, on évalue à environ 1 200 le nombre de communes rurales aux États-Unis en 1970 et à une dizaine de milliers le nombre d'adultes qui vivent dans les cinq cents communes de Californie du Nord. Selon d'autres experts, le nombre de communes cachées serait nettement supérieur et il y aurait, à la fin des années 60, quelque 10 000 communes rurales.

Le phénomène doit être replacé dans le contexte américain. Il rappelle d'autres microsociétés, moins spectaculaires mais elles aussi fréquemment situées en Californie, région depuis toujours assimilée à une terre de liberté et d'expérimentation. Même si elles peuvent sembler originales, les communes hippies reprennent donc une tradition américaine. L'Ouest, particulièrement la Californie, a en effet vu se développer plus d'une communauté de tendance, soit mystique, soit utopiste. Mais, contrairement à ce qui se produit au cours des *sixties*, il n'existe, dans la pratique, au XIXe siècle que deux types de communes, les unes d'inspiration religieuse, les autres d'inspiration politique.

Le mouvement communautaire remonte fort loin dans l'histoire américaine, avec les mennonites dès la seconde moitié du XVIIe siècle et les shakers un siècle plus tard. L'histoire des communes sera même un moment dominée par les hutterites, qui comptèrent en tout plus d'une centaine de sites regroupant de 20 000 à 30 000 personnes.

Au premier type, celui des communes mystiques, appartiennent les mormons, créés vers 1850, ou la Brotherhood of the New Life, la Fraternité de la nouvelle vie, mise sur pied par T. Harris en 1875, près de Santa Rosa. Comme le feront les hippies moins d'un siècle plus tard, son fondateur tente par l'intermédiaire de forces mystérieuses d'entrer en contact avec Dieu, afin de créer une civilisation nouvelle où régneraient la paix et l'harmonie. Mais Harris ne suivit pas ses propres préceptes de chasteté et décida finalement de partir.

D'autres communautés fondées sur un utopisme d'inspiration

religieuse voient également le jour en Californie. C'est le cas de la Universal Brotherhood and Theosophical Society, la Société théosophique de la fraternité universelle, à la fin du XIXe siècle. Établie au nord de San Diego par Katherin Tingley, elle émigra à Pasadena aux environs de la Seconde Guerre mondiale. Enfin, dans la première moitié du XXe siècle, on relève le nom de la Four Square Gospel Church, créée à Los Angeles par Aimée S. McPherson, dont les longs vêtements blancs annoncent ceux de Ginsberg. À la même époque, le père W.E. Rilker achète au sud de San Francisco un terrain pour y bâtir sa commune ; mais ce futur membre du Ku Klux Klan assistera lui-même au déclin puis à la disparition de sa Holy City, sa cité sainte.

On signale en outre la présence de groupes d'inspiration orientale dans cette partie des États-Unis en contact avec l'Asie bien avant la venue des hippies. Car des monastères védiques existent aux États-Unis depuis la fin du XIXe siècle. L'écrivain Aldous Huxley fut l'un de leurs adeptes. Ses écrits sur la drogue exerceront une influence considérable sur une jeunesse inquiète. Si, à l'époque de la contre-culture, beaucoup ont été fascinés par Krishna et les yogis, cette attirance pour l'Orient est donc, malgré tout, moins récente qu'on pourrait le penser. Du mysticisme à l'utopie il n'y a qu'un pas, que les communautés d'inspiration politique ont aisément franchi, dès le XIXe siècle.

À côté de ces communes à orientation religieuse, on relève, en particulier depuis le XIXe siècle, l'existence de tout un mouvement utopiste, généralement d'inspiration socialiste. Ses membres souhaitaient fonder une société idéale sur des conceptions communautaires. Le lien entre le socialisme et l'idéalisme n'est donc pas nouveau, ni même la notion de retour à la nature, bien antérieure aux années 60. Elle est à mettre en relation avec le rêve agrarien qui, dès cette époque, séduit des groupuscules.

Les habitants de ces communes sont souvent les héritiers spirituels de l'Anglais Robert Owen qui, à partir de 1820, envisage d'organiser un ensemble de centres fondés sur le principe des coopératives. Et l'exemple qu'il donne en Indiana avec New Harmony, Nouvelle Harmonie, entraînera des créations analogues lors du mouvement contre-culturel. L'histoire du phénomène hippie présente en outre des similitudes avec celle d'une communauté du milieu du XIXe siècle, que visita Emerson, Fruitlands. Bien avant les jeunes du mouvement, son fondateur est convaincu de la nécessité de réformer, non seulement la société, mais aussi l'individu. Les problèmes sociaux - ou, plus exactement, raciaux - le préoccupent également et il participe à la fondation d'une société anti-esclavagiste. Dans un geste symbolique qui annonce celui de Joan Baez, il refuse même de payer ses impôts, en signe de protestation. Précurseur là encore de l'itinéraire des hippies, il se détache de l'action politique directe et consacre tous ses efforts à tenter de trouver un nouveau mode de vie.

Signalons encore l'existence de communes fouriéristes, ainsi que de groupes à orientation socialiste-chrétienne, anarchiste ou pacifiste. Dans la mesure où le mouvement des communes hippies est parti de San Francisco, il est intéressant de noter la présence traditionnelle d'une grande liberté d'esprit dans des villes comme Berkeley. D'autres groupes, nombreux, voient également le jour près de San Francisco ou de Los Angeles ; ainsi des icariens, ces radicaux d'origine française qui, après l'échec de la commune de Paris en 1871, s'installent dans Sonoma County ; ou les habitants de Kaweah, communauté mise sur pied par un homme de sensibilité marxiste qui rêve d'établir une colonie socialiste.

En résumé, au cours des décennies, les États-Unis, et surtout l'ouest du pays, ont vu naître de multiples communautés tournées soit vers une quête spirituelle, soit vers un idéal politique de tendance socialiste. Ce désir de vie communautaire en pleine nature n'est donc pas nouveau. Il s'inscrit dans la tradition américaine et correspond davantage à un retour aux valeurs ancestrales qu'à une innovation. Là encore, les jeunes sont tournés vers le passé.

Cependant, en dépit des filiations de base, les communautés contre-culturelles se distinguent des communes rurales traditionnelles sur plusieurs points. Beaucoup plus nombreuses, elles sont le plus souvent dépourvues d'objectif religieux ou politique précis et se contentent de chercher un mode de vie autre que celui de la société américaine. Le dénuement volontaire est vécu comme une condition indispensable à la liberté individuelle, conçue comme liberté de rêver, de s'analyser et de jouir du temps qui passe. On comprend dès lors que ces groupes aient une structure plus lâche, d'autant que leur composition interne est sensiblement différente : les participants sont jeunes, célibataires, ont peu d'enfants, et le regard qu'ils portent sur leur expérience ne ressemble en rien à celui d'adultes.

Les communes rurales

Chez ces membres des communes rurales, une sensibilité de gauche coexiste avec une recherche mystique effectuée au sein de la nature, parfois par l'intermédiaire de la drogue ; mais, sauf cas particulier, ces communes ne s'organisent pas autour d'un but précis et sont avant tout constituées de gens qui ont tout simplement décidé de vivre ensemble pour réfléchir à des questions philosophiques ou psychologiques.

L'essor des communes rurales n'apparaît que tardivement dans le mouvement. Si 1965 marque un tournant dans le développement de la contre-culture avec le début de l'escalade dans la guerre du Viêt-nam, si la deuxième étape, qui va jusqu'en 1967-1968, reste avant tout urbaine comme dans le quartier de Haight à San Francisco, de Venice à Los Angeles ou d'East Village à New York, c'est principalement à la suite de l'implosion de Haight que les jeunes décident de s'installer à la campagne. Après 1968 et les premiers actes de terrorisme, l'assassinat de Martin Luther King et les événements de Columbia[2], bien des hippies sont convaincus que la société américaine va s'effondrer et que l'apocalypse est imminente.

Certes, ce retour à la nature est la conséquence des difficultés de la vie quotidienne dans les ghettos urbains surpeuplés, mais il

2. Cette révolte des étudiants de Columbia à New York contre l'Ivy League fut un événement marquant. L'Ivy League désignait les plus anciennes universités - dont les murs sont couverts de lierre (*ivy*). La révolte éclata en 1968. Mark Rudd, qui dirigeait le SDS local, en prit la tête. Le point de départ fut la décision de construire un gymnase sur un terrain appartenant à l'université et situé à Harlem. Les jeunes occupèrent plusieurs bâtiments en signe de solidarité avec la communauté noire. Les désordres durèrent huit jours, jusqu'à l'intervention de la police. Le bilan fit état de 100 blessés et de 700 arrestations.

renvoie également à une pensée bucolique et à la quête d'un âge d'or. En allant vivre à la campagne, les hippies réaffirment, si besoin est, leur peur de la société industrielle de demain. Ils cherchent alors la paix et la joie dans un monde disparu qu'ils s'efforcent de recréer, celui du XIXe siècle.

Un autre élément, matériel cette fois, a contribué à l'essor du mouvement rural des communes ; il s'agit de la naissance de plusieurs journaux qui donnent des conseils pratiques sur ce mode de vie. En 1966, par exemple, un étudiant en théologie, Richard Fairfield, décide de fonder à Boston un journal qui fournisse de nombreuses informations à ses lecteurs désireux d'expérimenter la vie alternative. Ainsi le *Modern Utopian* renseigne le public sur les *free schools* ou sur les tentatives de microsociétés et publie les lettres de jeunes à la recherche d'une commune qui accepte de les accueillir. Malgré son faible tirage, il exercera une influence considérable sur le mouvement naissant. Les deux autres revues les plus importantes, le *Whole Earth Catalog* (Catalogue de la terre entière) et les *Mother Earth News* (Nouvelles de la terre mère), se retrouvent fréquemment entre les mains de hippies désireux d'effectuer un retour à la nature. Dès 1968, le *Whole Earth Catalog* propose outils, livres ou renseignements divers sur les communes, et son succès est tel qu'en un an son tirage passe de 1 000 à 160 000 exemplaires. Les *Mother Earth News*, créées peu après, deviendront elles aussi très populaires et atteindront en quelques années le chiffre de 400 000 exemplaires. En servant de lien entre les jeunes et en donnant des conseils concrets, ces journaux contribuent à l'essor du mouvement. On peut même aller plus loin et voir dans ces publications l'une des premières manifestations du mouvement écologique.

L'implantation géographique des communes est d'ailleurs significative. Bien que réparties sur tout le territoire, elles sont plus nombreuses dans trois zones : à l'est, en Nouvelle-Angleterre, ainsi que dans les Appalaches ou l'État de New York ; à l'ouest, dans le nord de la Californie et le sud de l'Oregon ; enfin, au sud-ouest, dans le Colorado et le Nouveau-Mexique. La région de Taos en particulier attirera plusieurs groupes de jeunes.

Pour des raisons évidentes, on ne trouve pas ces microsociétés dans des régions très froides. Il faut d'ailleurs souligner que, contrairement aux communautés traditionnelles qui cherchaient des sols fertiles, de préférence dans des régions de plaine telles que le Midwest, les hippies n'ont pas pour objectif prioritaire le développement économique du groupe. Et leurs établissements sont à la fois moins orientés vers la production agricole et plus éphémères, dépassant rarement deux ou trois ans. Aussi les jeunes s'installent-ils volontiers dans des endroits arides, escarpés où, du moins, les terres sont bon marché. Ils n'ont, de surcroît, quasiment aucune connaissance du travail agricole.

Le terrain des communes rurales se situe souvent à l'écart des routes, parfois à des dizaines de kilomètres du plus proche voisin, ce qui explique qu'elles soient beaucoup plus repliées sur elles-mêmes que celles des villes. Sur une superficie très variable sont implantées les habitations : tentes, cabanes individuelles ou logis commun, qui peuvent se côtoyer dans une même commune. L'achat de la terre est souvent effectué par des familles de classe moyenne qui réunissent leurs revenus, ce qui soulève d'éventuels problèmes juridiques en cas de dissolution de la communauté. Cependant, le terrain est parfois offert ; il arrive en effet que des bienfaiteurs fortunés, tel Lou Gottlieb en 1966, investissent pour créer une communauté ou permettent à un groupe de s'installer chez eux. La communauté de New Buffalo - comme le sera Libre - est elle aussi aidée par un homme riche qui lui fait don de 50 000 dollars et vit quelque temps en son sein. Enfin, le Lorien Institute for Life Arts, ou LILA, bénéficie de l'aide d'un poète détenteur d'actions chez IBM.

L'une des communautés les plus connues est Morning Star, fondée en 1966 par L. Gottlieb, qui fut un temps membre d'un groupe musical. Par sa relative proximité de San Francisco, elle joue un rôle dans la vie du quartier de Haight, car Gottlieb accueille sur sa propriété tous ceux qui s'y présentent. Les problèmes de drogue, de nudité et de nuisances sonores ont tôt fait d'attirer l'attention des voisins, puis des autorités locales. Prétextant l'absence d'installations sanitaires adéquates et l'insalubrité due au surpeuplement, elles entament une longue bataille juridique qu'elles finissent par remporter. Non loin de là, afin d'accueillir les jeunes de Morning Star contraints au départ, Bill Wheeler crée, sur sa propriété, Wheeler's Ranch, qui subira les mêmes assauts juridiques, avant sa destruction au bulldozer en 1973.

Une autre communauté jouissant d'une grande notoriété est Drop City. Elle voit le jour en 1965-1966 dans un faubourg de Trinidad, au Colorado, et attire beaucoup de jeunes par l'originalité de sa construction et la forme de ses dômes. Elle est l'œuvre d'un pionnier de l'architecture, Steve Baer, et beaucoup la considèrent comme la première communauté géodésique d'Amérique. Ses habitants, les Droppers, sont pour l'essentiel des artistes d'avant-garde séduits par le mysticisme oriental. Afin de se faire connaître, ils réalisent un film sur leur expérience communautaire et s'efforcent de diffuser dans tout le pays leurs idées par des articles et des conférences. Mais, comme le quartier de Haight, ils seront victimes de leur succès : au cours du *Summer of Love* de juin 1967, ils verront des centaines de jeunes répondre à leur invitation. Un nombre sans cesse croissant de membres fondateurs s'en éloignent alors, et Drop City s'appauvrit si rapidement qu'elle devra compter sur les dons des visiteurs pour subsister.

Généralement désireuses de ne produire que le nécessaire et de se passer de la civilisation industrielle, les communes vivent toujours de façon frugale, faisant, à l'occasion, connaissance avec la misère. Leur but est de créer de nouveaux liens entre les individus, renforcés par l'autarcie économique et le travail physique. L'organisation de la vie quotidienne et la répartition des dépenses varient d'une commune à l'autre. Si les tâches quotidiennes sont parfois strictement assurées à tour de rôle, ailleurs elles sont fonction de la bonne volonté de chacun. Quant à l'admission, elle est généralement payante lorsque les communes ne sont pas autosuffisantes, et il n'est pas rare que certains versent une contribution mensuelle pour la nourriture, tandis que d'autres apportent leur quote-part sous forme d'un travail effectué pour la collectivité tel que la coupe du bois, le jardinage ou les corvées.

Malgré de considérables différences, les communes s'efforcent dans l'ensemble de se passer des machines et des techniques modernes. Ainsi l'utilisation de la brouette et de la bougie répondent non seulement à des raisons financières, mais aussi à un état d'esprit, à un désir de vivre comme autrefois, à l'instar de groupes tels que les amish. Les jeunes quittent volontairement le XXe siècle pour effectuer un véritable retour en arrière. Leur mode de vie peut rappeler celui des pionniers et, par là, ils s'inscrivent encore dans une tradition américaine ; ou, si l'on souligne l'aspect spirituel de leur quête, on peut préférer y voir une ressemblance avec les moines défricheurs de l'Ancien Continent.

Ce travail a naturellement une faible productivité et les rares surplus agricoles vendus à l'extérieur rapportent peu. Selon les termes mêmes d'un ancien membre d'une communauté, « nous travaillons bien évidemment comme des esclaves, sauf qu'en l'absence de maître nous ne pouvons être esclaves[3] ». À Total Loss Farm, par exemple, s'ajoutent aux produits du jardin ceux d'un petit élevage de cochons, de chèvres et de poules. Là, si les jeunes se sont attachés aux animaux au point de leur avoir donné un nom, cela ne les empêche pourtant pas d'avoir un jour à tuer Wilbur, le cochon ; et l'un des habitants décrit la scène, où une dizaine de personnes à demi nues s'apprêtent, revolver au poing et en sueur, à abattre l'animal qu'elles ont élevé. L'artisanat est également présent, dans cette communauté, avec la fabrication d'encens, de fromage, de menus objets, ou la teinture naturelle. Si le bleu et le vert sont difficiles à fixer dans la mesure où les teintures à base de baies ou de raisin sauvage passent très vite au soleil, il est en revanche facile d'obtenir des tons de brun avec des oignons, ou encore du jaune et de l'orange avec des plantes sauvages. En somme, on note la place privilégiée du travail manuel.

Il faut pourtant remarquer qu'en dépit de leur volonté de s'affranchir de la société américaine les hippies en sont parfois restés dépendants à divers degrés. Certains reçoivent régulièrement de l'argent envoyé par des parents inquiets de leur vie précaire ; d'autres touchent des primes de démobilisation, des bons d'alimentation ou, pour les jeunes mères, des allocations d'aide à l'enfance.

---

3. Richard Wizansky, ed., *Home Comfort, Life on Total Loss Farm*, New York, Saturday Review Press, 1973, p. 153.

Au début notamment, il n'est pas toujours possible de se passer totalement de la société *straight*, et il arrive qu'on doive prendre un travail extérieur dans une ville voisine.

Ainsi, ces séjours effectués au sein de la nature par des jeunes qui s'y préoccupent de tâches matérielles prennent des airs de retraites spirituelles, dans la mesure où ils vont constituer une parenthèse dans leur vie.

Un cas particulier : les communes religieuses

Si elles ne représentent en 1969 qu'environ 15 % des communes rurales et se développent surtout dans les années 70, les communes religieuses annoncent déjà le renouveau spirituel qui va suivre. Pour montrer leur refus de la civilisation américaine, elles tiennent à marquer leur différence avec la tradition judéo-chrétienne dominante, ce qui les conduit à se tourner soit vers des religions orientales, en l'occurrence pratiquées en Asie, soit vers des courants traditionalistes du christianisme ou du judaïsme qui prônent le retour à d'anciennes formes du culte.

Contrairement aux communes « naturelles », les plus courantes de la contre-culture, celles qui poursuivent un but religieux sont très strictes. L'austérité sous toutes ses formes est remise à l'honneur, car elle est vécue comme un moyen d'affermissement et de dépassement de soi. Aussi, les excitants et autres produits qui altèrent la conscience, tels l'alcool et la drogue, voire le tabac, sont-ils presque toujours interdits, et l'abstinence sexuelle se trouve ici prônée. La discipline reparaît et règle les journées selon un horaire très précis. Enfin, ceux qui affirmaient auparavant l'égalité de tous dans tous les domaines réintroduisent une structure hiérarchique et reconnaissent implicitement le pouvoir des chefs spirituels qu'ils se choisissent. Les communes religieuses retrouvent, de la sorte, la notion de contrainte. Ces hippies qui refusaient jadis celles de la société américaine éprouvent à présent le besoin d'en inventer, et ils les acceptent parce qu'elles sont le fruit d'un choix personnel.

Dans de nombreux cas, la décision d'intégrer ces communes

spirituelles entraîne un abandon de la drogue : après avoir servi aux expériences intérieures, pour éprouver des sensations nouvelles et pour communiquer avec d'autres jeunes, elle cède maintenant la place à la religion. Les jeunes sont convaincus de l'existence d'une réalité supérieure cachée, qu'ils ne jugent plus accessible par l'intermédiaire de quelque produit naturel ou chimique et qui ne peut s'atteindre qu'au terme d'un cheminement personnel.

Enfin, dans la mesure où les communes religieuses se distinguent par des conditions d'accès rigoureuses qui permettent de tester la motivation des postulants, on comprend qu'elles dépassent en longévité moyenne les groupes « laïcs ».

Des exemples précis permettent de saisir le changement de mentalité, de mesurer l'évolution des hippies. Les communes spirituelles les plus connues sont Ananda et Lama, toutes deux très proches d'ordres monastiques. Ananda, créée en 1968 près de Nevada City, a pour but de mettre en application un idéal communautaire par l'intermédiaire de la prière et de la réflexion, à partir de techniques zen. Après un séjour de quatorze ans en Inde, son fondateur, Kriyananda, d'origine américaine, achète un terrain en Californie du Nord pour mettre en pratique ses réflexions sur la vie collective et le rapport au divin. L'entrée dans le groupe suit une période de probation d'un mois et ne s'effectue que si le postulant manifeste un intérêt véritable pour les gourous. En outre, si Ananda n'a pas vu le jour dans un but lucratif, les questions budgétaires n'en expliquent pas moins la politique de la commune : afin de payer l'emprunt contracté pour l'acquisition du terrain, le fondateur décide non seulement de demander un droit d'adhésion, mais également de faire verser des mensualités. Pour des raisons financières, il s'efforce de prendre le nombre de disciples qui suffit à lui apporter l'argent indispensable au fonctionnement de son centre. Il donne aussi des cours de yoga par correspondance, afin de subvenir aux besoins de la communauté.

Peut-être davantage encore qu'Ananda, la Lama Foundation, établie en 1967-1968 près de Taos, représente les nouvelles tendances du moment. Cette commune construite en terre, l'une des plus belles du point de vue esthétique, évoque Drop City par son dôme moderne. Son fondateur, Steve Durkee, a fait la connaissance de Richard Alpert qui est, avec Leary, l'un des grands prêtres du LSD. Revenu transformé d'un séjour en Inde, Alpert prend le nom de Baba Ram Dass et organise, fin 1969, le premier ashram de Lama, qui ne compte d'abord qu'une douzaine de moines et plusieurs yogis. Dans la communauté, une participation mensuelle aux frais d'entretien est exigée, ce qui n'exclut pas d'avoir à assurer une trentaine d'heures de travail par semaine. Les règlements sont par ailleurs très stricts, et la période de probation relativement longue : avant d'en devenir membre permanent, il faut passer six mois à Lama, puis six mois en dehors, et enfin un an dans la communauté en tant qu'*active member*[4]. La vie quotidienne est d'une rigueur monastique. À cinq heures du matin, le premier gong donne le signal de la méditation, et la journée se déroule suivant un horaire précis. Le silence est obligatoire, y compris au moment des repas, pris en commun, et des réunions se tiennent régulièrement deux fois par semaine. L'existence est austère, l'isolement complet - ni radio, ni télévision, ni journaux. Lama s'impose donc dans son désir de solitude et évite une présence trop importante de visiteurs, qui perturberaient la méditation de ceux qui ont choisi une vie retirée.

Ainsi, pour ces anciens adeptes de la contre-culture qui avaient cherché à s'étourdir dans un tourbillon des sens, la recherche de la discipline témoigne bien d'une véritable conversion.

Vers une redécouverte du contrat social ?

Le caractère généralement éphémère des communautés atteste des difficultés des jeunes à vivre dans ces microsociétés qu'ils ont pourtant fondées. Ils y découvrent des contraintes matérielles et morales auxquelles ils n'étaient pas préparés. La vie en pleine nature dans des conditions rudimentaires perd rapidement de ses

4. Hugh Gardner, *The Children of Prosperity. Thirteen Modern American Communes*, New York, St Martin's, 1978, p. 80-81.

charmes, et les jeunes se lassent de ce camping d'un nouveau genre. Se rendant compte des limites du primitivisme, ils redécouvrent les avantages de la civilisation américaine, qu'ils avaient jusqu'alors repoussés. Les contraintes matérielles leur sont devenues pesantes ; ils quittent progressivement les communes. Certes, la société qu'ils ont quittée restreint la liberté individuelle, mais n'est-ce pas le cas de toutes, et la misère au sein de la nature n'est-elle pas aussi une forme de dépendance ?

À ces contraintes naturelles s'ajoutent des contraintes psychologiques, conséquences directes de la vie en groupe. La présence de l'autre finit en effet par peser. En raison de leur isolement communautaire, les jeunes sont obligés d'entretenir entre eux des rapports étroits. Des frictions sont inévitables dans la mesure où il est impossible de respecter entièrement la liberté de chacun. Il est vrai qu'un difficile équilibre est à créer, d'où le problème du partage de l'espace commun ou celui de la répartition des tâches matérielles. Les communes adoptent alors des solutions différentes : certaines refusent toute organisation en raison de son caractère restrictif, sans parvenir pourtant à éviter les conflits, d'autres réintroduisent au contraire des règlements, préférables à un état d'anarchie. Quoi qu'il en soit, les participants redécouvrent tôt ou tard le contrat social au niveau de la tribu, laquelle peut désormais s'interpréter comme une structure intermédiaire entre la famille et la société. Ainsi, paradoxalement, ceux qui refusaient les contraintes de la société en viennent à s'imposer la présence d'autrui et à accepter des règlements dont ils sont les auteurs.

À côté de ces contraintes matérielles, nées de la présence d'autrui et des besoins concrets d'une collectivité, il en existe d'autres, essentiellement morales. La plus grande longévité des communes religieuses par rapport aux autres communes tient à la forte motivation des jeunes. Mais, si les satisfactions intellectuelles ou spirituelles qu'ils en tirent compensent largement les inconvénients, il faut aussi remarquer que les contraintes morales acceptées librement par le groupe contribuent à renforcer sa cohésion interne. La première des obligations est de prendre ses distances, si ce n'est fait, avec le milieu, la famille et les amis ; cette distance peut même signifier rupture. La manière dont est traité le problème des visites témoigne alors du degré d'isolement désiré, de la pression de la collectivité et de son autorité.

Cet isolement relationnel des individus par rapport à leur passé est particulièrement marqué dans les groupes à sensibilité religieuse, et les visites sont, selon les cas, autorisées, restreintes ou tout simplement interdites. Comme dans les sectes, il s'agit de soustraire l'individu à des influences qui pourraient entraîner une mise en question des choix et de gommer sa personnalité en ce qu'elle représente un danger potentiel pour la collectivité. Enfin, la pression morale du groupe s'exerce au cours de séances de confessions publiques - ce que les ethnologues appellent les *group mortifications* -, de remarques ou de critiques mutuelles. Cette pression a pour fonction de rabaisser l'individu, de le rendre plus humble, plus malléable, et traduit incontestablement une manifestation du pouvoir moral des pairs. Or, chez les jeunes, la notion de parité est capitale.

Les communes posent ainsi le problème des contraintes, des relations entre l'individu et la collectivité. La vie en société - fût-ce en microsociété - n'est acceptable que si le sacrifice constitué par l'abdication partielle de liberté s'accompagne d'un gain compensatoire. À chacun de juger si ce gain est suffisant ou s'il faut remettre en cause le contrat social. Derrière le pittoresque, les communes rurales permettent donc une mise à distance de la civilisation urbaine. Tout en apportant un soutien à des jeunes qui viennent de rompre avec leur ancien mode de vie, elles les amènent, paradoxalement, à une prise de conscience des inévitables inconvénients de toute société. Le mouvement des communes ne doit alors pas s'interpréter uniquement en termes de rupture ; il implique aussi un processus de resocialisation. Et le départ après un séjour de quelques mois constitue un signe de maturité, l'aboutissement d'une expérience originale qui conduit, malgré tout, à la réinsertion. La révolution culturelle au quotidien témoigne alors d'une quête libertaire qui s'accompagne de problèmes incontournables lorsqu'elle se trouve confrontée à ses limites.

3. *Psy, sexe, zen et rock*

Révolution sexuelle, psychédélisme, drogue, mysticisme sont les maîtres mots de cette période foisonnante, en quête d'une liberté forcenée. L'exploration des « paradis artificiels » débouche naturellement sur une vague de spiritualités orientales. Mais comment s'opère le tournant décisif, de cette recherche de sagesse à la frénésie du rock ? Comment s'effectue le passage de la contre-culture à la culture de masse ?

La révolution sexuelle

Contestant la morale traditionnelle et les institutions, les années 60 voient se développer le culte de l'érotisme et le droit au plaisir. L'amour de la vie, la place privilégiée du corps se traduisent par une libération collective. On pourrait même parler de nouvelles « années folles ».

La révolution sexuelle constitue un phénomène de masse, ce qui ne saurait surprendre à un moment où près de la moitié de la population américaine a moins de vingt-cinq ans, où le sida n'existe pas encore et où la sexualité ne présente aucun risque majeur. Et cette notion de masse distingue la révolution sexuelle des conduites individuelles qui ont pu être adoptées auparavant.

En outre, la vie sexuelle prend un caractère public, voire collectif. La notion d'intimité perd désormais son sens et les actes les plus personnels se déroulent éventuellement devant tous. L'isolement est d'autant moins nécessaire qu'il est rendu plus difficile par les conditions de vie des hippies, voire interdit par la pression collective. Paradoxalement, tout se passe comme si l'être pouvait moins que jamais se réaliser sans les autres. La nudité perd son caractère tabou, même s'il n'est pourtant pas propre à la société occidentale. Il n'est d'ailleurs pas exclu que ces conduites comportent également une forme d'exhibitionnisme ou de voyeurisme. Libérés de leurs inhibitions, les jeunes aiment ainsi à montrer leur corps et à voir celui des autres. Ils cherchent un nouveau moyen de renforcer le plaisir.

D'autres changements de comportement sont à signaler. Le nombre de partenaires augmente. Un peu plus d'un quart des personnes interrogées au cours d'un sondage déclarent avoir eu des relations sexuelles avec une, deux ou trois personnes, et le même nombre affirme en avoir eu avec quatre à dix partenaires. 15 % seulement disent s'être totalement abstenues à cette époque. Enfin, dans la mesure où la sexualité se banalise, les jeunes sont moins sentimentaux. Toujours selon les mêmes sources, un peu plus de la moitié d'entre eux ont passé une nuit avec des gens pour lesquels ils n'éprouvaient aucun sentiment particulier. Incertains de la façon dont ils vont évoluer, ayant du mal à s'imaginer quelques années plus tard, ils préfèrent ne s'attacher à personne et jouir d'une liberté complète.

La révolution sexuelle est à la fois le symptôme et la conséquence de la contestation du mariage et de la remise en question de comportements et de notions morales jusqu'alors consensuels. Mais il convient de replacer la révolution sexuelle dans le contexte de l'époque, car les États-Unis ne diffèrent pas sensiblement des autres pays occidentaux en ce qui concerne le tabou sur les relations sexuelles prénuptiales. Certes, dans la pratique, les jeunes gens ont toujours été relativement libres, les garçons du moins ; mais, de façon générale, le christianisme met l'accent sur le contrôle de la sexualité avant le mariage, l'abstinence totale étant le plus souhaitable. La révolution des mœurs s'oppose donc à ce qui était considéré comme intangible et passait pour un des fondements de la société. D'un point de vue spirituel, on assiste à une mise en question de la notion du péché de chair. Les jeunes tentent en somme de retrouver l'innocence d'avant la chute, celle d'un monde qui ignore la culpabilité, elle-même née de la capacité à distinguer le bien et le mal.

Ainsi, la révolution sexuelle témoigne de bouleversements qui se rapportent à la morale individuelle. Toute morale a un aspect social qui reflète également des postulats au niveau de l'individu. Dans le cas précis, elle établit une hiérarchie parmi les besoins de l'être humain. Or, la révolution des mœurs consiste précisément à dénoncer un ordre ancien fondé sur la dissociation du corps et de l'esprit au profit de ce dernier. L'une des tâches que la contre-culture s'est fixée est de rendre sa place au corps si longtemps et si injustement opprimé. Et la transformation des mœurs s'inscrit dans un état d'esprit qui prône une libération globale pour toute cette part de l'homme qui, dans l'optique néo-marxiste des contestataires, a été victime de la mentalité bourgeoise.

La mise en question de la famille, en particulier l'attitude des jeunes face au problème des naissances, est naturellement liée à la revendication d'une liberté individuelle totale. Mais elle exprime également le refus de grandir et d'assumer les responsabilités de l'âge adulte. Dans toute société, la fondation d'une famille est généralement une étape majeure du développement individuel ; les cérémonies qui l'accompagnent marquent le changement de statut social, et le rôle des rites est d'aider à une transformation en affirmant le caractère valorisant de cette évolution.

Or la contre-culture se traduit par une crise des valeurs et des usages de la société d'origine. Les hippies les rejettent au nom d'une liberté individuelle totale. Ce faisant, ils s'interdisent, du moins provisoirement, le passage à l'âge adulte. Comme Peter Pan, les *flower children* refusent de grandir et cherchent refuge dans un état proche de l'enfance. Une telle attitude vise également à prolonger cet état heureux, tout en obtenant certains avantages de l'âge adulte, parmi lesquels l'indépendance par rapport aux parents.

Avoir des enfants n'est donc presque jamais désiré. Paradoxalement, dans une contre-culture qui se veut défenseur de la nature et de la vie, la mise au monde et l'éducation d'enfants ne constituent pas un but. En repoussant la notion de famille, les hippies refusent de s'inscrire dans le temps et choisissent délibérément l'éphémère. C'est la raison pour laquelle la révolution des mœurs s'accompagne du développement de la contraception.

Contraception et avortement

Avant même l'apparition du mouvement contestataire, la société américaine des années 60 prend ses distances avec une Église qui a perdu son emprise sur elle. En commercialisant en 1960 la pilule contraceptive, le gouvernement induit la révolution sexuelle, même si sa décision a été prise en fonction de considérations plus économiques que culturelles, les experts préconisant alors une croissance zéro de la population. Mise au point en 1956 par le Dr Pincus, la pilule contraceptive, après accord de la Food and Drug Administration, est donc disponible aux États-Unis. Son prix modique de deux dollars par mois la met à la portée de toutes les femmes ; outre la vie familiale de millions de foyers, elle va révolutionner le comportement sexuel des jeunes. La société prépare donc elle-même le terrain à la révolution sexuelle ; celle-ci n'aurait vraisemblablement pas eu lieu si la science n'avait permis aux femmes de disposer de leur corps sans redouter une grossesse non désirée.

Malgré cela, la contraception rencontre des obstacles psychologiques et des inquiétudes de type médical. Les premiers sont souvent liés à des notions morales ou religieuses ; mais d'autres femmes sont simplement réticentes parce qu'elles craignent une efficacité partielle de la pilule contraceptive, ou encore des effets physiques secondaires. À ces barrières personnelles s'ajoutent les résistances juridiques de la société. Dans son ouvrage *Sisterhood Is Powerful*[1], Robin Morgan rapporte qu'on estime à 60 % la proportion des États qui maintiennent, au milieu des années 60, des lois restrictives sur la contraception, soit en en interdisant l'accès aux jeunes ou aux personnes non mariées, soit en exigeant une prescription médicale. Quant aux partisans de la contraception, ils risquent parfois des poursuites judiciaires, comme dans le Massachusetts ou le Connecticut. Il faudra attendre 1965, et le jugement de la Cour suprême fédérale intitulé Griswold, pour que ce dernier État abolisse ses lois. Et, dans les faits, il faudra attendre encore quelques années de plus pour que la contraception soit véritablement accessible à toutes.

Dans ce domaine, la contre-culture reprend bien sûr, en les développant, les idées libérales de l'époque. Très favorable à la pilule, la presse underground s'efforce de rassurer les femmes inquiètes devant ce nouveau produit dont on craint, à une époque

1. Robin Morgan, *Sisterhood Is Powerful. An Anthology of Writings from the Women's Liberation Movement*, New York, Random, 1970.

encore marquée par l'affaire de la thalidomide, d'éventuelles conséquences négatives à long terme. Selon ses détracteurs, la pilule pourrait entraîner des maladies cardiaques, augmenter le diabète, causer des dommages neurologiques, des hémorragies cérébrales ou des phlébites, engendrer des troubles de la personnalité. Elle serait même susceptible de provoquer la calvitie ! Face à cela, les journaux contestataires soulignent volontiers que les chercheurs n'ont pu établir de risques importants et dénoncent surtout les nombreuses réticences du corps médical.

Si l'adoption de la contraception prit quelques années, il en fallut davantage pour faire entrer l'avortement dans les mœurs. Comparés à la majorité des pays occidentaux, les États-Unis ne sont certes pas en retard ; toutefois, l'avortement est déjà autorisé, pour l'Europe de l'Est, en Hongrie et en Tchécoslovaquie. Comme la contraception, il permet de dissocier acte sexuel et procréation, et de freiner ainsi le développement de la population. Du point de vue moral, il pose le problème de l'éventuel droit à la vie du fœtus et celui des rapports entre les lois et la vie privée. En fait, comme ailleurs, les conceptions de l'Église ont fortement influencé la société civile. Tout autant que le débat sur la contraception et l'amour libre, celui sur l'avortement reflète alors les difficultés d'une société à se laïciser et renvoie à un choix de civilisation.

Comme dans de nombreux pays, l'avortement illégal a de tout temps existé aux États-Unis. En 1797, l'interruption de grossesse avait été admise à la condition qu'elle se déroule au cours des quatre premiers mois. Mais, dès 1821, le Connecticut imposait des lois prohibitives. D'autres États suivirent, ne l'autorisant que dans des cas précis[2], et ce mouvement s'amplifia après la guerre de Sécession. Il n'en reste pas moins que l'IVG, historiquement, a déjà été autorisée, et il s'agit de réaffirmer des droits qui ont jadis été reconnus aux femmes.

C'est là que réside le phénomène nouveau des années 60 : l'avortement perd de son caractère illégal du fait de l'évolution des

2. Voir Claire Masnata-Rubatel, *La Révolte des Américaines. Analyse du féminisme contemporain*, Paris, Aubier-Montaigne, 1972, p. 95 *sq*.

mentalités et des efforts des contestataires. Selon les estimations avancées, les États-Unis connaîtraient de 200 000 jusqu'à 1 500 000 ou même 2 000 000 d'avortements chaque année[3], pour 3 700 000 naissances. Mais le côté illégal, et caché, de ces interventions rend ces chiffres mêmes peu fiables. Un certain nombre de femmes se rendent du moins à Porto Rico ou au Mexique, et on estime qu'une Américaine sur huit a eu recours à un avortement illégal[4]. Or les lois sont, à ce moment, très strictes. *Time* écrit en octobre 1967 que dans dix-sept États l'avortement peut entraîner jusqu'à vingt et un ans de prison. Les textes sont cependant modifiés peu à peu ; dès avril 1967, le Colorado libéralise ses lois, notamment en cas de viol ; la Caroline du Nord, la Géorgie et le Maryland votent des lois similaires. Mais il faudra attendre la décision Roe vs Wade[5], en 1973, pour que la Cour suprême fédérale reconnaisse pleinement le droit à l'avortement.

La presse underground, en dispensant des conseils pratiques ou juridiques, joue un rôle important dans le changement des mentalités. L'une des rubriques les plus lues est la rubrique médicale « Hippocrates » du Dr Schoenfeld, favorable à l'avortement. Elle paraît dans plusieurs journaux, dont le *Berkeley Barb*, et aborde volontiers les problèmes sexuels et, tout autant, les questions touchant à la drogue. Les hippies peuvent facilement trouver dans la presse contestataire des adresses de praticiens, le plus souvent au Mexique, et les numéros de téléphone de centres de conseil. Sur ce plan, les journalistes font parfois preuve d'irresponsabilité ; ainsi, en 1967, *Liberation News Service (LNS)* publie une liste de médecins contactables à l'étranger, mais dont certains, *not licensed physicians*, ne sont pas autorisés à pratiquer ce type d'intervention. La direction de *LNS* se contente de préciser qu'elle dispose sur tous ces

---

3. *Ibid.*, p. 258.
4. *Ibid.*, p. 260.
5. Au Texas, une jeune femme connue sous le pseudonyme de Jane Roe voulait avorter. Elle porta plainte contre la loi texane pour « inconstitutionnalité », avançant l'argument du droit moral à l'avortement. La Cour suprême lui donna raison pour *privacy* (« droit à l'intimité ») et reconnut que cette notion était sous-jacente dans les 1er, 3e, 4e, 5e et 9e amendements. Vu la longueur des procédures, la jeune femme accoucha pendant le procès et abandonna l'enfant à l'Assistance publique.

praticiens de rapports favorables en nombre variable, en l'occurrence de lettres de lecteurs ; et, ajoute l'article, quand le journal reçoit un « mauvais rapport » sur l'un d'eux, il décide ou non, selon son appréciation, de rayer le nom de la liste. L'article indique également les précautions à prendre avant et après l'intervention, et l'attitude à adopter face à la police : ne rien dire, sauf son propre nom, et ne jamais reconnaître les faits. Le mouvement contre-culturel milite ainsi activement pour accélérer le changement des mentalités.

Une importante médiatisation

Le mouvement de libération des mœurs se traduit aussi par une apologie de l'érotisme, qui n'exclut pourtant pas une approche très conventionnelle de la femme : dans la presse underground, le corps féminin est représenté selon les canons de la beauté en vogue dans le reste de la société durant les *sixties*. La femme est mince, élancée, avec de longs cheveux ondulés flottant sur les épaules. Dessins et posters la montrent généralement dévêtue et toujours jeune. En revanche, les nus masculins sont fort rares, ce qui tendrait à prouver que le mouvement contre-culturel s'adresse avant tout aux hommes. D'autre part, la femme, qui occupe dans cette presse une place secondaire, y est présentée principalement en tant qu'objet sexuel. Lorsqu'elle est considérée comme mère, il s'agit souvent d'une Vietnamienne prête à défendre son pays, un fusil à la main et un bébé dans les bras : on est alors en présence d'une réécriture du mythe de l'Amazone, où le thème de l'amour s'unit à celui de la mort.

Au travers de toutes ces publications, la femme n'est donc pas montrée comme un être à part entière. Elle est dépendante de conceptions masculines moins nouvelles que ne le prétendent les contestataires. Malgré les apparences, la contre-culture est loin de s'être entièrement dégagée des schémas classiques. La libération des mœurs n'entraîne pas un bouleversement complet des rapports hiérarchiques implicites entre hommes et femmes. La libération sexuelle profite d'abord aux hommes.

Elle s'accompagne aussi d'un renouveau érotique attesté par la presse underground, qui donne une grande publicité à la diversification des pratiques érotiques. L'essor des night-clubs comme le *Mondo Carnival* à San Francisco et celui des publicités dans la presse underground pour les techniques les plus diverses témoignent eux aussi de la vogue de l'érotisme de masse. Une annonce pour une boîte de nuit parue dans le *Berkeley Barb* vante ses danseurs nus, hommes et femmes, son strip poker, et la possibilité offerte de peindre directement sur un véritable modèle, masculin ou féminin. « Dès votre première visite, poursuit le *Barb*, vous vous rendrez compte que vous êtes devant les huitième, neuvième et dixième merveilles du monde. » Ainsi, les dessins pornographiques se multiplient et le lecteur d'*EVO* est directement interpellé par une publicité représentant une femme entièrement dévêtue qui lui demande : *« Wanna see my pussy*[6] *? »* et lui propose de lui faire rencontrer des personnes « libérées[7] ». La presse underground abonde également en réclames pour posters, films, diapos, photos de femmes et produits divers. Pour seulement un dollar, on peut recevoir sur demande un catalogue couleurs.

En cette période où les femmes luttent pour leur libération et l'égalité des sexes, une publicité du *Los Angeles Free Press (LAFP)* cherche à attirer le lecteur mâle par des termes accrocheurs qui annoncent de nouvelles techniques efficaces à 100 % : *« Dominate and master any woman*[8] *! »* Selon le *LAFP* du 16 février 1968, l'efficacité de ces méthodes est, paraît-il, garantie : elles permettent de séduire en quelques minutes n'importe quelle femme. D'après la réclame encore, ces nouveaux procédés sont utilisés par les agents des services secrets lorsqu'ils ont besoin d'un résultat immédiat. Il ne nous a pas été possible de vérifier si de telles techniques ont vraiment été mises au point par la CIA mais, aux yeux des contestataires, cela constituait sans doute ses seules activités positives... Ainsi la contre-culture lançait sur une grande échelle le marché du sexe.

---

6. « Tu veux voir mon minou ? »
7. *EVO*, 22 novembre 1968.
8. « Dominez n'importe quelle femme ! »

La presse underground fait également de la publicité pour des approches différentes de la sexualité. Les plaisirs solitaires, la pornographie, divers sadismes et même des tendances à la bestialité sont mentionnés. L'onanisme, entre autres, est encouragé ; dans le *LAFP*, la rubrique « Hippocrates » rassure le lecteur qui s'inquiéterait des éventuels dangers physiques d'une pratique assidue. Ce dernier peut, en outre, s'offrir des poupées gonflables grandeur nature et en plusieurs modèles ; à moins que le client ne préfère des vibromasseurs allant de cinq à dix dollars, piles longue durée comprises. Ces objets, poursuit la publicité, sont peu encombrants et faciles à emporter ; ils sont fabriqués avec des matériaux de qualité chirurgicale, spécialement profilés, et apportent détente et joie profonde, peut-on lire dans le *Berkeley Barb* du 10 mai 1968.

La révolution des mœurs n'exclut pourtant ni l'esclavagisme ni le sadisme sexuel, et il serait erroné de croire que les contestataires militent pour la libération de la femme en tant que telle. Si la révolution lui donne la possibilité d'épanouir sa sexualité comme elle l'entend, sa fonction essentielle est de permettre aux hommes de réaliser leurs fantasmes sans faire appel à des prostituées. À plusieurs reprises, la presse underground présente les femmes sous les traits d'esclaves sexuelles. La première page du *Barb*, le 18 octobre 1968, propose un dessin révélateur : une jeune femme nue attachée sur une roue rappelle le supplice d'Ixion. Elle porte non seulement des fers aux poignets et aux chevilles, mais aussi au cou, comme un animal domestique. Elle a la tête rejetée en arrière et sa chevelure se répand sur la roue ; elle est offerte aux désirs. Et les contestataires admettent fort bien ce type d'esclavage dès lors qu'ils en sont les bénéficiaires. Sous couvert de libération sexuelle, ils cherchent avant tout à satisfaire leurs instincts dominateurs.

Qui plus est, si le mouvement souligne volontiers ce qu'il nomme les tendances fascistes des États-Unis, il accepte pourtant dans ses magazines de la publicité pour des reproductions d'œuvres d'art érotiques prétendument issues de collections nazies. Dans *EGO, Review of the Arts*, en 1968, on peut lire une réclame légendée : « *Nazi erotica collection captured during World War II*[9] ». La

9. « Collection érotique nazie prise pendant la Seconde Guerre mondiale ».

collection aurait appartenu à un dénommé Julius Streicher, gouverneur nazi condamné à mort et exécuté. Parmi les artistes présents dans la collection en question, Rembrandt pour son *Autoportrait faisant l'amour à sa femme*, Fragonard pour *Deux lesbiennes* et d'autres. Pour la somme modique de cinq dollars pièce, les amateurs ont la possibilité de commander ces reproductions destinées à leur faire partager les rêveries érotiques de personnalités du IIIe Reich, voire à réveiller leurs instincts sadiques.

Ce goût pour la pornographie qui s'affirme progressivement dans la presse contre-culturelle ne traduit pas seulement la recherche du plaisir ; une portée idéologique s'y révèle indissociable de l'attitude révolutionnaire. C'est du moins ce qu'explique en 1967, dans *Guerrilla*, Malay Roy Choudhury, qui signe l'article « *In Defense of Obscenity* ». L'auteur se déclare favorable à l'obscénité et affirme que les préjugés contre elle proviennent d'une conception artificielle créée par « *the bourgeois vultures of the establishment* » (les vautours bourgeois de l'establishment), qui s'efforcent de se protéger des classes défavorisées. L'obscénité n'est qu'un préjugé de la bourgeoisie qui redoute une invasion culturelle venue des couches populaires. Un bourgeois, assure l'article, est un fasciste, un communiste ou un réactionnaire, mais jamais un homme ; la morale traditionnelle est aux yeux de l'auteur un pur produit de la bourgeoisie, tandis que le corps dans ses moindres détails et l'obscénité qui l'exprime font partie intégrante de la culture populaire.

Le point de vue de Choudhury est caractéristique d'une pensée située en marge de la gauche traditionnelle et représentatif de ceux qui, à l'intérieur du mouvement, militent pour la révolution culturelle au sens large, afin d'arriver à la révolution tout court. Certes, des groupes comme les Black Panthers et une partie des maoïstes mettent l'accent sur la morale et rejettent la drogue, mais les idées de Choudhury n'en sont pas moins largement répandues au sein du mouvement. C'est par ce biais que la contestation a engendré une révolution sexuelle.

Une libération pour la femme ?

Pour importants qu'ils soient, les changements introduits dans le comportement féminin par la contraception et l'avortement témoignent davantage d'un rejet de la morale traditionnelle et d'une attitude nouvelle face au corps que d'une transformation en profondeur des relations entre hommes et femmes. En dépit d'une image plus moderne, les femmes restent volontiers passives à l'intérieur du groupe formé par leurs pairs et font preuve d'une soumission pour le moins inattendue.

Dans son ouvrage sur les hippies intitulé *The New Families*[10], Ross Speck montre que le rôle de la femme dans la vie quotidienne n'a pratiquement pas changé. Il y voit même des tendances régressives. Les filles, dit-il, acceptent généralement tout de leurs partenaires, se prêtent volontiers à toutes leurs exigences. Loin d'être libérées, elles seraient plus passives que leurs mères, davantage soumises aux hommes et moins autonomes[11]. Leur rébellion, conclut-il, est plus apparente que réelle. D'autres observateurs constatent avec lui que, dans le domaine de la vie quotidienne, la libération n'est qu'illusoire. Très souvent ce sont les filles qui cuisinent, s'occupent de la maison, et elles se placent volontiers derrière leur compagnon. La société hippie serait alors plus éloignée de l'égalité des sexes que la société contre laquelle elle se dresse...

Lorsque des jeunes filles hippies débarquent à San Francisco, les plus jolies sont immédiatement entourées et orientées vers un lieu où passer la nuit. Les *crash-pads* rappellent souvent des maisons de passe, d'autant que des hommes y offrent très ouvertement le gîte en échange de rapports sexuels. Éventuellement même, le partenaire propose à ses camarades les services de sa compagne, qui est parfois droguée au point de ne pouvoir réagir. Les problèmes de viol, ici, ne doivent pas être sous-estimés. Certes, il est difficile de déterminer le degré de consentement des jeunes droguées ; mais les voilà d'autant plus influençables qu'elles ont absorbé diverses substances. On comprend dès lors pourquoi la proportion de

10. Ross Speck, *The New Families. Youth, Communes and the Politics of Drugs*, New York, Basic, 1972.
11. *Ibid.*, p. 110.

femmes dans la communauté hippie est relativement faible : une fille pour quatre garçons, selon les estimations du *Barb* du 28 avril 1967.

Des femmes déjà conscientes des problèmes que pose la révolution sexuelle tentent de mettre en garde leurs camarades contre cette forme particulièrement insidieuse d'exploitation. Shulamith Firestone analyse la situation avec clairvoyance : si elle a rendu de grands services à l'homme[12], la rhétorique de la révolution sexuelle n'a en rien amélioré la condition de la femme. La révolution des mœurs, poursuit-elle, prive les femmes du peu de protection qu'elles avaient eu tant de mal à acquérir au sein de la société « bourgeoise ». En défendant leur cause de la sorte, S. Firestone inaugure un combat féministe.

La libération des mœurs reste donc fort incomplète. Tout en étant à la tête du combat contre diverses oppressions, les hommes ne refusent pas d'être les principaux bénéficiaires de la révolution sexuelle. Plein de contradictions, le comportement masculin dans le milieu contre-culturel véhicule même des conceptions rétrogrades. Mais peut-être la libération des mœurs est-elle aussi une manière hédoniste de compenser des échecs et des frustrations. Désireux de repousser toujours plus loin les limites du plaisir, les jeunes découvrent - ou redécouvrent ? - des jeux interdits, franchissant la frontière qui sépare la liberté de la licence. Les mouvements féministe et homosexuel du moins sauront utiliser cette régression des rapports hommes-femmes pour engager à leur tour un combat pour leur reconnaissance.

Le mouvement féministe

Le renouveau du féminisme est d'abord la conséquence de circonstances favorables sur le plan économique, politique et social, ainsi que de la transformation de la mentalité traditionnelle qui

12. John Stickney, *Streets Actions, Alternatives, Raps*, New York, Putnam, 1971.

aboutit à une nouvelle définition de la place de la femme dans la société.

Sur le plan économique, la condition féminine s'est détériorée de façon considérable. Si on prend pour base du salaire masculin moyen la somme de 100 dollars, le salaire moyen de la femme américaine, qui était de 63 dollars en 1955, n'est plus que de 58,20 dollars en 1968[13]. L'une des raisons est que l'activité féminine a augmenté d'environ 5 % et que la proportion d'employées à des postes subalternes s'est accrue. L'écart se creuse donc entre le revenu moyen masculin et féminin : en 1964, ce revenu moyen atteint 6 233 dollars pour les hommes et seulement 3 710 dollars pour les femmes. La lutte contre la discrimination raciale commençant à porter ses fruits, le revenu moyen de l'homme noir après 1965 est désormais supérieur à celui de la femme blanche. Enfin, en 1969, dans la population blanche, le taux de chômage des femmes est de près du double de celui des hommes : 4,7 % contre 2,8 %[14].

La régression de la condition féminine touche également les domaines politique et universitaire. Au niveau des États comme à l'échelon fédéral, le nombre d'élues diminue entre 1960 et 1969. Enfin, le nombre de femmes titulaires d'un *master's degree* est moins élevé en 1965 qu'en 1930 ; c'est que les années 50 ont vu le retour au foyer de femmes qui n'ont pas hésité à interrompre leurs études ou à abandonner leur métier pour se consacrer exclusivement à leur famille. Dès lors, les revendications féministes apparaissent dans ce contexte autant comme un procédé défensif face à une situation qui se dégrade que comme une tactique offensive.

La renaissance du mouvement féministe s'explique sans doute aussi par sa conjonction avec les luttes antiracistes et la revendication pacifiste. Historiquement, les femmes ont souvent milité en faveur de l'égalité raciale. La résurgence du féminisme à un moment où la notion d'égalité occupe le devant de la scène est donc un phénomène qui ne saurait surprendre. Certes, les féministes

13. Karen De Crow, *The Young Woman's Guide to Liberation. Alternatives to a Half-Life While the Choice Is Still Ours*, Bobbs-Merill/Pegasus, 1971, p. 180.
14. *Ibid*, p. 188.

ont obtenu le droit de vote en 1920, par le 19e amendement, mais sans pour autant acquérir vraiment de poids politique. Parallèlement, le conflit vietnamien fait reparaître la tradition du pacifisme féminin et, en janvier 1968, une formation féminine pacifiste, la Jeannette Rankin Brigade, manifestera contre la poursuite de cette guerre.

Même lentement, les mentalités évoluent. La prise de conscience politique de l'inégalité dont est victime la moitié de la population aboutit en 1963 au vote de l'*Equal Pay Act*, tandis que l'année suivante verra l'interdiction de la discrimination sexuelle dans le secteur privé. Mais ce qui déclenche la découverte par un large public du conditionnement dont les femmes sont l'objet est sans aucun doute l'ouvrage de Betty Friedan *The Feminine Mystique*[15]. Publié en 1963, il rencontre un succès considérable. L'auteur y dénonce la monotonie de la vie de la femme au foyer - ce « problème qui n'a pas de nom », dit-elle de l'ennui -, ou tout autant le gâchis qui consiste pour les femmes à accepter une situation sociale traditionnellement inférieure. Le problème du choix entre le mariage et le métier est, selon Betty Friedan, un faux problème ; la femme américaine moderne n'a pas à choisir.

Le mouvement féministe présente des analogies avec le mouvement contestataire ; l'analyse de la situation se fait souvent, en son sein aussi, en des termes inspirés du marxisme et s'accompagne d'un appel à la lutte. On y note également l'existence de plusieurs tendances et l'évolution du mouvement féministe vers des formes sans cesse nouvelles, dont le caractère spectaculaire doit attirer l'attention. Il participe donc de la contestation générale mais, tout en s'adressant au grand nombre, n'occupe pas le devant de la scène. Par solidarité masculine sans doute, la presse contestataire consacre beaucoup plus d'articles au combat des homosexuels qu'aux efforts des féministes. Il est plus facile aux membres du SDS (Students for a Democratic Society) ou aux Yippies de dénoncer la société que de remettre en question leur propre attitude vis-à-vis des femmes.

Les féministes ont d'ailleurs tôt fait de constater leur difficulté

15. Londres, Penguin, 1968.

à mobiliser les hommes et se rendent compte qu'elles doivent surtout compter sur elles-mêmes. Déçues par le sexisme des révolutionnaires, elles ont l'impression que les femmes sont, une fois de plus, laissées pour compte. Abbie Hoffman, le compagnon de lutte de Rubin, n'a-t-il pas déclaré que la seule union qu'il envisageait avec le Women's Liberation Movement était au lit[16] ? Cela vient rappeler des propos semblables tenus par un leader noir affirmant qu'au Student Nonviolent Coordinating Committee les femmes ne peuvent occuper d'autre position qu'horizontale.

La spécificité de leur condition et l'injustice faite aux femmes incitent Betty Friedan à fonder en 1966 la National Organization for Women. Son acronyme, NOW, souligne la nécessité d'agir vite. NOW adopte bientôt un texte demandant le vote d'un amendement qui garantisse l'égalité des droits, puis l'application des lois antisexistes. Le ton de Betty Friedan n'a cependant rien de la rhétorique révolutionnaire si fréquente chez les contestataires. NOW met l'accent sur les problèmes concrets posés par les enfants tels les congés de maternité, les frais de garde, etc. Les revendications les plus nouvelles sont sans doute *« equal and unsegregated education »* et surtout *« the right of women to control their reproductive lives[17] »*. C'est naturellement ce dernier point qui confère sa spécificité au mouvement féministe et le distingue des autres minorités.

Mais l'approche de NOW est jugée trop modérée par certaines et, en 1967, naît le premier groupe féministe radical, le New York Radical Women (NYRW). Puis d'autres groupes se forment, notamment en 1969 les Redstockings, les Feminists et les New York Radical Feminists. Sous-jacent dans de nombreux groupes féministes, le thème d'inspiration marxiste de la lutte pour la libération se rencontre sous une forme extrême et particulièrement violente dans le manifeste de la Society for Cutting Up Men (SCUM)[18], créée en 1967 par Valérie Solanas. SCUM considère l'homme comme un « accident biologique » et le juge responsable de tous

16. Robin Morgan, *Sisterhood Is Powerful*, *op. cit.*, p. 35.
17. « Une éducation égale et non ségrégative » et « Le droit des femmes à contrôler leur maternité ».
18. Littéralement : « Société pour couper les hommes en morceaux ».

les maux. Elle lui attribue pêle-mêle la responsabilité de la guerre, la galanterie, l'argent, le mariage et la prostitution, la maladie mentale, la peur et la lâcheté, l'ennui et la censure... Les femmes doivent s'emparer du pouvoir en se retirant tout simplement du monde du travail et en paralysant le pays. La révolution à laquelle aspire SCUM se traduira par la destruction de tous les objets inutiles et nuisibles tels que les voitures et les vitrines de magasins. Quant aux hommes, ils seront tous exterminés hormis ceux qui, devenus les auxiliaires de SCUM, travailleront en fait à s'éliminer eux-mêmes. Ce groupe féministe, dont Valérie Solanas est d'ailleurs, paraît-t-il, l'unique membre, ne semble pas avoir fait de victimes masculines, en dépit de sa tentative d'assassinat sur l'artiste Andy Warhol. Mais les écrits de cette passionaria du féminisme expriment bien ce rêve révolutionnaire et cette volonté de puissance fréquents dans le mouvement contre-culturel - et un état mental pathologique qui lui vaudra un internement.

Le côté pittoresque du mouvement contre-culturel se retrouve encore dans WITCH (Sorcière). Cette association, initialement la Women's International Terrorist Conspiracy from Hell, née à New York en 1968 au moment de Halloween, change de nom selon les besoins tout en gardant le même acronyme ; celui-ci signifiera par exemple, un temps, Women Incensed at Telephone Company Taxes (Femmes en colère devant les factures de téléphone). WITCH est une organisation très souple et pleine de fantaisie. Selon un de ses propres tracts, elle mêle le théâtre, la révolution, la magie, la terreur, la joie et les fleurs d'ail. Cela ne l'empêche nullement d'être consciente de l'oppression subie par les femmes au cours des âges.

Les diverses associations féministes mettront sur pied des actions symboliques, perturbant par exemple en 1968 l'élection de Miss America à Atlantic City. Elles organisent également une cérémonie pour enterrer la féminité traditionnelle et prévoient de jeter dans une énorme poubelle de la Liberté tout ce qui constitue selon elles des entraves à leur libre développement : soutiens-gorge, gaines, bigoudis, faux cils, perruques... Elles refusent de s'efforcer de rester jeunes et belles pour conserver leurs maris ou séduire les hommes.

Malgré tout, la place des femmes dans la société ne change pas de façon sensible. Les luttes féministes aboutissent essentiellement à obtenir davantage de liberté individuelle et d'opportunités pour accéder à des postes à responsabilité jusque-là réservés aux hommes.

Le mouvement gay

De nombreuses similitudes existent entre le mouvement féministe et le mouvement homosexuel : même essor dans la seconde moitié des années 60 à la faveur du nouvel état d'esprit, même comportement face à la radicalisation de la contestation. Soulignant la discrimination pratiquée dans la société américaine, les homosexuels analysent eux aussi la situation en termes globalement marxistes. Ils s'estiment victimes d'une oppression capitaliste et, à cet égard, se sentent proches des minorités ethniques.

L'une des premières associations gay, l'International Bachelors Fraternal Orders for Peace and Social Dignity, plus connue sous le nom de Bachelors Anonymous, s'est créée à Los Angeles peu après 1945. Elle se donne pour but d'apporter un soutien moral à ceux qui se sentent exclus de la société en raison de la réprobation morale et de la discrimination, et formule le problème en termes marxistes. Ses efforts d'organisation s'amplifient au début des années 50, notamment en Californie, et l'ouvrage de Donald Webster Cory *The Homosexual in America* fait date, en 1951, pour ce qu'on appelle désormais l'*homophile movement.* Son impact sera comparable au *Feminine Mystique* de Betty Friedan. Établissant un parallèle avec les minorités ethniques, l'auteur explique que les préjugés privent les membres de sa communauté d'une partie de leurs droits. Leurs difficultés, estime-t-il, sont davantage liées à l'attitude de la société à leur égard qu'à leur homosexualité proprement dite.

En 1950, a été fondé à Los Angeles The Knights of the Clock (Les chevaliers de l'horloge), pour établir un lien entre homosexuels noirs et blancs. S'inscrivant dans une sensibilité de gauche, il n'en comporte pas moins des membres plus libéraux que marxistes. Quelques années plus tard, en janvier 1956, se tient sur la côte Est la première réunion du mouvement gay, la Mattachine Society. Elle réunit une trentaine de personnes et sera appelée à se développer et à essaimer. Elle ouvre rapidement des sections locales dans plusieurs villes et les réunions publiques se multiplient. Son magazine intitulé la *Mattachine Review* deviendra, avec *One*, l'un des principaux journaux homosexuels.

Comme cela s'était passé dans la gauche contestataire et les mouvements féministes, de nombreuses associations homosexuelles naissent à la même époque et les tendances se multiplient. En 1963, c'est l'East Coast Homophile Organization (ECHO) et la National Planning Conference of Homophile Organizations, rebaptisée par la suite North American Conference of Homophile Organizations (NACHO) ; en 1964, à San Francisco, la Society for Individual Rights (SIR). En septembre de cette même année, la League for Sexual Freedom et la Homosexual League établissent un piquet de grève devant un centre de recrutement de l'armée pour protester contre la divulgation de renseignements confidentiels concernant les appelés. Enfin, le mouvement gay s'implante aussi sur les campus et des associations sont officiellement reconnues dans certaines universités après qu'un militant du SDS a publié à San Francisco, au milieu des années 60, un *gay manifesto*.

Le mouvement homosexuel participe de l'évolution générale et se durcit vers la fin de la décennie. Une étape capitale est franchie en juin 1969 avec la naissance du Gay Movement Liberation, à la suite d'émeutes lors de la fermeture par la police d'un bar de Greenwich Village, le *Stonewall Inn*, fréquenté par des homosexuels, nombreux dans le quartier. Le compte rendu des incidents paraît dans la presse contestataire, notamment le *Village Voice* et *Rat*, puis dans *EVO*. Si, selon certains, les manifestants auraient dû agir dans une optique plus politique, la publicité faite par la gauche contestataire donne pourtant à l'incident une portée considérable. Lors de nouveaux incidents les jours suivants, partisans de la New Left, reporters, hippies et curieux se joindront aux homosexuels en une foule hostile à la police.

En juin 1969 se constituent aussi le Gay Liberation Front (GLF) et la Gay Activists Alliance (GAA). Les homosexuels proclament ainsi leur volonté de s'affirmer en tant que tels dans la société américaine. Quelques années plus tard, le mouvement gay formera un groupe de pression appréciable, dont certains hommes politiques rechercheront l'appui. En revanche, à l'inverse des mouvements masculins homosexuels, les associations de lesbiennes telles que les Daughters of Bilitis (Les filles de Bilitis), ou DOB, fondées dès 1958, sont encore très discrètes et ne rencontrent pas un grand écho dans la presse contestataire.

Quelques articles parus dans les journaux underground attirent l'attention sur les difficultés des *homophiles* dans la vie professionnelle. Le licenciement abusif par exemple est courant[19]. Mais, à l'époque où se développe la revendication pacifiste, les homosexuels luttent, paradoxalement, pour avoir leur place dans l'armée : c'est que, selon une partie du corps médical, l'homosexualité est encore assimilable à une maladie, à un désordre psychologique ; ou, associée au vice, elle est considérée comme moralement condamnable. Conférences et débats sont également organisés pour informer le public et, en faisant évoluer peu à peu les mentalités, contribuer à la disparition de ce tabou. Les *homophiles* se trouvent en effet dans une situation d'autant plus difficile que des lois américaines interdisent formellement l'homosexualité. Dans l'État de New York, elle constitue un crime *(felony)* punissable de vingt ans de prison. Certes ces textes sont loin d'être appliqués dans toute leur rigueur et, bien qu'ils aient publiquement reconnu leur homosexualité, les militants les plus actifs n'ont, semble-t-il, pas de problème majeur avec la justice ; il n'en reste pas moins que ces lois constituent une menace, une intrusion dans la vie privée et une entrave à la liberté individuelle.

Par ailleurs, quoi qu'en disent les *homophiles*, les discriminations en matière d'emploi et les sanctions pénales ne sont pas propres à la société américaine et il serait abusif de les considérer comme des manifestations du capitalisme. Sous des régimes socialistes, à Cuba et en Union soviétique par exemple, les homosexuels sont bel et bien l'objet de poursuites judiciaires et doivent effectuer

---

19. Voir *Berkeley Barb*, 4 avril 1969.

de lourdes peines de prison. Le pianiste russe George Kochevitsky, l'un des premiers membres de la Mattachine Society de New York, a même connu l'exil en Sibérie pour cette raison, avant de se réfugier aux États-Unis. Malgré tout, la société américaine est considérée comme répressive de nature et cette approche globale des phénomènes sociaux mêle politique, économie et mentalités.

Que ce soit en matière de libération des mœurs ou de revendications féministes et homosexuelles, la révolution sexuelle qui accompagne la contre-culture constitue sans aucun doute l'un des éléments qui auront le plus d'impact sur la société contemporaine. Elle marque des changements dans le domaine de la morale et témoigne d'une crise des valeurs, déjà manifeste dans d'autres domaines. Par-dessus tout, elle traduit l'effacement d'une morale chrétienne qui dénonce le péché de chair, au profit d'une attitude dans laquelle se mêlent hédonisme et paganisme. Cette liberté trouvera dans le psychédélisme un mode d'expression idéal.

L'expérience psychédélique

Tourbillon sensoriel, quête de paradis artificiels, les guides ne manquent pas : Leary, Watts, Huxley, Ginsberg se bousculent sur cette voie sacrée...

Le terme de « drogue » couvre des produits très divers. Nous l'utiliserons ici au sens restreint de substances telles que le haschisch, la cocaïne ou le LSD. La drogue, entendue ainsi, est certes présente depuis longtemps dans la société américaine, mais elle était jusqu'alors utilisée différemment. En fait, son histoire remonte fort loin. Dès la fondation de la Virginie on cultiva du chanvre, et non pas uniquement pour fabriquer des cordages. Washington lui-même aurait fait pousser du cannabis dans sa propriété de Mount Vernon et aurait su séparer les plants mâles et femelles pour obtenir une substance plus forte. Il est vrai que, selon les médecins, la marijuana guérissait d'une multitude de maladies dont le tétanos, le choléra, le delirium tremens et même certaines hémorragies.

Plus tard, après 1937, la vente ou la possession de marijuana seront interdites sous peine de condamnations très lourdes allant jusqu'à la prison à vie, voire la peine capitale. Pourtant, si l'on en croit l'*Oracle* de San Francisco, le rapport La Guardia[1], publié en

1. La Guardia fut maire de New York.

1944, conclut que le produit est moins dangereux qu'on ne le dit. Et le même journal, citant une autre conclusion du rapport, affirme que la publicité concernant ses effets catastrophiques à New York ne s'appuie sur rien de sérieux.

En dépit des lois qui condamnent son usage, la marijuana reste consommée dans certains milieux bien délimités sur le plan social ou géographique, les communautés noires et mexicaines, ainsi que parmi les artistes ou les intellectuels, par exemple. Et si son usage est courant dans les milieux noirs et hispaniques, c'est principalement pour des raisons économiques : elle coûte moins cher que l'alcool.

Des pratiques ancestrales à la « drug culture »

Les années 60 voient bientôt la marijuana s'étendre à une nouvelle catégorie de la population : les étudiants. Et le phénomène s'amplifie, pour donner naissance à une véritable industrie, qui mettra sur le marché de nouveaux produits. On assiste alors à l'apparition des « toxicomanies actuelles », selon le terme de J.-M. Oughourlian dans son ouvrage *La Personne du toxicomane*[2]. Du point de vue sociologique, on distingue en effet trois types d'addiction aux drogues : les toxicomanies solitaires ou individuelles ; celles de groupes ou de communautés ; et enfin les toxicomanies de masse ou de peuple qui, contrairement aux deux autres, ont l'assentiment du corps social. Ces dernières sont très répandues dans des cultures qui, précisément, fascinent les hippies, à savoir les civilisations latino-américaines, indiennes et orientales.

Le phénomène, qui touche maintenant les jeunes de quinze à vingt-cinq ans dans les pays développés, est récent puisqu'au cours de la décennie précédente les jeunes se contentaient de boire de la bière ou d'autres boissons alcoolisées. Il constitue ce qu'on appelle une toxicomanie de groupe, ou communautaire, et c'est là son

2. Jean-Michel Oughourlian, *La Personne du toxicomane. Psychologie des toxicomanies actuelles dans la jeunesse occidentale*, Toulouse, Privat, 1986.

originalité par rapport aux modes classiques dans notre société, jusque-là essentiellement individuels.

Selon une enquête, si, pour les personnes interrogées, la période psychédélique commence bien en 1965-1966, 20 % d'entre elles déclarent ne s'être droguées pour la première fois qu'en 1967 et 15 % en 1968. Un peu plus d'un quart disent avoir été pendant cette période entièrement impliquées, contre 37 % qui ne l'ont été que partiellement. Seules 17 % affirment ne pas y avoir touché. Le mouvement contre-culturel a donc été très marqué par le phénomène, et l'on peut dire que celui-ci est entré dans l'univers des jeunes avec les années 60. Certes le LSD a, depuis, perdu de son prestige au profit de nouvelles substances, mais il n'en reste pas moins que la période contestataire recouvre les débuts de la toxicomanie dans la jeunesse.

À la question : « Au cours des années 60, dans quelle mesure étiez-vous impliqué par la drogue ? », les réponses sont les suivantes :

Produit	Pris régulièrement ou fréquemment	Jamais utilisé
Marijuana *(grass)*	62 %	13 %
Haschisch	40 %	21 %
LSD *(acid)*	26 %	42 %
Amphétamines *(speed)*	20 %	40 %
Mescaline	18 %	45 %

(Les pourcentages portent sur l'ensemble des personnes interrogées.)

Il faut ajouter que si l'opium, l'héroïne et la cocaïne sont très peu utilisés régulièrement, l'alcool occupe en revanche une place importante : 37 % des jeunes interrogés boivent souvent de la bière, 35 % du vin et 24 % des alcools forts. L'usage de la drogue chez les moins de vingt-cinq ans n'a donc pas éliminé l'alcool. Enfin, il faut savoir que l'utilisation du LSD s'étend après 1965 et qu'en 1967 se répandent les amphétamines psychotomimétiques (ou hallucinogènes) comme le STP, ou le *speed*, si dangereux que la presse contestataire même finira par mettre en garde les jeunes contre son extrême nocivité.

Une étude publiée par le Department of Justice de l'État de Californie, *Drug Arrests and Disposition in California. Reference Tables 1969*, permet de saisir le développement du phénomène de la toxicomanie. Le tableau appelé « Saisies de drogue. Rapport des *agencies*[3] de Californie » est significatif :

Produit	Quantité saisie (en grammes)			
	1966	1967	1968	1969
Marijuana (cigarettes)	6 710	5 729	28 945	35 412
Marijuana (graines)	65 610	106 193	238 575	175 471
Marijuana (plants)	53 341	72 772	1 327 260	2 524 027
Haschisch	-	-	7 170*	292 276
LSD	1 723	12 059	39 576	167 276
Hypnotiques	127 193	611 741	1 375 638	2 675 858
Amphétamines	518 007	10 832 463	4 121 554	5 162 524

* Chiffres partiels.

Ces chiffres des services de police de Californie donnent une idée de la quantité de drogue en circulation et de l'essor de cette véritable contre-culture. En raison du caractère illégal de cette activité, les quantités effectivement utilisées par les jeunes ne sont évidemment pas connues, mais une estimation est possible. Quant aux arrestations d'adultes, c'est-à-dire, à l'époque, de personnes de plus de vingt et un ans, elles se multiplient, passant pour la marijuana de 4 245 en 1960 à 38 670 en 1969 et pour les drogues dangereuses de 3 533 à 41 230 pendant la même période. Les arrestations de jeunes de moins de dix-huit ans augmentent dans des proportions encore plus importantes et on ne saurait dès lors s'étonner de l'hostilité de la jeunesse envers les forces de l'ordre. Aux raisons « idéologiques » qui assimilent la police à un instrument de répression au service d'un système capitaliste s'ajoutent les raisons plus intimes que suscite la peur d'être arrêté pour détention ou vente de drogue ou pour désertion. Ajoutons que la répartition par groupes culturels fait apparaître la prépondérance des Blancs : en 1969, ils représentent 73,1 % des personnes arrêtées

3. Les *agencies* étaient chargées de faire appliquer la loi au niveau local, étatique et fédéral.

en Californie, interpellées essentiellement pour possession de marijuana ou de « drogues dangereuses ».

On peut classer les substances consommées en fonction de leurs effets. Certaines font « planer » : la marijuana, le haschisch et l'opium ; d'autres font « voyager » : la morphine, l'héroïne, la cocaïne, le LSD, la mescaline. Sont considérés comme des drogues « douces » non seulement la marijuana et ses dérivés (haschisch et huile de cannabis), mais aussi des hallucinogènes tels que le LSD, qui n'entraînent aucune dépendance physique et ne risquent pas de causer de surdose - néanmoins, lorsqu'on sait que l'usage du LSD est susceptible de mener à la folie, sa place dans les drogues douces surprend. Les drogues dures, elles, entraînent une dépendance physique et la nécessité d'augmenter les prises pour obtenir l'effet désiré. Outre l'alcool, ce sont la cocaïne, la morphine et l'héroïne. L'une des classifications les plus récentes divise les drogues, d'après leur action sur le système nerveux, en dépresseurs, stimulants et hallucinogènes, ces deux dernières catégories ayant été particulièrement appréciées dans les années 60. Les produits les plus utilisés alors sont des perturbateurs, ou hallucinogènes, qui modifient la perception. À cette catégorie appartiennent le cannabis et ses dérivés (marijuana et haschisch), le peyotl (mescaline), les champignons hallucinogènes, le LSD 25 ou des drogues du genre THC (tétrahydrocannabinol), DMT (diméthyltryptamine), DET (diéthyltryptamine), PCP (phencyclidine) et psilocybine. Commençons notre état des lieux par le moins dangereux : le cannabis.

Le cannabis et ses dérivés, marijuana et haschisch

Facile à cultiver, le chanvre indien, ou cannabis, d'où est tirée la marijuana, est une plante présente sous toutes les latitudes. Annuelle, atteignant une hauteur moyenne de 1,5 mètre, elle peut mesurer jusqu'à 6 mètres dans des conditions extrêmement favorables. L'un de ses principes actifs est le delta 9, tétrahydrocannabinol (THC). Un journaliste du *Rag* explique comment obtenir un rendement maximal en plantant les pousses par groupes de six et donne encore d'autres conseils pour la culture de la plante, puis la préparation de la marijuana elle-même.

Avec le cannabis on peut, en effet, fabriquer plusieurs types de produits selon la partie utilisée de la plante. La marijuana, ou *bhang*, sera moins active car elle se compose non seulement des fleurs et des feuilles, mais aussi des tiges ; tandis que le haschisch est fait à base de résine. Les meilleurs haschischs seraient l'Acapulco Gold ou le Marocain, le Rouge Panama ou le Bleu Yucatan. Aussi les connaisseurs apportent-ils beaucoup d'attention au choix du produit. La marijuana (l'« herbe ») est le dérivé du cannabis le plus populaire chez les jeunes et, d'après une enquête publiée en 1968 dans le journal underground *EVO*, plus de 85 % de ses lecteurs ont déjà pris soit de la marijuana, soit du haschisch. L'« herbe » se fume mélangée à du tabac. Elle se prend facilement deux ou trois fois par semaine son utilisateur reste, sous son emprise, en mesure de continuer la plupart de ses activités. Aussi, alors qu'une dizaine de *trips* au LSD sont considérés comme des événements marquants dans une vie, la prise de marijuana deux fois par semaine pendant des années est chose courante.

La commercialisation du produit nécessite la mise en place de véritables réseaux. Hormis les produits d'une culture individuelle de quelques pieds destinée à un usage personnel, la plus grande partie de la marijuana est importée du Mexique par des grossistes qui contactent directement le paysan et organisent un trafic clandestin. Les principaux importateurs américains vivent naturellement en Californie, en particulier dans la région de San Francisco. Leur problème essentiel est le stockage car, contrairement au LSD, la marijuana est difficile à dissimuler en raison de son volume. À ce stade, elle se présente sous forme de briques séchées et compressées, semblables à des cartons à chaussures d'un poids d'un kilo environ. Elle passe ensuite entre les mains de petits distributeurs, avant d'aboutir aux revendeurs de rue. Les kilos de marijuana sont ainsi fractionnés en une trentaine d'onces appelées *lids*. À chaque étape, les intermédiaires prélèvent naturellement des bénéfices, souvent substantiels. La presse underground joue son rôle dans la diffusion de la drogue en apportant son soutien au mouvement psychédélique et en prodiguant des conseils. Ainsi, quand dans la fameuse rubrique « Hippocrates » un lecteur demande si la prise de marijuana est détectable par des analyses, la réponse du médecin est catégorique et constitue un encouragement de fait : à l'heure actuelle, aucun test ne permet de détecter la présence du produit, ni dans le sang, ni dans les urines.

Les effets du cannabis sur ses consommateurs sont susceptibles de varier considérablement, en fonction de paramètres parfois difficiles à évaluer. La préparation du produit et la dose ne sont que deux des facteurs, auxquels s'ajoutent le contexte et la personnalité du sujet. Si, contrairement à l'héroïne, il n'entraîne ni dépendance physique ni syndromes, sa consommation régulière provoque souvent une dépendance psychique qui ouvre la voie à l'addiction à d'autres drogues. Le cannabis agit sur le cerveau en tant que celui-ci est le siège du comportement et des facultés intellectuelles. L'angoisse de la jeunesse face à la guerre du Viêt-nam et ses difficultés à vivre dans une société honnie expliquent que la plupart des toxicomanes des *sixties* utilisent le cannabis pour retrouver une paix intérieure. La drogue a encore une fonction désinhibitrice ; elle favorise notamment les échanges sexuels, même si le cannabis n'a pas, en lui-même, de propriétés aphrodisiaques. En somme, si le cannabis exacerbe les traits de caractère de son consommateur, il ne permet pas d'obtenir un comportement en opposition avec sa propre personnalité. La contre-culture des hippies est, sous cet angle, le produit des drogues qu'ils absorbent ou, pour le dire plus précisément, une adéquation s'établit entre la drogue et la philosophie de la jeunesse contestataire.

Ainsi les propriétés du cannabis expliqueraient en partie la paranoïa de certains jeunes, militants politiques, hippies ou simples sympathisants. Car si la volonté de lutter jusqu'à la mort peut s'interpréter comme un mode d'expression de la ferveur révolutionnaire, cette rhétorique s'alimente des effets de la drogue tout autant que de l'intensité des convictions. Mais, paradoxalement, les jeunes qui proclament leur pacifisme recherchent souvent la violence. Sous l'effet de fortes doses de haschisch, les toxicomanes sont parfois incapables de contrôler leurs pensées et de résister à leurs passions. Ils deviennent irritables et, dans un contexte idéologique qui met l'accent sur la nécessité de la révolution, ils peuvent opter pour le coup de force comme moyen d'expression.

Enfin, bien qu'il n'asservisse pas l'individu sur le plan physique, le cannabis risque de conduire son utilisateur vers d'autres produits car, « en faisant miroiter des découvertes fabuleuses dont il semble ne constituer qu'un pâle reflet [...], [il] ouvre la voie aux toxicomanies dites majeures[4] ». Son utilisation, quand elle traduit un malaise, est susceptible de conduire à des drogues infiniment plus dangereuses, comme le peyotl et les champignons psilocybes, qui sont alors en plein essor.

Peyotl et champignons psilocybes

Le cannabis n'est pas la seule drogue d'origine végétale dont l'usage se développe à l'époque. Le peyotl et les champignons psilocybes sont ces plantes qui fascinent une jeunesse à la recherche de sensations nouvelles et, comme le cannabis, ils appartiennent à la culture de diverses communautés, indiennes notamment. Ils vont séduire la jeunesse contestataire par leur côté naturel et par le prestige dont ils ont joui dans des civilisations anciennes, ces plantes et ces champignons ayant, en effet, toujours été utilisés sur le continent américain. Ce sont principalement le cactus peyotl, dont on tire la mescaline, l'ololiuqui mexicain, sorte de volubilis aux effets très proches du LSD et de la mescaline, et le téonacatl, ou champignon sacré, dont la psilocybine est le produit de synthèse.

Les botanistes occidentaux ont très tôt été fascinés par leurs diverses propriétés. Dès la fin du XIXe siècle, un toxicologue allemand, Louis Lewin, qui étudiait les boutons de mezcal, ou peyotl, en fit parvenir à d'autres spécialistes européens et américains, notamment à Harvard. Vers 1880, des scientifiques imaginèrent d'en proposer, de façon d'ailleurs empirique, à des artistes ou des écrivains, pour constater ses effets sur leur créativité. Ceux-ci

4. Jean-Michel Oughourlian, *op. cit.*, p. 98-99.

acceptèrent par curiosité intellectuelle, faisant parfois un compte rendu public des sensations éprouvées. Par la suite, des hommes de lettres ou des peintres s'adonnèrent aux hallucinogènes avec, au départ, l'accord de spécialistes, généralement des psychologues ou des psychiatres. La notion d'une contre-culture nourrie par des intellectuels et des artistes qui expérimentent les drogues est donc déjà ancienne.

Le peyotl, dont est extraite la mescaline, est un petit cactus originaire de la partie semi-désertique du Mexique. Cette plante porte des graines rouges en forme de haricots et est utilisée pour ses effets, à partir du milieu du XIXe siècle, par les Indiens du Mexique et du sud des États-Unis, avant de se propager jusqu'à la frontière canadienne. Mais son usage se limite alors aux tribus. Ainsi la Native American Church of North America, qui compte environ 250 000 membres, est fondée sur la religion du peyotl, et c'est encore le cas chez les Indiens Huichols du Mexique.

La mescaline, qui se prend sous diverses formes telles qu'infusion, tabac ou poudre, provoque des sudations et des tremblements, et des hallucinations généralement agréables. De plus, elle insensibilise à la faim et à la fatigue, toutes propriétés qui en font un produit apprécié.

Aldous Huxley et ses expériences psychédéliques

Si l'on en croit Aldous Huxley dans *The Doors of Perception*, les effets de la mescaline rappellent « la part céleste de la schizophrénie[5] ». Huxley explique comment, un matin de mai 1953, il absorba quatre dixièmes de gramme de mescaline dissoute dans un demi-verre d'eau et attendit que le produit agisse. Quelques pages plus loin, le voilà décrivant « la lente danse de lumières dorées », « des surfaces rouges qui se gonflent et s'étendent » et « de petites sphères qui naissent puis disparaissent sans bruit ».

5. Aldous Huxley, *The Doors of Perception*, Londres, Chatto and Windus, 1954, p. 43. Trad. française, UGE, 1977.

Malgré le nombre restreint de sujets qui se sont soumis à l'expérience, il croit pouvoir établir les principaux effets généraux de la prise de mescaline. Notamment l'intensification des impressions visuelles du sujet, qui jette alors sur le monde un regard rappelant celui de l'enfance. Huxley insiste sur la beauté des objets et l'intensification des couleurs, ainsi que sur la très grande richesse des teintes et des nuances. Comme le mystique, nous dit-il, l'utilisateur de mescaline perçoit des couleurs extrêmement brillantes, d'un éclat surnaturel, et la mescaline transforme en visionnaires la plupart de ses consommateurs. Ces propriétés ne seront évidemment pas étrangères à la quête religieuse diffuse qui verra le jour au cours des *sixties*.

Toujours prêt à de nouvelles expériences, Huxley est, par ailleurs, invité aux travaux de l'American Psychoanalytic Association, en raison de son intérêt pour les produits psychédéliques. En 1962, un an avant sa mort, son livre *Island*, dans lequel il évoque une société utopique ayant intégré l'expérience de la drogue, rencontre un succès qui dépasse celui de *The Joyous Cosmology* d'Alan Watts. Huxley est ainsi un précurseur de la contre-culture, mais son décès, à soixante-neuf ans, le jour même de l'assassinat de Kennedy, le 22 novembre 1963, ne lui permettra pas de voir l'explosion de ce mouvement psychédélique qu'il a largement contribué à faire naître.

Ainsi, les drogues naturelles ne manquent pas sur le continent américain, et l'intérêt manifesté par la contre-culture pour la nature ou les communautés indiennes n'est sans doute pas dépourvu d'arrière-pensées. Mais à ces substances connues depuis des siècles et préparées de façon artisanale viendront s'en ajouter d'autres, plus modernes et plus puissantes, nées d'une véritable industrie. Ces dernières, qui requièrent un équipement précis et des connaissances en chimie, marqueront une nouvelle étape dans l'expansion sur une grande échelle du marché de la drogue.

Des hallucinogènes puissants : LSD 25, MDA et STP

Le mouvement psychédélique doit être replacé dans le cadre

de recherches scientifiques qui se sont accélérées après la Seconde Guerre mondiale. Le LSD 25 (diéthylamide de l'acide lysergique), l'un des hallucinogènes les plus connus en Occident, est tiré des alcaloïdes de l'ergot de seigle. Déjà consommé, semble-t-il, chez les Chinois et les Aztèques plusieurs millénaires avant Jésus-Christ, l'ergot de seigle est également utilisé par les Grecs et les Romains pour ses propriétés thérapeutiques, et ses signes d'intoxication sont décrits bien avant notre ère. Au milieu du XXe siècle, les laboratoires Sandoz investissent dans des recherches sur l'ergot, champignon parasite du seigle, et nomment Albert Hofman, un de leurs chimistes, responsable du projet qui allait conduire à la découverte du LSD.

Après des années de recherche, un jour d'avril 1943, en rentrant chez lui, Hofman se rend compte qu'il a des hallucinations colorées. Les jours suivants, il se prend comme cobaye de ses expériences et, frappé de l'intensité de ses réactions malgré la prise de doses extrêmement faibles, il s'efforce de ne pas ébruiter sa découverte. La vingt-cinquième molécule synthétisée d'une suite de vingt-sept de cet extrait d'ergot reçoit alors le nom de Lysergic Diethylamid Säure, ou LSD 25. Le LSD arrive aux États-Unis en 1949 et, avec d'autres drogues psychédéliques, prend naturellement sa place dans les recherches en psychiatrie qui connaissent après la guerre un essor sans précédent.

Ces recherches sur les hallucinogènes sont menées soit par des médecins qui pratiquent à titre privé, soit par des universitaires. Au début des années 50, on compte aux États-Unis une douzaine de centres de recherche sur le LSD ; dix ans plus tard, on estime qu'il y a à Los Angeles des dizaines de centres, y compris au sein d'universités comme UCLA. D'autres programmes existent ailleurs, notamment en Californie : le LSD est étudié dans plusieurs centres de la région de San Francisco et, dès 1955, Leary publie le résultat d'une étude qu'il a effectuée sur ses malades d'Oakland.

Cependant, le fait marquant est l'utilisation de ce produit par des spécialistes avant qu'il ne soit testé sur une période suffisamment longue et dans des conditions vraiment scientifiques. Car il ne fait pas l'unanimité dans le milieu médical. Devant ce dérapage, le Congrès vote en 1962 une loi destinée à l'origine à lutter contre l'abus des amphétamines. Les chercheurs qui étudient les drogues expérimentales sont désormais tenus de faire approuver leurs projets par Washington. Mais il est trop tard. Le LSD a déjà fait l'objet de beaucoup de publicité, et Watts décrit ses impressions dans *The Joyous Cosmology*[6].

Le LSD cesse rapidement d'être utilisé uniquement dans le cadre médical ou par la recherche scientifique. Les milieux mondains de Los Angeles le banalisent déjà. La substance séduit par son usage récréatif et, dans une société profondément religieuse, ses propriétés en regard de la quête philosophique ou mystique la rendent fascinante. Dans une civilisation volontiers attirée par la nouveauté, les expériences variées et si agréables qu'engendre le LSD expliquent aussi son succès. Même quand elles ne présentent pas de troubles mentaux, des personnes fortunées suivent alors des thérapies sur ce mode psychédélique et, dans les grandes villes californiennes, il est facile de trouver des médecins ou des psychologues qui acceptent de satisfaire leurs clients désireux de mieux se connaître. À environ cinq cents dollars la séance, le prix élevé fait alors du LSD un produit de luxe, et l'engouement dont il jouit procure à plus d'un praticien des revenus confortables. À Hollywood et dans les milieux aisés de Los Angeles, les séances se multiplient.

Dans les quartiers riches de Los Angeles, les salons littéraires et artistiques où les invités prennent du LSD deviennent à la mode dès la fin des années 50. La pratique de la thérapie psychédélique puis des *LSD parties* se répand dans la société mondaine. Avant l'explosion contre-culturelle apparue dans la région de San Francisco et l'essor du mouvement psychédélique de masse dans la seconde moitié des années 60, Los Angeles est donc le principal centre de consommation de substances hallucinogènes. La présence de personnalités marquantes comme Huxley, l'existence d'un milieu artiste à Hollywood, le nombre de psychiatres qui traitent les gens aisés de la grande métropole de l'Ouest américain et la proximité du Mexique ont fait leur succès.

---

6. Alan Watts, *The Joyous Cosmology. Adventures in the Chemistry of Consciousness*, New York, Pantheon, 1962. Trad. française, *Joyeuse Cosmologie*, Paris, Fayard, 1971.

Le LSD se présente sous diverses formes, liquides ou solides. Inodore et incolore, il n'a aucune saveur. Liquide, on en dépose une goutte sur un sucre ou un buvard, ou encore on l'utilise en poudre, en cristaux ou en pilules. C'est solide qu'il fut surtout consommé pendant les années 60 : l'hallucinogène le plus puissant de l'époque est très efficace sous un volume restreint, ce qui le rend facile à dissimuler. Ses effets se prolongent en moyenne de deux à douze heures. En raison de sa puissance, il n'est utilisé par les « accros » qu'une fois par semaine environ, ce qui n'exclut pas, parallèlement, l'usage d'autres drogues ; le LSD étant beaucoup plus actif que la marijuana, les activités habituelles du sujet sont fortement perturbées et les effets peuvent persister deux jours et parfois plus. Des particules de LSD peuvent même se réactiver de façon imprévisible plusieurs mois après la prise du produit et donner lieu à un phénomène connu sous le nom de *flashback*, ou « retour d'acide ».

L'un des grands prêtres du mouvement psychédélique, Timothy Leary, en décrit les effets dans *The Politics of Ecstasy*[7]. Le LSD entraîne l'accélération et l'intensification de toutes les perceptions, et l'avalanche sensorielle produite par ces milliers de signaux envoyés à chaque seconde dans le cerveau est susceptible d'affoler l'utilisateur insuffisamment préparé. Leary nous apprend aussi que l'acuité visuelle est renforcée et que les moindres objets réfléchissent la lumière et brillent comme des joyaux.

L'ouïe est également modifiée : on entend vibrer chaque note de musique, et le corps tout entier se met à l'unisson. Par un effet de synesthésie, le sujet voit les sons de couleur bariolée au moment même où il les entend. Et, comme le décrit Leary, le sujet se vit à la fois son et note, corde du violon ou du piano. Il palpite et jouit à son rythme. Le goût, et plus encore l'odorat et le toucher, sont aussi exaltés. Le nez capte « un million de bandes olfactives microscopiques, faites de rubans vibrant d'odeurs, explosant dans les narines comme un message extatique » et, là encore, s'éprouve l'impression de se trouver au centre d'une symphonie. Quant au

---

7. Trad. française, *La Politique de l'extase*, Paris, Fayard, 1973.

toucher, il est électrique tout autant qu'érotique, car les terminaisons nerveuses de l'organisme transmettent au cerveau une énergie palpitante qui est pur plaisir. Sans doute tout n'est pas aussi rose chaque fois, et les *bad trips*, les « mauvais voyages », ne sont pas rares. Mais les adeptes du LSD affirment tirer profit de ces expériences, même lorsqu'elles sont désagréables. Les drogués au LSD réduisent d'ailleurs souvent d'eux-mêmes leur consommation au bout de quelques mois, le produit pouvant s'avérer extrêmement dangereux en raison de réactions inattendues et engendrer des conséquences catastrophiques.

Il est théoriquement possible de faire soi-même du LSD, mais la qualité du produit laisse alors à désirer. Le prix de l'installation d'un laboratoire est évalué à environ 10 000 dollars. On estime à près d'une dizaine le nombre de laboratoires qui fonctionnent alors en Californie, dont la moitié dans la Bay Area de San Francisco. Chaque chimiste produit de 1 000 à 2 000 capsules par mois et touche pour cela un salaire élevé ; mais le plus gros bénéficiaire est l'investisseur, c'est-à-dire le propriétaire du laboratoire, dont les gains mensuels sont estimés entre 10 000 et 20 000 dollars. Ainsi, deux ou trois mois suffisent généralement à l'amortissement des fonds investis.

L'un des fabriquants de LSD les plus connus est un dénommé Augustus Owsley Stanley III. La « qualité » de son produit, qui assoit sa renommée jusqu'en Europe, l'amènera à créer son propre réseau de distribution. Owsley, qui a alors une trentaine d'années, est le petit-fils d'un ancien sénateur du Kentucky. Après une enfance difficile, raconte Tom Wolfe dans son livre *The Electric Kool-Aid Acid Test*[8], le jeune homme est renvoyé de plusieurs établissements, notamment de la faculté des sciences de l'université de Virginie. Et, s'il parvient à s'inscrire à l'université de Berkeley, il ne tarde pas à se faire une nouvelle fois exclure. Il ouvre alors son laboratoire à Berkeley, à une époque où le LSD n'est pas encore interdit en Californie - il ne le sera, nous l'avons dit, qu'à partir d'octobre 1966 -, puis il s'installe à Los Angeles avant de remonter à San Francisco.

8. Tom Wolfe, *The Electric Kool-Aid Acid Test*, New York, Bantam, 1976.

Au début, Owsley vend le LSD sous forme de poudre destinée à remplir des capsules, puis il le fabrique également sous forme liquide, qu'on dépose alors sur un morceau de sucre. Il teinte son produit en bleu pâle pour éviter toute confusion avec la concurrence. Après 1965, il achète une presse à pilules et lance les premiers comprimés de forme cylindrique. Quelques mois plus tard, ayant fait l'acquisition d'un nouveau matériel, il fabrique des comprimés sécables, qu'il propose de différentes couleurs, bleu, vert ou mauve, dans l'intention de mettre le consommateur face à son désir d'essayer de nouveaux produits. Cette stratégie permet de stimuler la consommation, mais aussi d'éviter les imitations des concurrents. Parmi ses comprimés les plus prisés, les Owsley Blues, d'une teneur de 500 microgrammes, sont ornés du dessin d'un homme chauve-souris. Avec humour, le chimiste baptise un autre de ses produits FDA, en hommage à la Food and Drug Administration[9].

Malgré les frais d'amortissement des laboratoires et de distribution, ses talents lui permettent naturellement d'amasser des sommes considérables. C'est lui qui impose les prix du marché. Mais son sens des affaires et de la publicité va plus loin : afin d'augmenter sa clientèle, il arrive à Owsley de distribuer gratuitement du produit sur la voie publique. Il est également en relation avec Ken Kesey et les Merry Pranksters, et aide le groupe de rock les Grateful Dead, qui va donner de multiples concerts à San Francisco. Il soigne enfin son image auprès de ses admirateurs en faisant des apparitions dans les salles de concerts. Le transport clandestin de marijuana et d'autres drogues se fait d'ailleurs fréquemment dans le matériel des groupes rock.

Ainsi, si elle se révolte contre le matérialisme de la société américaine, la contre-culture a, sur ce plan, donné naissance à une industrie nouvelle, et la révolution psychédélique fait la fortune de ceux qui savent profiter de ce créneau lucratif. Un secteur parallèle de l'économie s'est créé, remettant au moins en cause l'idée de libération pour ceux qui, physiquement ou psychologiquement,

9. Cet organisme autorise la mise en vente de produits alimentaires ou pharmaceutiques, après enquête très stricte.

sont devenus dépendants d'amphétamines aussi puissantes, par exemple, que le MDA ou le MMDA.

Ces dernières substances, deux des amphétamines psychotomimétiques (ou hallucinogènes) les plus dangereuses, sont la création du Dr Shulgin, qui a travaillé un temps pour la société de produits chimiques Dow, dans la région de San Francisco. Ces drogues ont certaines des propriétés de la mescaline et produisent des hallucinations qui peuvent subsister huit heures. Si elles ne furent jamais très utilisées dans le monde des hippies, en revanche, en 1967, le Dr Shulgin rencontre un vif succès avec le DOM-STP. L'*Oracle* de Californie du Sud constate que le produit est distribué gratuitement dans des rassemblements de jeunes afin d'en créer le besoin chez ces consommateurs potentiels. De 5 000 à 10 000 capsules de STP auraient ainsi été distribuées au cours du *love-in* de San Francisco qui célèbre le solstice d'été.

Les effets de cette drogue extrêmement dangereuse peuvent durer plusieurs jours et nécessitent parfois un traitement médical sous tente à oxygène. Devant un tel danger, les services de santé mettent la jeunesse en garde, déconseillant notamment l'utilisation de tranquillisants si, après un *trip* prolongé, l'utilisateur a des difficultés à récupérer. Si cette information est même relayée dans la presse underground, c'est que les drames provoqués par les amphétamines ne sont pas rares. Mais, au-delà de l'examen clinique, l'usage de ces drogues revêt une signification qui outrepasse la simple dimension ludique ou expérimentale.

La fonction contre-culturelle de la toxicomanie

La toxicomanie des contestataires comme phénomène de groupe d'une ampleur sans précédent s'explique par une multiplicité de causes. Certes, les différences sont sensibles entre les drogués de Haight, enfermés dans le monde clos de la drogue, et les militants, pour qui elle reste un produit récréatif occasionnel. Mais à une époque où la politique occupe une place primordiale dans l'esprit d'une jeunesse révoltée, la drogue porte en soi une valeur de contestation qui lui sert de justificatif. Lors d'un sondage, près de 40 % de ses consommateurs déclarent avoir été des *political activists* dans les années 60, contre seulement 8 % des non-consommateurs. Le produit a donc une dimension idéologique indiscutable : il est un moyen de protester contre une oppression tant politique que morale et de revendiquer sa liberté. Malgré tout, il présente des aspects ambigus, en ce qu'il permet de se détourner du monde réel. C'est que les idéaux, parfois mégalomaniaques, qui sous-tendent le mouvement contestataire peuvent engendrer le désenchantement à s'avérer inaccessibles dans un avenir proche. La drogue, comme réponse à l'angoisse engendrée, prend alors figure de fuite et d'aveu d'impuissance.

La révolte politique ne saurait pourtant rendre compte à elle seule de l'extension de la toxicomanie. La recherche de plaisirs nouveaux est sans doute l'une des motivations essentielles de la prise de drogue. Le toxicomane découvre des sensations jusque-là inconnues ; le voilà aventurier, pionnier, qui explore les territoires nouveaux du monde sensoriel. Et le caractère illégal de la drogue ajoute le plaisir grisant d'enfreindre les lois et de se dresser contre les tabous. Le toxicomane choisit délibérément une conduite où il risque de laisser sa liberté, sa raison ou sa vie.

Le plaisir des sens, et plus particulièrement la recherche autoérotique, occupent là une place prépondérante. Le drogué réclame tout, tout de suite ; il ne vit qu'au présent et il lui est impossible de se projeter dans le futur. Pareille en cela à la révolution sexuelle, la révolution psychédélique procure du plaisir en deçà de tout effort, et les jeunes privilégient leur attention à leur corps au détriment d'activités telles que le travail, source d'un enrichissement matériel rejeté car synonyme de contrainte. Ils se veulent avant tout en dehors de cette morale traditionnelle qui a pour mission d'exercer un contrôle sur le corps. Mais la quête du plaisir immédiat révèle surtout leur incapacité à attendre ou à faire un effort soutenu en vue de se réaliser sur les plans politique ou personnel.

Dans un monde où les adultes ont perdu une partie de leur prestige dans la confusion des trop rapides bouleversements technologiques, les difficultés identitaires des jeunes sont une des causes du conflit des générations. Ces problèmes face aux adultes se traduisent, au niveau personnel, par le rejet du modèle que constitue la famille traditionnelle ; le jeune se conduit comme s'il refusait de vieillir. Ainsi, la société américaine, construite sur la notion de travail et d'enrichissement matériel, aboutit à cette ambiguïté fondamentale, et l'abondance qu'elle a générée a précisément entraîné l'apparition de la société de consommation ; or, dans la mesure où elle est liée à l'abondance économique, la toxicomanie de groupe constitue, en un sens, un avatar de cette nouvelle société des loisirs.

Ainsi, les jeunes drogués sont pris dans un réseau de contradictions. Ils s'opposent à la science et à la technique mais consomment des produits qui sortent des laboratoires. Désireux de se libérer du capitalisme, ils font la fortune des industriels de la drogue. Individualistes, ils se confinent dans le groupe. Soucieux de lutter contre les contraintes de la société américaine, ils font l'apologie de nouvelles formes de tyrannie politique, tout en insistant volontiers sur leur pacifisme. Et, précisément, la drogue pose le problème de la violence, envers les autres et plus encore envers soi-même. Ne pouvant sublimer leur agressivité naturelle dans le travail, les jeunes la retournent contre ce corps qu'ils disent pourtant aimer. Amoureux de la vie, avides de découvrir un monde nouveau où se sublime le sensuel, ils flirtent avec la folie et la mort.

Un regain de mysticisme

L'expérience du LSD aurait eu moins d'impact sur le mouvement contre-culturel si elle avait seulement conduit à une découverte de la beauté du monde extérieur ou à un moment d'intense sensualité. Mais cet univers jusqu'ici insoupçonné que la drogue permet d'explorer consacre rapidement une nouvelle forme de mysticisme. Unissant plaisir et sacré, une nouvelle religion serait-elle née ?

Alan Watts, précurseur et défenseur de la sensibilité d'une époque, compte parmi les personnages les plus influents de la contre-culture. Anticipant sur la contestation étudiante qui verra le jour une dizaine d'années plus tard, il dénonce dès 1951, dans son livre *The Wisdom of Insecurity*, la *rat race*, la course au succès et aux examens, et incite déjà à se détacher d'un monde illusoire pour jouir pleinement du présent. Mais sa véritable influence, il va la devoir plus encore à ses idées sur la drogue.

L'intérêt qu'il porte à celle-ci s'inscrit dans une recherche personnelle qui accorde une large part à la philosophie orientale et à la religion. Watts est en effet un érudit qui, à l'âge de quinze ans, s'intéressait déjà aux civilisations extrême-orientales. Dès ses premiers ouvrages, il popularise taoïsme et bouddhisme. Quelques années après son arrivée aux États-Unis, il entre au séminaire et devient prêtre de l'Église épiscopale. Sa fascination pour les substances psychédéliques naît au cours d'une quête spirituelle qui le mène à la méditation. Paru en 1962, son ouvrage *The Joyous Cosmology* a un impact considérable sur une jeunesse qui commence à entendre parler de ces nouvelles substances et désire, à son tour, faire ses propres expériences. L'itinéraire personnel de Watts l'a donc conduit du christianisme et du bouddhisme à la religion du LSD, et désormais il met tout en œuvre pour propager cette foi nouvelle. Car Watts n'a rien d'un ascète, et les propriétés aphrodisiaques de l'acide sont loin de rebuter un homme depuis toujours amateur de bonne chère, d'alcool et de femmes.

Plus encore qu'Alan Watts, Timothy Leary va s'efforcer de fonder de manière concrète une religion psychédélique. Sa formation à lui est toute différente ; titulaire d'un doctorat de psychologie clinique de l'université de Berkeley, il exerce d'abord dans un hôpital d'Oakland, puis à Harvard, d'où il est renvoyé au début des années 60 pour avoir prôné l'usage de substances psychédéliques auprès de ses étudiants. Cet homme, dont le métier consiste à être à l'écoute et à comprendre la personnalité des gens, sait mieux que quiconque manipuler les esprits. Son message « Se brancher, être en phase, laisser tomber » sera entendu de millions de jeunes, tandis que sa *Psychedelic Review* lui permettra d'étendre son audience. Avec son collègue et ami Alpert, il fonde en 1963 l'International Foundation for Internal Freedom (IFIF) puis, entourés de quelques disciples, les deux hommes s'établissent au Mexique. Ils en seront bientôt expulsés par les autorités. Loin de renoncer à diriger un groupe de personnes en quête de spiritualité, Leary met alors sur pied, de 1963 à 1966, la fondation Castalia, avant de lancer la League for Spiritual Discovery en 1966. Il organise des communautés au Mexique, mais également dans le Massachusetts, ainsi qu'à Millbrook, non loin de New York. Un milliardaire, William Hitchcock, descendant d'Andrew Mellon, y a mis à sa disposition une grande demeure. Attirés par son charisme, des adeptes du monde entier viennent en pèlerinage sur les lieux où habite celui en qui ils voient leur guide spirituel.

Ces deux figures marquantes du mouvement psychédélique prônent donc l'usage du LSD, qu'elles estiment une substance à mettre au service de la spiritualité et de la liberté. L'un des arguments de Watts en faveur du produit repose sur une comparaison scientifique. Le LSD est, dit-il, un instrument, au même titre que le microscope : il aiguise la perception sensorielle, mais la substance en elle-même n'est pas davantage source de sagesse qu'un microscope n'est source de savoir[1].

Leary, pour sa part, déclare que l'état naturel de l'homme est un état extatique, et il insiste sur la nature contemplative de l'être et sur son besoin de sacré. Certes, reconnaît-il, l'usage du LSD peut avoir des conséquences fâcheuses chez ceux qui sont insuffisamment préparés mais, pense-t-il, l'interdiction du produit n'est pas justifiée. Il parle même de « droit au LSD », affirmant que l'enjeu en est notre liberté individuelle, celle d'étendre notre conscience. On ne peut sans raison refuser à l'individu le droit de développer sa spiritualité, aussi marijuana et LSD devraient-ils être distribués sous le contrôle des autorités. La solution, selon Leary, serait de délivrer une licence personnelle, comme on octroie le permis de conduire, à ceux qui auraient passé avec succès des tests écrits sur le produit et fourni un certificat médical attestant de leur bonne santé. Leary et Watts sont tous deux convaincus que l'homme se trouve à un tournant de son histoire. Les drogues ont le pouvoir d'ouvrir les portes de la spiritualité en permettant à l'individu de développer des aspects de sa personnalité qui, sinon, resteraient inexplorés. La prise de drogue se veut donc une expérience heureuse qui permet à chacun de découvrir sa propre identité.

Pour l'auteur de *The Joyous Cosmology*, ce genre de substance peut même être comparé à un sacrement. Watts est persuadé que les états de conscience produits par l'absorption de LSD dans des conditions favorables sont tout à fait semblables à ceux qu'éprouve un mystique. La drogue permet au sujet de parvenir rapidement à une extase qui n'est d'ordinaire accessible qu'au terme de longs efforts spirituels. Watts n'établit, de fait, aucune différence entre les résultats de l'ingestion de plantes ou de produits hallucinogènes et ceux obtenus par la méditation ou les méthodes mystiques traditionnelles.

Les bases de cette religion si séduisante pour les utilisateurs des drogues psychédéliques vont être clairement exprimées dans les principes de la Neo-American Church. Dans un numéro de l'*Oracle* de Californie du Sud paru en 1967, on peut lire que « chacun a le droit d'étendre sa conscience et de stimuler son expérience

---

1. Alan Watts, *The Joyous Cosmology*, *op. cit.*, p. 20.

visionnaire par tous les moyens qu'il juge adaptés, et ce sans l'interférence d'autrui ». Cependant Watts déconseille lui aussi l'emploi de substances psychédéliques à ceux qui ne sont pas préparés à les recevoir. On retrouve ici bien des valeurs de la contre-culture, notamment la notion de liberté du sujet, son sentiment de toute-puissance, ainsi que l'idée d'égalité qui, paradoxalement, n'exclut pas l'élitisme puisque la drogue devrait être réservée à quelques-uns. Il est malgré tout difficile de savoir si Watts, comme Leary, estiment vraiment indispensable le contrôle de la distribution du produit, ou si cette restriction déclarée n'a pas pour seul objet de leur éviter d'éventuelles poursuites judiciaires. Le LSD, dans leur optique, ouvre en tout cas sur le monde, et même au-delà...

Le LSD, moyen de communication avec le monde

En élargissant la conscience, le LSD ouvre sur des domaines situés au-delà de l'expérience de la vie quotidienne. Il mène rapidement à une extase qui, dans les grandes religions, ne s'obtient d'ordinaire qu'au terme d'un long apprentissage. Selon Leary, il permet de répondre à des interrogations fondamentales pour l'être humain portant sur l'essence de la divinité, l'origine de la vie, ainsi que sur la nature et la place de l'homme. D'après *La Politique de l'extase*, des gradations existent bien entre les drogues : si la marijuana ne donne accès qu'au troisième niveau de conscience, le niveau sensoriel, LSD et mescaline atteignent en revanche le quatrième niveau de conscience, le plus élevé, le niveau cellulaire[2].

Grâce au LSD, l'homme découvre le monde tangible sous un jour nouveau. L'extase à laquelle il est conduit met en valeur la beauté du monde grâce à la vision nette de détails jusque-là inaperçus ; ce qui, pour Leary comme pour Watts, transforme les rapports de l'homme à la nature. L'homme ressent dans cet état une impression de bonheur, faite d'harmonie et de paix, et il a la sensation d'approcher pour la première fois des richesses dont il

2. Timothy Leary, *La Politique de l'extase, op. cit.*, p. 157.

n'avait jamais soupçonné l'existence. La nature lui apparaît dans toute sa splendeur et on comprend pourquoi les adeptes de la contre-culture aiment à se retrouver dans des lieux tels que le Golden Gate Park et, plus tard, dans les communes rurales. Se situant par essence à l'opposé de cette civilisation industrielle que, précisément, les jeunes rejettent, la nature séduit par la beauté de ses détails. Outre son aspect politique de refus de la société industrielle et de rêve du retour à un âge d'or, le thème de la nature s'inscrit alors aisément dans une quête spirituelle. Elle est le lieu d'expériences d'ordre mystique et occupe par là une place privilégiée.

Dans son souci de communion avec la nature, Leary insiste sur les végétaux. Il ne parle pas aux oiseaux, comme le faisait saint François d'Assise, mais aux arbres. Il les écoute, convaincu qu'ils entendent. À une personne qui l'interroge, il répond : « Oui, j'écoute les arbres et j'entends ce qu'ils disent, et je pense qu'ils entendent ce que je dis[3]. »

Il ajoute que cette communication ne passe pas par les ondes sonores ; les arbres, dit Leary, sont conscients de la présence des humains car elle leur transmet des vibrations qui permettent précisément la constitution des liens entre l'homme et la nature. Le grand prêtre du psychédélisme a donc recours à une communication qui ne passe pas par l'esprit mais par les sens. Il se place délibérément dans une perspective prélogique, au cœur d'une perception du monde dont on aurait pu croire qu'elle avait depuis longtemps disparu en Occident. Une telle approche sensorielle laisse le champ libre à l'irrationnel, et le LSD y devient un moyen d'explorer l'univers et de remonter le temps.

Son usage, en mettant l'être humain en contact avec le cosmos, lui offre la possibilité de saisir la nature même de l'énergie. L'individu assiste aux transformations d'une matière qui s'anime et se métamorphose. En même temps qu'elle permet d'explorer « l'infinité des espaces intérieurs », selon l'expression fort poétique de Leary, la drogue donne une connaissance intime du monde. Parlant des « voyageurs au LSD », il explique : « Ceux-ci ont vécu au

3. *Ibid.*, p. 228.

rythme de la créature unicellulaire, ils ont résonné du chant bourdonnant de la vie naissante. »

Et il ajoute, deux lignes plus loin, que l'homme a alors l'impression d'appartenir à une espèce animale - poisson ou autre être aquatique : « Vous faites immédiatement et directement l'expérience de la joie d'être invertébré. Puis vous sentez votre colonne vertébrale qui se forme, les branchies apparaissent. Vous êtes un poisson aux branchies étincelantes, l'écho des époques fœtales révolues[4]. »

En un mot, Leary est convaincu que le LSD fait revivre à l'homme l'évolution des espèces. Les cellules du cerveau se souviennent, pense-t-il, des transformations de la nature, des évolutions survenues depuis la nuit des temps. Il s'écarte ici du symbole biblique d'un monde créé en une semaine pour adopter un point de vue évolutionniste.

Mais la mémoire des cellules contient également des souvenirs de la vie prénatale et de la naissance. Et le LSD constituerait, sur ce point, un moyen scientifique fabuleux de remonter dans son passé et de retrouver, au cours d'un voyage merveilleux, la trace d'expériences qu'on croyait à jamais perdues. Le « voyage » est alors une régression psychologique vers un état intra-utérin dont le corps se souvient inconsciemment et dont l'homme garde la nostalgie. Cela n'est nulle part exprimé plus nettement que dans la *womb room*, « pièce utérus », qu'aménage Leary à Millbrook. Comme le commente l'*Oracle* de Californie du Sud, elle se veut à l'opposé, dans l'esprit, des *treetop rooms*, juchées dans les arbres. Dans la *womb room* du grand prêtre du LSD, le plafond et les murs sont revêtus de tissus indiens, et des coussins couvrent le sol. Le journaliste suggère au lecteur d'autres éléments pour aménager ce qu'il appelle *« your ecstatic home »*. Il lui conseille de réaliser des *liquid walls*, des « murs liquides », en drapant d'étoffe toute la pièce et en y mettant en marche un ventilateur ; les murs sembleront alors onduler. Pour créer cette impression de murs liquides, on peut encore disposer une lumière à effets tournants.

---

4. *Ibid.*, p. 18-19.

En nous replaçant dans la chaîne des espèces vivantes, le LSD nous fait donc revivre l'apparition de la vie sur terre ; et il nous permet tout autant de jouir de ces moments forts qui ont précédé notre propre naissance. Partant, il nous unit à autrui en une parfaite symbiose.

Le LSD, moyen de communication avec autrui

Si, d'après ses adeptes, la révolution psychédélique permet à l'être humain de communiquer avec la nature et, par l'intermédiaire de l'amour, d'entrer en contact avec l'énergie première, source de vie, on ne doit pas oublier la dimension sociale de l'expérience. En levant les inhibitions et en conduisant au sentiment d'amour pour son prochain, le LSD facilite en effet les contacts. Watts ajoute qu'une telle sensation partagée serait un excellent fondement pour une société harmonieuse faite d'amour et d'ordre. Alors que toute l'éducation occidentale est centrée sur l'individu, le LSD permettrait à chacun d'éprouver un sentiment de communion avec autrui.

Comme pour Watts, le postulat implicite de Leary est une vision optimiste de l'homme. L'être humain est naturellement bon, ou du moins il a, par nature, des tendances altruistes. Par contre, séparé de ses semblables, il devient aliéné. Aussi le développement des drogues psychédéliques va-t-il de pair avec une approche politique de la communauté et une tentative pour fonder une nouvelle religion.

Le rapport entre la quête spirituelle menée au moyen de substances psychédéliques et leur fonction sociale apparaît très nettement dans les ouvrages de Leary. Il insiste en effet sur l'impact de la drogue dans le domaine politique, déclarant que le danger du LSD n'est ni physique ni psychologique, mais bien sociopolitique[5]. Il se dit persuadé que ces drogues d'expansion de la conscience finiront par transformer la nature humaine et, en conséquence, les

5. *Ibid.*, p. 73.

rapports sociaux. Loin de mener à la passivité et de détourner l'individu de la vie, le LSD est censé au contraire l'introduire dans un univers nouveau de communications avec le monde entier. Concrètement, cependant, Leary, à l'instar de nombreux hippies, se préoccupe moins des problèmes politiques que les activistes du SDS. Et lorsqu'il va jusqu'à déclarer : « Je n'ai aucune sympathie pour le mouvement d'intégration qui vise à “élever” les Noirs au niveau de l'Américain blanc moyen[6] », on a du mal à distinguer dans ces propos la part de la sincérité et celle de la provocation.

La religion psychédélique est donc, dans le même temps, inséparable d'une position politique, en ce qu'elle renvoie à une conception nouvelle de la société, et relativement indépendante d'elle, dans la mesure où l'adepte affirme vouloir prendre ses distances vis-à-vis de toute réorganisation sociale. Et quelques années plus tard, l'attitude de Leary face aux problèmes sociaux et à l'engagement politique se fera encore plus ambiguë. Avec la complicité de membres des Black Panthers, des Weathermen et du SDS, il s'évade de la prison californienne où il purge une peine de dix ans et s'embarque pour l'Europe. Il gagne ensuite Alger, où il rencontre Eldridge Cleaver. Mais, rapidement, leurs relations se tendent. Les deux hommes sont très différents et Cleaver est radicalement opposé à la drogue. Le grand prêtre du psychédélisme échoue à imposer une nouvelle échelle des valeurs et à convertir ceux qui se sont entre-temps fixé d'autres buts.

L'évolution de Leary se poursuivra quelque temps encore vers un radicalisme toujours plus poussé, jusqu'à ce que, abandonnant tout espoir de fonder une religion psychédélique, il envisage de donner un tout autre sens à sa vie. Il se considère alors en guerre contre le gouvernement américain et déplore que la guérilla urbaine des Weathermen se limite à l'incendie de quelques bâtiments officiels. Il prône l'escalade de la violence. En février 1971, le journal *Globe* rapporte que, selon Leary, le moment est désormais venu pour les jeunes à l'esprit radical de suivre les Weathermen et les Black Panthers, d'abandonner les drogues et de s'engager dans la révolution.

6. *Ibid.*, p. 245.

L'époque psychédélique est bien dépassée. Au terme d'une période mouvementée, l'auteur de *La Politique de l'extase* sera finalement de nouveau arrêté par des agents américains. En prison, il renonce bientôt à tout prosélytisme en faveur de la révolution et de la drogue, et il se voit libéré pour bonne conduite. Il reste néanmoins fidèle à des idées personnelles de combat pour améliorer le sort de l'humanité et, dans un document de 1974 intitulé *Terra II. A Way Out*, il propose de faire coloniser l'espace intergalactique par cinq cents personnes d'une intelligence supérieure, dont lui-même. L'expérience aurait pour but d'étudier de façon scientifique comment ralentir le processus du vieillissement. Ainsi, après avoir prôné l'usage de la drogue pour transformer l'individu puis la société, et aspiré ensuite à la révolution par la force, Leary renoue avec son rêve d'amour universel en se déclarant partisan d'une forme inattendue de conquête spatiale.

Si l'incapacité d'organiser un projet durable vient en partie des difficultés à définir ses propres objectifs, l'échec de la religion psychédélique s'explique aussi par le manque d'assise sociale, puisqu'elle s'adresse à une communauté éphémère par nature. Du reste, elle ne renvoie jamais à un système idéologique qui se donnerait pour fonction de rendre compte de façon précise de la place de l'homme dans l'univers, au travers d'une réelle approche métaphysique. Comme l'explique plus modestement Leary, le LSD, renforçant toutes les perceptions sensorielles, libère une énorme quantité d'énergie et notamment l'énergie sexuelle. Ainsi, le LSD constitue le plus puissant des aphrodisiaques jamais découverts, et c'est là le secret de polichinelle de la contre-culture. Leary va jusqu'à déclarer que l'union sexuelle est le but de toute séance de LSD[7] et que, pour sa part, il fait l'amour chaque fois. Allen Ginsberg confie, quant à lui, que sa première relation avec une femme a été vécue sous l'influence de l'acide. Le désir d'extases sexuelles serait la meilleure raison du succès du produit.

Mais, plus profondément, la jouissance sexuelle ne constitue

---

7. *Ibid.*, p. 149.

pas absolument un but en soi. Pour l'utilisateur de substances psychédéliques, elle accompagne un sentiment proche du mysticisme, cette sensation de communiquer avec un principe suprême, source de toute vie, cette énergie sacrée que l'homme s'est efforcé d'atteindre dès l'Antiquité.

L'existence dans le cadre de la contre-culture d'un lien entre sexualité et mysticisme est attestée par une femme, la poétesse Lenore Kandel[8]. Quant aux prières psychédéliques de Leary, elles sont bien autre chose que la plate réécriture de textes anciens ; elles se relient à une expérience universelle qui transcende les sociétés et donne à l'être humain la sensation d'être au contact direct de la vie. L'extase physique n'est alors qu'un aspect d'un amour qui, au cours d'une expérience quasi mystique, place l'homme au cœur du miracle de la création. On est frappé, là, de la parenté entre les *Psychedelic Prayers* de Leary et l'extase religieuse décrite par Lenore Kandel dans ses poèmes érotiques, un temps interdits pour pornographie.

Les références de Lenore Kandel aux dieux de la mythologie, et en particulier à Aphrodite, sont révélatrices d'un état d'esprit proche du mysticisme, et sa poésie renvoie à une autre culture, celle du Bassin méditerranéen, berceau de la civilisation occidentale. Par-delà le christianisme, Kandel retrouve le paganisme qui l'a précédé et, pour elle, l'union charnelle d'un couple passionné affirme la nature divine de chacun d'entre nous car elle atteint un absolu qui est, par essence, celui des dieux. Le corps est un sanctuaire, lieu du miracle qui s'accomplit dans la passion. Cette fusion du feu et de la douceur est un acte d'adoration. « *We were the temple and the gods entire [...] miracle, o miracle*[9] » (« Nous étions à la fois le temple et les dieux [...] miracle, ô miracle »).

Dans un autre poème intitulé *To Fuck With Love. Phase II*, elle s'identifie à ces mortelles passionnément amoureuses du soleil et, affirmant sa propre nature divine, elle s'envisage comme la réincarnation de dieux hindous. « Toi et moi, sommes des avatars de

8. Ses textes sont difficilement accessibles, car non republiés. Nous avons pu consulter ses poèmes à la bibliothèque de UCLA, dans le service des « Special Collections ».
9. Lenore Kandel, « God/Love Poem », *The Love Book*, s.l., Stolen Papers Review Editions, 1966 (?), pages non numérotées.

Krishna et Radha[10]. » Quelques lignes plus loin, elle insiste de nouveau sur l'aspect religieux de la sexualité. Ailleurs, elle mêle les divinités païennes aux anges et à l'univers tout entier, et décrit les ébats érotiques d'anges et d'étoiles, de comètes et de divinités hermaphrodites, qui conjuguent les principes mâle et femelle, au cœur même de la naissance de la vie :

The lust of erotic angels fucking the stars [...]
The lust of comets colliding in celestial hysteria
The lust of hermaphrodite deities [...][11].

Et ses sensations sont d'une telle intensité qu'elles donnent lieu à une réaction émotionnelle voisine de l'extase mystique des saints en face de leurs dieux : des larmes de joie.

Enfin, ses invocations rappellent ces cultes de l'Antiquité dans lesquels s'accomplit l'acte sexuel, l'union - réelle, à l'origine - du grand prêtre et de la grande prêtresse, qui symbolise celle de Zeus et de Déméter. Le fruit, l'enfant divin, n'est autre que le myste, l'initié, dont on affirme qu'il se réincarnera. L'union physique entre deux êtres présente un caractère religieux en ce qu'elle participe du miracle premier dont le monde tout entier est l'expression. La distance entre dieux et hommes s'y abolit ; l'être humain se fait dieu. Et l'on se rappelle l'importance que prend, dans les mystères d'Éleusis, cette joie païenne qui cherche, dans la nature, la certitude de la résurrection de la chair.

Si les substances psychédéliques permettent une connaissance nouvelle de la nature et de l'homme, c'est essentiellement parce qu'elles libèrent une énergie originelle, celle dont parlaient déjà les poètes chinois il y a plusieurs siècles. Cette notion apparaît nettement dans les « prières » de Leary, ces poèmes intitulés *Psychedelic Prayers* et inspirés de trente-sept des chapitres du *Tao Te Ching (Livre de la voie et de la vertu)*, ouvrage de base de la philosophie taoïste chinoise. L'auteur s'y approprie le message du Tao : tout est énergie, flux continuel. On y relève de nombreuses références

10. Lenore Kandel, *To Fuck With Love. Phase II.*
11. Lenore Kandel, *To Fuck With Love. Phase III.*

à la nature, à la graine et à la lumière, et des allusions à ces formes rondes dont nous remarquerons l'importance dans l'iconographie contre-culturelle.

Reprenant une tradition religieuse immémoriale attestée par des ouvrages bien antérieurs à la Bible, le poète évoque dans son poème *The Seed Light III* la lumière dont tout est issu et insiste sur son caractère omniprésent : « La "lumière-germe" brille partout, à gauche et à droite, et toutes les formes en tirent leur lumière », écrit-il[12]. Un peu plus loin, il parle d'une hélice de lumière ou d'une spirale magique qui conjugue mouvement et harmonie. Il fait allusion au déplacement lent et solennel de cette graine et, dans un autre poème, en des vers qui symboliseraient la sagesse et la philosophie de non-violence des débuts du mouvement contre-culturel, il dit sa certitude que la douceur l'emporte sur la dureté, que l'invisible survit au visible.

Ailleurs, il mentionne cet œil fascinant dont on trouve, nous le disions, de nombreuses traces dans l'iconographie contre-culturelle de la presse underground : œil de l'homme ou du soleil, cercle de l'iris, forme parfaite contenue dans un ovale, cet *open naked eye*, cet « œil nu grand ouvert », qu'il décrit encore *restless diamond eye*, « œil de diamant, sans cesse en mouvement ». Car le poète sait que rien ne dure. Il n'est pas de terme qui puisse décrire ce flux d'énergie. On manque à évoquer ce qui n'a pas de nom et échappe au temps. Car tout est rythme, vibration, pulsation. De cette extase, Leary retient le côté évanescent, ainsi que sa beauté lumineuse, transcendante. La fonction du LSD est précisément de mettre l'homme en contact avec cette matière vibrante. Et cette recherche vient répondre à la crise du sacré qui s'inscrit dans une époque de forts bouleversements politiques et sociologiques.

La crise du sacré

Dans son ouvrage *Le Sacré*[13], J.-J. Wunenberger analyse la crise religieuse qui se développe dans les sociétés occidentales pendant

12. Timothy Leary, « The Seed Light III », *Psychedelic Prayers after the Tao Te Ching*, New York, Poets Press, 1966, p. 9.
13. Jean-Jacques Wunenberger, *Le Sacré*, Paris, PUF, 1990.

la seconde moitié du XXe siècle et dont l'une des manifestations est la tentative de religion psychédélique. Il explique qu'une civilisation matérielle hédoniste a engendré chez l'homme ce qu'il nomme une « survalorisation imaginaire » et il souligne l'existence des « processus d'idolâtrie des acteurs et des objets, ainsi que des rituels d'effervescence qui miment le ludisme festif du sacré religieux ». Il rappelle en particulier la présence de la « transe ludique » obtenue notamment par la musique rock, la vie alternative dans des communautés autonomes, et enfin l'extase de l'homme qui, dans sa quête du moi, parvient en modifiant ses sens et sa sensiblité à « une exploration de forces inconscientes, voire une régression vers des strates archaïques de la personnalité[14] ».

Leur expérience psychédélique traduit chez les adeptes de la contre-culture une quête spirituelle qui révèle une crise du sacré. Et, dans la mesure où le mouvement des années 60 remet en cause nombre de valeurs morales généralement acceptées par la population américaine, crise du sacré, crise morale et révolution culturelle sont liées. La place des intellectuels avant les années 60 n'est pas sans rappeler celle des prêtres dans les sociétés primitives : numériquement restreinte, cette catégorie jouit de privilèges dans la mesure où ses membres ne participent pas directement à la production des biens nécessaires à la vie du groupe ; leur sont épargnées les tâches matérielles des cultivateurs, des marchands et des guerriers et, comme dans toute religion, ils ont pour fonction de réconforter l'individu tout en renforçant l'ordre politique et moral. Ils indiquent à la société la voie à suivre. Or l'accroissement du progrès technique, l'expansion d'une idéologie d'inspiration marxiste et la conviction que des réformes sociales s'imposent à l'intérieur même des États-Unis mènent certains à une remise en question de la société américaine. La contre-culture traduit alors le refus d'étudiants et d'intellectuels de jouer plus longtemps le rôle que la société attend d'eux. Dans un pays qui compte tant de cultes différents, certains parviennent à se persuader qu'ils sont les fondateurs d'une nouvelle religion.

L'aspect spirituel de cette quête de l'énergie première au moyen

14. *Ibid.*, p. 122-123.

de substances psychédéliques ne doit cependant pas cacher que toute religion est l'expression d'une communauté et possède, de fait, une fonction sociale. On peut alors se demander si l'existence de la Neo-American Church ne témoigne pas des efforts d'un groupe pour prendre - ou pour reprendre - le contrôle de la société. Les acteurs de la contre-culture ont, nous l'avons vu, perdu la foi dans la morale traditionnelle et dans les principes qui sous-tendent la société américaine ; en adoptant des idées nouvelles et en s'efforçant de répandre leurs conceptions métaphysiques, ils tentent de retrouver une place dominante dans une société qu'ils rêvent de modeler à leur image. Leur place serait alors comparable à celle d'une caste dirigeante qui guiderait la société grâce à ses dons divinatoires.

On retrouve ici le rôle des prêtres dans les sociétés anciennes ou dans celles qui sont restées proches de la nature. Comme eux, les participants de la contre-culture croient en leur mission, convaincus que leur formation leur donne du monde et de l'avenir une vision exacte. Mais les analogies ne s'arrêtent pas là. Les manifestations politiques et les rassemblements hippies évoquent des cérémonies religieuses dont le but serait de renforcer la cohésion interne du groupe, de lui donner un sentiment de communion et de fusion, tout en affirmant avec force la validité des valeurs qu'ils veulent imposer. Les multiples leaders et personnages charismatiques de la contre-culture joueraient, quant à eux, le rôle de prophètes. Ils dynamisent la foule, la fanatisent. Convaincus de la justesse de tous leurs combats, ils prédisent l'effondrement de la société américaine et proclament l'imminence de l'apocalypse. Cependant, à la différence des prêtres, qui choisissent une victime, un bouc émissaire dont l'immolation purifiera la société de ses souillures, les contestataires, persuadés de leur absolue pureté, veulent détruire toute la société.

Sous des apparences iconoclastes, la contre-culture est ainsi riche en « entreprises de resacralisation » qui, si elles traduisent l'effort de l'homme pour dépasser une existence décevante, n'en sont pas moins des leurres, des simulacres ou des illusions en ce qu'elles laissent croire à l'homme qu'il a atteint la connaissance métaphysique alors que, tel Narcisse, il s'est perdu dans la contemplation de lui-même. L'anomie, c'est-à-dire la disparition simultanée et quasi complète de valeurs morales et sociales, est également le signe que ce qu'il prend pour le sacré n'en est que l'apparence. Le côté éphémère de ces tentatives d'un retour au sacré montre assez qu'elles ont, jusqu'à présent, conduit à une impasse.

À ce sacré « éclaté [...] allant du néo-paganisme à l'orientalisme, de l'écologie à l'occultisme[15] », va succéder un réveil religieux comme l'Amérique en a déjà connu, sans qu'on sache vraiment si la menace d'irrationalisme, voire de fanatisme, n'est pas aussi inquiétante que cet émiettement du sacré. Il est dangereux d'adorer des idoles, mais il n'est pas toujours aisé de reconnaître les faux dieux.

Par l'intermédiaire de la drogue, la spiritualité psychédélique est donc en quête d'une communion nouvelle avec l'univers. En remontant le temps et en accédant à des périodes géologiques depuis longtemps révolues, en jouissant des moindres détails du monde tangible et en faisant l'expérience de l'amour, l'homme parvient à saisir son identité profonde. Du moins le croit-il. Aux valeurs morales traditionnelles des religions occidentales se substitue une notion d'énergie, celle de la vie dans toute sa force. En privilégiant Éros, en mettant au premier plan les sens et les sensations, les utilisateurs du LSD cherchent à vivre les moments d'extase d'une civilisation antique dans laquelle un corps ignorant du péché chante un hymne à l'amour.

La libération vers laquelle tend la contre-culture mène ainsi à un néo-mysticisme qui se révèle pourtant incapable de répondre à plus long terme aux aspirations spirituelles d'une jeunesse en quête d'absolu. Ce mode d'exploration de la spiritualité s'avère décevant, et l'échec de la religion psychédélique montre qu'elle est loin d'approcher les cultes majeurs de l'Antiquité. Les fondateurs de religion sont d'ailleurs peu nombreux. Il faudra donc chercher plus loin...

---

15. *Ibid.*, p. 124.

New Age et spiritualités orientales

Si la jeunesse repousse l'Église en tant qu'institution et les valeurs qu'elle véhicule, elle ne conteste pas a priori *la notion de divin. La recherche mystique se traduit par la résurgence d'un thème déjà ancien, celui d'un « New Age » salutaire et rédempteur, et par la redécouverte de pratiques ésotériques et de religions anciennes, d'origine orientale.*

Le New Age se définit comme l'ensemble des théories ou des méthodes qui cherchent des solutions aux problèmes de l'homme par des voies non classiques, voies qui mettent l'accent sur les liens entre l'individu et le monde tout en proposant une vision globale. Cet ensemble disparate se compose de trois courants principaux : une tendance ésotérique qui cherche dans l'astrologie, l'onirologie, l'hermétisme, la magie et des « sciences » voisines la réponse aux inquiétudes de l'homme ; une tendance religieuse qui présente des points communs avec la première mais est constituée de multiples cultes, d'inspiration souvent antique ou orientale ; enfin une tendance tournée vers la psychologie, la psychanalyse ou des formes analogues de connaissance directe de l'être humain et qui s'efforce de développer en lui des capacités inconscientes jusque-là inexploitées.

En dépit de son nom, le New Age n'est pas un phénomène récent. Il existe dès l'Antiquité et se renforce en Occident surtout au XIXe siècle. À l'époque contemporaine, il bénéficie des découvertes de la psychanalyse et de l'existence de tout un groupe de personnes attirées par les voyages astraux ou le spiritisme.

Rappelons que, dans la seconde moitié du XIXe siècle, ce dernier connaît aux États-Unis un vif succès avec trois millions d'adeptes[1]. C'est alors que naît en Amérique la Société théosophique, qui s'intéresse au spiritisme et à la parapsychologie, mais aussi à des religions anciennes comme la religion égyptienne. On y enseigne déjà un syncrétisme religieux basé sur le bouddhisme. Le New Age se renforcera dans la décennie précédant la contre-culture, sous l'action de personnages qui annoncent le retour imminent du Christ et sont persuadés de l'avènement, dans un futur proche, d'une religion mondiale.

Les causes du renouveau du New Age à l'époque contre-culturelle sont multiples. La séduction qu'il exerce provient sans doute de la déception devant une société industrielle impuissante à répondre aux aspirations d'une jeunesse en pleine révolte, et peut-être aussi de la prise de conscience de l'incapacité des modèles tiers-mondistes à constituer une solution viable à cette crise de la civilisation. Pourtant, de l'utopie des années 60 reste la conviction qu'il est possible d'œuvrer afin d'améliorer le sort de l'humanité et que la rénovation de la société est indissociable de celle de l'individu.

Le New Age exprime également un désenchantement devant le christianisme, qu'il s'efforce de suppléer. L'une des fonctions de la religion est de réconforter l'homme en lui fournissant une explication globale de l'univers et en lui indiquant sa place dans l'ordre du monde. Cette conception holistique fournit une solution théorique aux problèmes concrets que l'activité politique n'a pu résoudre. En ce sens, le New Age reprend les désirs des contestataires, leur aspiration au changement et leur certitude que chacun peut participer à une transformation sociale en profondeur.

Sur le plan intellectuel, il manifeste également un rejet de la science et des conquêtes de la société occidentale telles que le cartésianisme. Nous avons vu comment les contestaires considèrent la raison comme l'alliée du système capitaliste parce qu'elle entraîne des progrès matériels qui renforcent sa puissance industrielle

1. Jean Vernette, *Le New Age*, Paris, PUF, « Que sais-je ? », 1992, p. 5.

et qu'elle est, par ailleurs, assimilée à un élément répressif au sein de la personnalité. Le New Age traduit donc un refus du matérialisme par son insistance sur la place privilégiée que doit occuper le spirituel, et c'est pourquoi son approche rappelle celle de sociétés non industrialisées. Sa résurgence à une époque où la logique est discréditée souligne ce rejet de la raison : son côté irrationnel séduit et s'intègre parfaitement à la sensibilité du moment.

En fait, le principal point de divergence entre le New Age et la jeunesse contestataire est son attitude face à la lutte politique. Loin de s'exprimer en termes antithétiques, il se veut complémentarité. En ce sens, le New Age se rapproche davantage de la non-violence des hippies que de l'activisme des étudiants.

Peut-être, enfin, faut-il tout simplement voir dans la mise à l'honneur d'approches non scientifiques l'expression d'un phénomène de mode. À la recherche de quelque chose de différent, de neuf, les jeunes redécouvrent des conduites qui avaient reculé en Occident. Désireux de ne pas être en reste, ils adoptent alors les croyances les plus nouvelles ou les plus pittoresques. Et des membres de l'élite intellectuelle montrent un engouement certain pour des notions parfois surprenantes.

Comme le rappelle un astrologue dont l'ouvrage *The Circle of Sex* est souvent mentionné dans les listes de lecture de la presse underground, *the age of Aquarius*, « l'âge du Verseau », approche. Cette ère nouvelle, qui doit durer deux mille ans, est en relation avec le trajet du soleil qui, lors de l'équinoxe de printemps, passe du signe des Poissons au signe du Verseau. D'après certains, elle aurait déjà commencé au début des années 60. D'autres la placeraient sensiblement plus tard, voire aux environs de l'an 2500. La fascination qu'elle exerce sur les hippies et les contestataires témoigne alors de l'irruption de l'irrationnel au sein d'une civilisation envahie par la technologie. Quoi qu'il en soit, cette ère nouvelle serait une période de plénitude durant laquelle les différentes races apparaîtraient aux yeux de tous comme les éléments d'un spectre de couleurs.

La croyance dans le New Age s'accompagne donc d'un renouveau d'intérêt pour des activités ésotériques. L'astrologie en particulier intéresse un nombre croissant d'étudiants, comme en témoigne la présence de nombreux cercles zodiacaux dans les journaux underground. Elle repose sur la conviction que la nature est toute-puissante et que, par conséquent, il est impossible à l'homme de diriger pleinement sa vie puisque toute destinée est tracée à l'avance. La foi en l'astrologie cautionne donc une diminution de la responsabilité individuelle, une passivité et une soumission au destin. Sans en avoir une connaissance très approfondie, les jeunes se donnent comme l'un de leurs principaux livres de référence le *I Ching (Livre des mutations)*. Écrit près de deux mille ans avant Jésus-Christ, il constitue en fait la source du taoïsme, tout en étant également un traité de divination. Les jeunes cherchent ainsi à lire l'avenir au moyen de techniques héritées d'un passé lointain.

Mais l'éclectisme dont témoigne la quête contre-culturelle ne se limite pas à des méthodes qui permettraient de deviner le futur. Les adeptes du New Age sont particulièrement sensibles à des pratiques anciennes proches de la magie. Ce faisant, ils tournent volontairement le dos au progrès, à la science et la technique, pour se laisser fasciner par des ouvrages tels que *The History of Witchcraft*, de Montague Summers, *An Encyclopedia of Occultism*, de Lewis Spence, ou *The Holy Kabbalah*, de Arthur H. Waite. Ils apprécient également les livres sur le tarot et le yoga, les contes de fées des pays celtes, la peinture chinoise ou égyptienne et s'intéressent aux livres de Khalil Gibran, aux lettres d'amour de Strindberg. Ils sont de surcroît attirés par des techniques érotiques venues de l'Inde et lisent le *Kama Sutra of Vatsyana, The Classic Hindu Treatise on Love and Social Conduct*, longtemps interdit aux États-Unis pour pornographie. Enfin, à une époque qui prône la révolution sexuelle et connaît un renouveau du féminisme, on remarque dans la presse contestataire de nombreuses représentations du yin et du yang, les principes chinois du féminin et du masculin. Il n'y a là rien de surprenant : le but du taoïste n'est-il pas de surmonter ce dualisme yin-yang pour se fondre dans le principe universel qui régit le monde ?

Ces conceptions ésotériques s'accompagnent d'une iconographie originale qui emprunte des éléments « exotiques » à des civilisations parfois disparues. Ainsi, le drakkar viking évoque le passé prestigieux d'une civilisation trop longtemps considérée comme barbare. Il est également associé à la découverte d'un monde nouveau - ces navigateurs ont abordé en Amérique bien avant Christophe Colomb -, ainsi qu'à la recherche d'une réalité plus ancienne et méconnue. Sur le plan symbolique, il rappelle une autre embarcation, celle de Charon, le nocher des Enfers, qui guide l'âme du défunt dans un dernier voyage au-delà du fleuve de l'oubli. Enfin, il annonce l'idée du départ, voyage concret d'une jeunesse qui prend la route à la découverte du monde et d'autrui, mais aussi voyage intérieur à la découverte de soi. On retrouve alors un thème fréquent dans la littérature européenne et américaine, celui d'une quête qui impose d'être sans cesse « sur la route » - *On the Road* est le titre de l'ouvrage le plus célèbre de Jack Kerouac - et aboutit, au terme d'un déplacement géographique, à la connaissance en profondeur d'une identité personnelle.

Enfin, de nombreux motifs renvoient à d'autres civilisations anciennes, comme celle de l'Égypte, dont les croix, terminées par cette boucle ovale si caractéristique, comptent parmi les bijoux les plus prisés des hippies. On note aussi des représentations du faucon et d'autres dieux-animaux, ainsi que celles de déesses dont les traits et la coiffure rappellent ceux des sphinx. La présence éventuelle de crânes humains renforce leur aspect rigide et figé, et rappelle les cultes macabres d'Asie Mineure tels que celui de la déesse Cybèle.

Ainsi, cette soif d'universalisme démontre le rêve d'établir la synthèse des civilisations passées et, pour mieux traduire son rejet de la culture américaine moderne, s'exprime avec ostentation dans son attirance pour des éléments éloignés dans l'espace ou dans le temps.

Cultes d'inspiration orientale et mouvements divers

Cet intérêt pour les civilisations passées s'accompagne du développement de multiples cultes, au nombre d'adhérents souvent restreint. Ce phénomène s'inscrit de façon naturelle dans un pays qui, dès le 1er amendement de sa Constitution, marque sa volonté de refuser une religion officielle. D'ailleurs, les États-Unis comptent un nombre élevé d'associations à but spirituel. On retrouve ici, comme dans d'autres mouvements religieux, ce goût de l'introspection, si caractéristique dans l'usage de la drogue. À plus longue échéance, la prolifération des cultes divers annonce les *revivals*, ces réveils religieux que l'Amérique a connus à plusieurs reprises et qui s'amplifient à partir des années 70.

Parmi les mouvements religieux contre-culturels, il faut mentionner la Fondation de la régénération spirituelle et même si celle-ci est née dès 1959 en Californie, grâce aux efforts du Maharishi Mahesh Yogi. Son but est de conduire les disciples à un épanouissement spirituel et à une paix intérieure profonde obtenue par des techniques de méditation. Cette fondation connaîtra son apogée lorsqu'elle comptera parmi ses adeptes des célébrités comme George Harrison, un des quatre Beatles, ou des membres des Rolling Stones ; de nombreux jeunes suivront l'exemple de leurs chanteurs favoris. Le yogi propose, non des méditations prolongées ou des efforts sur soi-même, mais une réflexion quotidienne de trois quarts d'heure sur un mantra (thème) qu'il donne à ses disciples. Mais, lassées de ne pas ressentir l'énergie, le bonheur et l'apaisement promis, les stars se détournent finalement de leur gourou. En 1968, ce dernier retourne en Inde, mais c'est pour revenir deux ans plus tard et ouvrir, non loin des campus universitaires, des centres de méditation transcendentale. L'enseignement de la fondation, qui met moins l'accent sur le mysticisme que sur la psychologie, doit alors rendre les gens plus performants. Sa clientèle change : en lieu et place des hippies, ce sont de jeunes cadres qui seront séduits par ces nouvelles méthodes.

Parallèlement, un autre culte jouit d'une grande notoriété pendant les années 60 : Hare Krishna. Née aux États-Unis, cette secte renoue avec une tradition indienne fort ancienne. Elle voit le jour grâce aux efforts d'un prêtre, venu d'Inde, qui arrive à New York en 1965 et entre aussitôt en contact avec les hippies. Il leur parle de Krishna et, invité à donner des conférences à San Francisco, rencontre bientôt Ginsberg et Leary. De retour à New York, il crée en 1966 l'International Society for Krishna Consciousness. À l'époque de la contre-culture, il contribue à répandre le *Bhagavad-Gita*[2] chez de nombreux jeunes. Il enseigne aussi le monothéisme, la croyance en un dieu unique, Krishna, et la nécessité d'entrer personnellement en contact avec la divinité. Sur le plan pratique, la vente d'encens, de brochures et les quêtes sur la voie publique s'ajoutent aux dons des adeptes pour assurer la vie matérielle de l'organisation.

Parmi les cultes d'inspiration orientale les plus prisés au moment de la contestation, il faut également citer celui de Meher Baba. Fondateur en Inde d'un établissement destiné à dispenser un enseignement religieux, mais aussi à soigner les pauvres, il décide dès 1925 de ne plus faire usage de la parole et gardera le silence jusqu'à sa mort, un demi-siècle plus tard. En 1931, il se rend aux États-Unis et fonde un centre dans le sud du pays, puis deux autres, à San Francisco et New York. Vers la fin des années 60, le mouvement se développe et attire de plus en plus de jeunes qui se qualifient de *Baba lovers*.

À la fin de la décennie, de multiples groupes mêlent souvent les approches religieuse et psychologique : ainsi de la Healthy Happy Holy Organization, dite la 3HO, de tendance sikhiste, mise sur pied par Yogi Bhajan en 1969, ou du Mouvement du potentiel humain, ou Consciousness Movement, ou encore Awareness Movement qui, bien qu'ayant précédé l'apparition de la contre-culture, n'aura un impact important que des années plus tard. Pour ne pas s'égarer sur tous ces chemins de la conscience, prenons l'exemple précis, et en l'occurrence fort célèbre, de Jerry Rubin qui, ici, « guidera nos pas ».

De façon significative, dans son autobiographie intitulée *Growing Up at Thirty Seven*[3], il raconte son itinéraire personnel depuis l'époque de la contestation. Nombreux, dit-il, sont ceux qui, comme lui, ont entrepris un voyage pour mieux se connaître. D'ailleurs, fait-il remarquer, des cours de yoga, de méditation, de thérapie sexuelle ou autres surgissent partout. Il explique que des

2. « Chant du seigneur ». Épisode le plus célèbre du *Mahabharata* et texte le plus vénéré des hindous. C'est un véritable abrégé des idées de la spiritualité hindoue.
3. Jerry Rubin, *Growing Up at Thirty Seven*, New York, Evans, 1976.

milliers de personnes vivent des transformations spirituelles et psychologiques importantes et que ce *consciousness movement*, cette prise de conscience, vient directement du mouvement psychédélique, nullement en contradiction avec l'activisme des contestataires. Le changement mondial auquel ils aspirent nécessite d'abord un changement individuel : Rubin est convaincu que ce *consciousness movement* entraînera une évolution majeure en introduisant dans les institutions sociales l'énergie nouvelle née de la réflexion de l'individu sur lui-même. Pour lui, cette phase d'introspection individuelle ne s'oppose pas au militantisme, et il refuse d'y voir la fin de la contre-culture. En réalité, il lui est tout simplement impossible d'accepter l'effondrement de ses rêves de changement, face à l'ascendance de religions orientales comme le bouddhisme et le zen.

Bouddhisme et zen

Le New Age ne saurait se limiter à ces composantes ésotériques, si disparates soient-elles, et l'essor de philosophies et de religions orientales qui l'accompagne annonce le renouveau religieux des années 70, séduites par le bouddhisme et le zen. L'intérêt des Américains pour les grandes religions orientales est certes bien antérieur à la contre-culture. Les premiers contacts entre le zen et les États-Unis remontent en effet à la fin du XIXe siècle, et un centre zen ouvre à San Francisco quelques dizaines d'années plus tard. 1930 voit la fondation de la Buddhist Society of America qui, quinze ans après, prend le nom de First Zen Institute of America. Le bouddhisme zen devient surtout accessible dès les années 50 et exerce alors une influence croissante sur les intellectuels, les écrivains et les penseurs. À partir de la décennie suivante, un nombre grandissant de yogis et gourous, d'origine soit orientale, soit américaine, trouveront chez les contestataires un auditoire changeant mais attentif.

Le bouddhisme jouit donc d'un certain prestige chez les intellectuels, mais la façon dont il est pratiqué par les hippies - exception faite de ceux qui le pratiquent dans des communautés religieuses orientales - est fort éloignée de ses principes. Avant d'examiner les différences essentielles, rappelons qu'il existe selon les pays de multiples formes de bouddhisme, en raison de son évolution au cours des siècles et de son absence de structure centralisatrice. Certains intellectuels des *sixties* sont surtout attirés par le bouddhisme du Grand Véhicule - pratiqué en Chine, Corée et Japon - ou celui du Véhicule tantrique - proche de l'occultisme, qui domine au Tibet et insiste sur la nécessité d'utiliser des procédés magiques. En revanche, on s'intéresse moins au Petit Véhicule - le culte présent à Ceylan et dans toute la péninsule indochinoise -, qui prône une obéissance stricte aux prescriptions.

Le bouddhisme primitif n'admet pas la notion d'âme universelle, non plus que celle d'âme individuelle. Il ne croit pas en une révélation divine et n'implique pas l'idée de sacrifice ; aussi certains spécialistes hésitent-ils à le considérer comme une religion. Plus vaste néanmoins qu'une philosophie, il constitue une manière de vivre dont le but est de libérer l'homme de la douleur. Et, pour ses adeptes, le renoncement total au monde constitue l'unique moyen d'accéder à cette délivrance. Ce bouddhisme s'accompagne d'une grande passivité et d'une grande impassibilité. Recherchant le détachement, l'adepte est par conséquent éloigné de l'engagement politique puisque, loin d'accorder de l'importance aux faits, il privilégie la contemplation intérieure. Le yoga permet quant à lui d'accéder au nirvana, mais apparaît néanmoins comme une discipline qui ne saurait se confondre avec une forme de mysticisme ou d'extase.

Chez les bouddhistes, l'accent est également mis sur la morale sexuelle et l'ascétisme. En demandant à être admis dans une communauté, le novice s'engage, entre autres, à s'abstenir de tout rapport sexuel et de toute impureté. Il doit aussi renoncer à l'alcool, aux chants, aux danses et aux spectacles, et ne plus faire usage de parfums ou de parures[4]. La distance est donc grande entre ce mode de vie et celui des hippies. Ajoutons que les moines bouddhistes ne considèrent nullement les femmes comme leurs égales. Ils les traitent même systématiquement comme leurs inférieures et

4. Henri Arvon, *Le Bouddhisme*, Paris, PUF, 1991, p. 51 *sq.*

exigent qu'elles fassent preuve d'une grande déférence à leur égard. On est loin de la libération de la femme...

Quant au bouddhisme japonais, il est divisé en un grand nombre d'écoles, dont le zen qui accorde une importance considérable à la discipline. Soulignant l'originalité de cette forme de pensée si étrangère à la civilisation occidentale, Alan Watts écrit qu'elle constitue un exemple de ce qu'on appelle en Inde comme en Chine *a way of liberation*, « un moyen de libération », et s'apparente à cet égard au taoïsme et au yoga. À mesure que les étudiants seront déçus par la contre-culture, ils se détacheront du *beat zen* et chercheront des formes plus authentiques de spiritualité, comme le zen traditionnel, qui prône les notions de travail, d'efforts sur soi et de contraintes. En exigeant de la discipline, il réintroduit ainsi la rigueur dans les esprits de ceux qui avaient refusé toute autorité.

Paradoxalement, dans une contre-culture que caractérise le refus de la hiérarchie, le bouddhisme zen se donne une image élitiste. Son impact sur la société américaine sera hors de proportion avec son nombre réel d'adhérents, grâce aux personnalités marquantes qu'il séduit. Parmi elles, il faut d'abord citer le Dr Suzuki et ses disciples. Dès 1906, celui-ci a écrit *Sermons of a Buddhist Abbot*, premier livre sur le zen publié aux États-Unis. Le Dr Suzuki y effectue en effet de nombreux séjours, ainsi qu'en Europe, jusqu'en 1957. Il enseigne notamment pendant près de dix ans à Columbia University.

De ses disciples, Philip Kapleau est sans doute celui qui contribue le plus au développement du zen au cours des années 60. Il abandonne une vie d'homme d'affaires pour se rendre au Japon afin d'y trouver l'illumination intérieure. De retour aux États-Unis en 1966, devenu prêtre zen, il crée un centre de méditation. Son livre *Three Pillars of Zen* est particulièrement accessible et compte parmi les ouvrages les plus lus des hippies. Contrairement à ceux qui cherchent dans le *beat zen* une justification à leur révolte contre la société, à la libération sexuelle et à l'usage abusif de drogues, Kapleau, lui, choisit donc de prôner une approche classique.

Mais plus encore que Kapleau, c'est Alan Watts qui va exercer une influence déterminante sur les jeunes en quête de spiritualité.

Déçu par le dogmatisme de l'Église, cet ancien prêtre épiscopalien rejette le christianisme. De 1951 à 1957, ce penseur brillant enseigne la philosophie comparée dans un institut d'études orientales et reçoit plusieurs bourses de la fondation Bollingen. Puis il poursuit des recherches à Harvard, où il rencontre Leary et Alpert. Il donne de nombreuses conférences dans des universités américaines, exerçant même les fonctions de doyen dans un institut de San Francisco. Son charisme personnel et ses qualités d'homme de communication le font apprécier de tout un groupe d'intellectuels. Avec son ami Gary Snyder, il se rend à des séances d'étude et de recherche de la Buddhist Church de Berkeley et prononce des conférences à la radio. À l'époque de la contre-culture, il vit sur un ferry-boat désaffecté de Sausalito, non loin de San Francisco. Sa grande influence provient à la fois de ses connaissances de la pensée orientale et de ses opinions sur la marijuana et le LSD ; Leary notamment sera attiré par ses idées. En effet, Watts écrit de nombreux livres sur la pensée orientale et, après *The Way of Zen* (1936), premier ouvrage sur le zen écrit par un Occidental, son nouveau *The Way of Zen* (1957) et *Beat Zen, Square Zen and Zen* (1958) auront un impact considérable sur une contre-culture séduite par l'exotisme.

En fait, la contre-culture est fort éloignée des doctrines hindouistes et bouddhistes. Si certains lisent des textes anciens comme les *Upanishads*, écrits neuf siècles avant Jésus-Christ, ou les poèmes védiques - qui datent, eux, de 1500 av. J.-C. -, dans leur très grande majorité les jeunes ne retiennent que le superficiel des manifestations extérieures de ces doctrines. Les hippies n'adoptent en général ni les fondements « religieux » de la tradition brahmanique ni ceux du bouddhisme, et rares sont ceux qui croient vraiment en la réincarnation indéfinie, en des renaissances successives ou en l'existence du karma. Leur attitude vis-à-vis du monde est également fort différente de celle du Bouddha qui, rejetant aussi bien les plaisirs que les privations, choisit la voie moyenne pour supprimer la souffrance. En somme, la doctrine bouddhiste est en totale opposition avec le monde des passions et la recherche du plaisir de cette génération narcissique.

L'attitude des jeunes face à l'étude et à la discipline est également significative. Même s'ils se laissent fasciner par des gourous, ils ne dépendent pas aussi étroitement de leurs maîtres que les novices, qui se laissent diriger dans l'étude de la contemplation et qui, accompagnés de leur guide spirituel, doivent mendier leur nourriture, un bol à la main. Le bouddhisme insiste en effet sur l'importance du savoir et de l'obéissance à un adulte détenteur de la sagesse. Pour arriver à la deuxième étape et entrer vraiment dans l'ordre monastique, le postulant doit passer un véritable examen. Pour ce faire, il a, en outre, besoin de l'autorisation de ses parents.

Le tantrisme tibétain

Plus encore que le bouddhisme proprement dit, le tantrisme - dont les moines sont les « lamas » - exerce sur la contre-culture une influence considérable. Il s'accompagne du renouveau de superstitions ou de pratiques ésotériques qui avaient quasiment disparu d'Occident. Apparu en Inde au VIIe siècle, il adopte la spontanéité et le foisonnement de l'hindouisme, tout en se différenciant du bouddhisme traditionnel : selon la pensée tantrique, le monde est composé d'éléments qui sont en étroite relation les uns avec les autres et peuvent être contrôlés par la magie. Les écrits du tantrisme, ou *tantras*, mettent l'accent sur les procédés magiques indispensables. Le tantrisme accorde une grande importance aux mantras, tel le fameux *« Om mani padme hum*[5] *»* des hippies. La simple répétition du mot sacré *Om* peut conduire à un état qui transcende le monde de l'humain. Aussi convient-il de le dire le plus possible, d'où l'existence de moulins à prières, dont il ne semble pourtant pas que l'usage se soit répandu chez les jeunes Américains.

« Om mani padme hum » est une formule utilisée par les hindous et les lamas tibétains, qui la prononcent cent huit fois d'affilée, un chapelet à la main. Même si les hippies ne connaissent

---

5. Cette formule s'orthographie également *Aum mani padme hum*, notamment chez Alexandra David-Neel.

pas le sens exact de ces syllabes, tous en admettent le caractère sacré. Alexandra David-Neel explique qu'il s'agit du symbole d'un absolu impossible à exprimer, du mot ultime après lequel il n'y a que le silence. Selon les hindous, dit-elle, c'est le son originel, celui qui a créé le monde. Quiconque sait le prononcer en silence atteint la délivrance suprême. En fait, *Om* désigne les trois personnes de la trilogie hindoue, Brahma, Vishnu et Shiva ; *mani padme* veut dire « le joyau au sein du lotus » ; quant à *hum*, il s'agit d'une des plus puissantes syllabes utilisées dans les rites magiques. Et l'auteur de *Initiation and Initiates in Tibet* ajoute qu'à chacune de ces syllabes correspondent une couleur et un élément de la création : les dieux, les non-dieux, les hommes, les animaux.

> *Om* est blanc et renvoie aux dieux ;
> *Ma* est bleu et renvoie aux non-dieux ;
> *Ni* est jaune et renvoie aux hommes ;
> *Pad* est vert et renvoie aux animaux ;
> *Me* est rouge et renvoie aux non-hommes ;
> *Hum* est noir et renvoie aux habitants du purgatoire[6].

La contre-culture fait ainsi appel à d'authentiques éléments du rituel tibétain. Mais, détachés d'un véritable contexte religieux et d'une foi profonde qui s'insère dans toute une culture, ils attirent davantage par leur pittoresque que par leur signification réelle. Car les hippies sont fascinés par le pittoresque des religions orientales et les robes couleur safran des moines bouddhistes, et ils se servent volontiers pour leurs danses et leurs chants de ces instruments de musique très répandus chez les Tibétains que sont les gongs et les clochettes.

La *tilpu*, la cloche, et le *dordji* ou *vajra*, l'éclair, sont en effet deux des plus importants objets rituels du bouddhisme tibétain. L'éclair, souvent utilisé comme sceptre, symbolise le principe masculin de l'action, tandis que la cloche représente l'aspect féminin de l'être humain, la sagesse et le savoir. Parmi les instruments des cérémonies d'initiation se trouve également un gobelet en forme de crâne humain, parfois fabriqué à partir d'un véritable ossement

6. Alexandra David-Neel, *Initiation and Initiates in Tibet*, Londres, Rider, 1986, p. 76-77.

monté sur un support d'argent et qui contient une préparation à base de thé noir, breuvage symbolique d'immortalité. Mais les crânes sont aussi à mettre en relation avec des cérémonies lamaïques annuelles.

Ces mystères comportent des personnages représentant des démons pareils à ceux qui sont mentionnés dans leur *Livre des morts*, qui sera une lecture de nombreux hippies. À la fin de la représentation, l'effigie du corps de l'ennemi est mise en pièces et les morceaux épars sont ensuite rassemblés dans un récipient d'argent en forme de crâne. Ces pratiques rappellent certains rites orphiques, au cours desquels Dionysos est mis en pièces, comme l'avait été Osiris, si l'on en croit les Égyptiens. Quoi qu'il en soit, cette coutume ancienne explique sans doute la présence de crânes sur plusieurs documents iconographiques contre-culturels. Sur ce plan iconographique, le tantrisme présente encore des motifs courants dans la pensée bouddhiste tels que les formes flammées, fréquentes dans les représentations hindoues et lamaïques. Elles le seront aussi dans les dessins de la presse underground. Un autre est le cercle, symbole fort des principales cérémonies tibétaines ; sans doute est-ce la raison pour laquelle il constitue encore un thème essentiel de l'iconographie contestataire. Il s'agit du *kyilkhor*, le cercle magique des lamas, si important dans les cérémonies d'initiation où, les yeux bandés, le postulant doit, entre autres, lancer une fléchette sur ce cercle qui symbolise les composantes de la personnalité. Si la flèche atteint le centre, cela signifie que le disciple réussira à se libérer de ce qui l'entrave et atteindra le nirvana.

Le *mandala* - ce mot sanscrit signifie à la fois « circonférence » et « centre » - tient également une place prédominante dans ces rites d'initiation. Plusieurs d'entre eux peuvent entrer dans la composition d'un *kyilkhor*. Au cours de la cérémonie, le disciple, les yeux toujours bandés, doit lancer une fleur sur le *mandala* ; le point où elle tombe - centre, nord, sud, est ou ouest - sera révélateur de la personnalité du disciple ; un nom d'initié, qu'il gardera secret, lui est même attribué selon l'endroit qu'elle atteint. Quant aux couleurs du *mandala*, elles aussi sont chargées de sens et, d'après les lamas, celle qui, dans cet ensemble polychrome, attire le plus l'attention du disciple révèle le type de sagesse dominant en lui.

Essentiel dans le culte bouddhique tibétain, le cercle peut aussi être considéré comme une représentation de la Roue de la loi, symbole de la foi bouddhique et du Bouddha en personne. Les dessins indiens représentent d'ailleurs parfois une roue sur un trône au lieu de Bouddha lui-même. Le cercle incarne le cycle de la vie : naissance, vie et mort, puis retour à l'état d'esprit désincarné, avant la renaissance dans d'autres milieux et d'autres circonstances. Le cercle, ou plutôt la roue, évoque également en Inde le geste de l'enseignant qui, sans lassitude, répète les mêmes notions. Enfin, il rappelle la Roue de la fortune, le soleil ou le Zodiaque et prend, de surcroît, des connotations sexuelles.

Dans la presse contestataire, le corps humain inscrit dans un cercle, bras et jambes écartés, est également un thème récurrent. Si on peut y voir la place de l'homme dans le monde, il évoque aussi la Roue de la vie ou du destin, ou encore le *peace symbol*. Le symbolisme de cette figure est très riche. Le cercle est l'une des formes géométriques les plus fascinantes pour l'homme. Outre les multiples significations que nous venons de voir, il est symbole de perfection et d'égalité - illustré par le fait que tous les points de la circonférence sont équidistants du centre. Dans l'iconographie contre-culturelle, il est souvent décoré de motifs complexes et contient généralement un axe de symétrie, pour signifier un équilibre et une harmonie cachés, une vérité intérieure que l'« œil » permet de découvrir. Cet œil qui occupe, lui aussi, une place de choix dans l'iconographie contre-culturelle.

Le « troisième œil », motif récurrent de la civilisation bouddhiste, voit l'invisible. Cet « œil qui voit » se rencontre aussi bien en Inde et au Tibet qu'au Japon ou en Thaïlande. Dans son ouvrage *Le Troisième Œil*[7], le lama tibétain Lobsang Rampa raconte que l'ouverture qu'il porte sur le front a été faite par trépanation le jour de son huitième anniversaire ; le « troisième œil » révèle les

7. Lobsang Rampa, *The Third Eye. The Autobiography of a Tibetan Lama*, New York, Doubledays, 1957.

gens tels qu'ils sont réellement et permet de percevoir l'aura qui flotte autour des corps et reflète leur force vitale. Selon la légende, tous les êtres humains pouvaient, à l'origine, utiliser ce troisième œil. Mais certains ayant été tentés de prendre la place des dieux, l'humanité tout entière fut alors punie, et l'œil fut fermé à jamais. Les adeptes, dans un regain spirituel, tentent justement de le redécouvrir.

La trépanation s'effectue dès le coucher du soleil, à l'aide d'un instrument en U dont une partie comporte de fines dentelures. Le néophyte sait que, pour cette opération fort douloureuse, il est tenu de rester pleinement conscient. Il l'accepte donc en toute lucidité, sans s'autoriser le moindre cri. Un coin en bois est introduit dans la plaie, pour une durée de deux ou trois semaines, aux premiers temps desquelles le patient doit rester dans une obscurité presque totale. Puis, petit à petit, les lamas laissent « entrer la lumière », de façon tant réelle que symbolique. Le troisième œil est censé apporter une connaissance nouvelle d'autrui puisque la couleur et l'intensité de l'aura qui l'entoure sont fonction de sa santé physique et que l'aura permet aussi de savoir s'il dit la vérité. Une aura en forme de flammes dorées témoigne naturellement de la vie la plus pure.

Le symbole de l'œil qu'utilisent les hippies dépasse bien sûr largement le cadre de cette seule civilisation. Par sa nature même, il renvoie à l'humanité tout entière. C'est l'œil de chacun, le moyen privilégié d'appréhender le monde, mais encore l'œil de Dieu ou l'œil des profils égyptiens. Enfin, dans le contexte anglophone, il connote le *I* du « je » de cette contre-culture profondément narcissique. L'iconographie contre-culturelle offre donc, avec le cercle et l'œil, des représentations symboliques très riches qui, outre le tantrisme, ravivent des archétypes de toute l'humanité et sont investies d'une symbolique complexe.

Remarquons, pour finir, que ces figures renvoient aussi bien à la civilisation américaine elle-même. L'œil peut être encore celui de l'aigle à tête chauve du sceau présidentiel ou de la CIA, et le cercle rappelle la rose des vents, symbole de la fonction mondiale de l'agence de renseignements. Enfin, il est également présent sur les billets de banque. La contre-culture serait-elle plus américaine qu'elle ne le pense ?

Par sa diversité, le New Age est donc l'expression d'individus qui cherchent, à l'écart des schémas politiques et religieux habituels, des solutions aux problèmes de société. Il est à la fois affirmation du besoin de surnaturel, confiance illimitée en l'homme et quête d'une philosophie nouvelle. Mais il est surtout dénonciation de la rupture entre l'homme et le monde. Son désir d'épanouissement va à l'encontre du matérialisme et de la technologie d'une société industrielle. Cependant, incapable de répondre concrètement aux impératifs d'une société développée, il ne peut se dégager complètement d'un obscurantisme qui est, lui, négation de la liberté. Le mysticisme psychédélique est bien un avatar d'une quête spirituelle, de la même façon que cette nouvelle musique qui portera le flambeau de la contre-culture : le rock.

De la contre-culture à la culture de masse : le rock

Au même titre que la révolution sexuelle ou l'expérience psychédélique, l'essor fantastique du rock est l'un des traits marquants de la période. Comme les fêtes, parades et happenings, les concerts s'inscrivent dans une atmosphère générale de révolte et de passion. Aux côtés des substances psychédéliques, du néo-mysticisme et du New Age, le rock participe de la même quête spirituelle d'une génération idéaliste.

Le rock est volontiers présenté par les artistes eux-mêmes comme une composition d'avant-garde apparentée à la musique baroque. Sa structure souple lui permet d'absorber de nombreux éléments disparates, de faire la synthèse des principaux mouvements intellectuels et artistiques de notre temps et de créer des formes nouvelles. Aussi, Chester Anderson explique en 1967 dans l'*Oracle* de San Francisco que la notion même de symphonie rock ne saurait exister, car le rock est incompatible avec toute contrainte arbitraire et constitue avant tout une « esthétique de la découverte ».

Outre la répétition de notes ou de phrases musicales empruntées à des musiques antérieures, le rock se caractérise par la prépondérance du rythme. La surexcitation que génèrent les concerts conduit les participants à un état proche de la transe. Les fréquences graves de la batterie et de la basse, explique Claude Chastagner[1], produisent des vibrations dans tout le corps, qui est ainsi

1. Claude Chastagner, *La Mécanique du rock, Fonction et fonctionnement de la culture anglo-saxonne*, thèse de l'université de Nice, 1992, p. 53.

physiquement pénétré par le bruit. Les jeunes cherchent à s'y anéantir, d'autant que les effets de lumière renforcent l'étourdissement et que les répétitions de phrases musicales concourent à un effet hypnotique. Le rock produit ainsi une sorte de transe qui rappelle les rituels primitifs destinés à abolir chez les participants tout sentiment de temps et d'espace.

Au sein du rock, l'*acid rock*, la musique psychédélique, née vers 1965 en Californie, cherchera notamment à reproduire les sensations créées par le LSD : les artistes tentent d'exprimer un ailleurs, atteint au bout d'un voyage où se mêlent musique, drogue et sexe. L'un des premiers est Santana. Installé dès 1965 à San Francisco, il s'efforce de faire la synthèse du rock et de la musique mexicaine. Cette nouvelle tendance sera particulièrement marquée chez des groupes tels que Quicksilver, le Jefferson Airplane, les Grateful Dead, ou chez les Beatles dans *Sergent Pepper* et les Rolling Stones dans *Their Satanic Majesties Request.* Par leur renommée, ces groupes contribueront à établir la transition entre contre-culture et culture de masse.

Le rock, un phénomène de masse

La décennie voit une véritable explosion du rock. En 1967, il représente les deux tiers des disques vendus aux États-Unis, tandis que la radio et la télévision diffusent les airs à la mode. Mentionnons, parmi tant d'autres, *House of the Rising Sun*, *Mr. Tambourine Man*, par les Byrds, *Sergent Pepper*, des Beatles, ou *Blonde on Blonde*, *Blowing in the Wind* et *Like a Rolling Stone*, de Bob Dylan. Dès lors, le succès considérable du rock se traduit aussi par des concerts gigantesques. L'un des principaux, celui des Beatles au Shea Stadium de New York en août 1965, rapporte l'une des plus grosses recettes du show-business, soit 300 000 dollars. On estime à 3 millions le nombre total de personnes qui ont assisté entre 1967 et 1969 à un festival rock.

Le premier, celui de Monterey, en Californie, réunit 150 000 personnes, soit presque autant que le *be-in* de janvier 1967 à San Francisco. D'autres manifestations suivront, parfois plus importantes : *Miami Pop Festival*, en août 1968, Newport, en 1969, *Atlanta Pop Festival*, en juillet 1969, et surtout *Woodstock*, du 15 au 18 août 1969. *Woodstock* rassemble en trois jours 500 000 personnes et constitue un véritable point d'orgue des festivals rock. Des kilos de haschisch, des milliers de sucres arrosés de LSD, deux accouchements, trois morts - soit, sur ce dernier point, une proportion plus faible que dans les villes comptant autant d'habitants. Pas la moindre violence ; juste trois jours de paix, de musique et d'amour. Par son impact, ce festival prouve à l'Amérique d'abord, puis au reste de la planète, que les hippies ne sont pas moribonds, bien au contraire. Tous les géants de la musique répondent tout de suite présents à l'organisateur, Mike Lang, lui-même stupéfait d'une telle réussite : « Les participants n'appartenaient à aucune organisation. Personne ne leur avait rien demandé, ils vinrent simplement. Une nouvelle minorité humaine proclamait son existence avec une force collective, pacifique et indiscutablement heureuse. Et rien ne pouvait les arrêter[2]. » Plus de vingt-cinq ans plus tard, *Woodstock* continue de faire date. Plus qu'un happening, ce festival est devenu un mythe. Trois mois après, en décembre 1969, le festival d'Altamont, en Californie, attire encore 300 000 spectateurs ; mais il dégénère, faisant une victime. En 1973 enfin, on comptera environ 600 000 personnes au dernier festival géant, celui de Watkins Glen, dans l'Indiana. Cependant, la grande époque du rock est déjà passée.

Le nombre élevé de groupes témoigne de la diversité des talents. De nombreuses formations américaines marquent la génération des *sixties* : les Beach Boys, Jefferson Airplane, les Doors et leur leader Jim Morrison, les Byrds, Quicksilver, les Who, les Mothers of Invention avec Frank Zappa, Country Joe and the Fish, ainsi que les Yardbirds avec Eric Clapton et Jimmy Page, qui deviennent ensuite Led Zeppelin et connaissent quelque temps un succès comparable à celui des Rolling Stones. Quant aux Grateful Dead, ils sont vite très appréciés, en particulier à Haight-Ashbury. Enfin,

2. Cité par Jean-Pierre Bouyxou et Pierre Delannoy, *L'Aventure hippie*, Paris, Le Lézard, 1995, p. 71.

parmi les vedettes les plus populaires, il faut encore citer Bob Dylan, Joan Baez et Janis Joplin.

La notion même de groupe ne saurait d'ailleurs surprendre à une époque qui met volontiers l'accent sur la pluralité et la solidarité : les Beach Boys sont six ; le groupe anglais Animals - qui tire son nom de la ressemblance de ses sons avec des cris d'animaux - est constitué de cinq membres, comme le sont les Rolling Stones, avec Keith Richards, Mick Jagger, Brian Jones, Bill Wyman et Charlie Watts. Les Beatles, eux, sont au nombre de quatre - John, Paul, George et Ringo -, tout comme Led Zeppelin. Cependant, la composition d'une formation peut changer en quelques années, en fonction d'affinités personnelles.

Entre tous, les Rolling Stones et les Beatles jouissent d'une popularité exceptionnelle. Fin 1963, la « Beatlemania » apparaît en Angleterre puis dans le reste de l'Europe, avant de déferler sur l'Amérique l'année suivante. L'évolution de John Lennon, Paul McCartney, George Harrison et Ringo Starr est d'autant plus intéressante que partout ils recueillent très vite les suffrages de la jeunesse. Ils sont en effet représentatifs à bien des égards de leur génération. Proches des hippies et des contestataires par leurs thèmes et leur usage de la drogue, ils accompagnent et marquent le développement de toute la contre-culture. Peu après leur arrivée à New York en 1964, au milieu d'une foule hystérique, et la sortie de leur film *A Hard Day's Night*, ils occupent les cinq premières places au hit-parade américain avec *Can't Buy Me Love, Twist and Shout, She Loves You, I Want to Hold Your Hand* et *Please, Please Me*. Leurs succès suivants, en 1965, renforcent le mythe naissant avec *Ticket to Ride* et leur film *Help*. L'album *Revolver*, lancé pendant l'été 1966, est généralement considéré comme l'apogée de leur production. La chanson préférée des jeunes de Berkeley sera même *Yellow Submarine*, qui remplace le traditionnel *We Shall Overcome*[3] des premières luttes. Les rapports des Beatles avec le public américain témoignent d'une influence réciproque, et le groupe ne reste pas à l'écart de la révolution psychédélique ; ainsi

3. Très utilisé par le Mouvement des droits civiques, ce chant fut ensuite repris par les contestataires.

Rain, en 1966, contient une allusion au monde de la drogue. Et puis, comme les hippies, les Beatles sont séduits par les instruments de musique indiens et *Tomorrow Never Knows* mêle des sonorités et de brefs passages du *Livre des morts* tibétain.

L'année suivante, leur album *Sergent Pepper's Lonely Hearts Club Band* rencontre un succès énorme. Sur la photographie qui fait la pochette du disque, les lettres du mot « Beatles » sont formées avec du chanvre indien, tandis qu'à l'arrière-plan on reconnaît, entre autres, Marilyn Monroe, Charlie Chaplin, Edgar Poe et Karl Marx. La chanson de l'album la plus poétique, *Lucy in the Sky with Diamonds*, fait allusion jusque dans ses initiales au LSD. Elle évoque une personne dans une barque portée au gré du courant ; sur la berge poussent d'immenses fleurs de cellophane jaunes et vertes, et des arbres couleur mandarine ; un peu plus loin, des gens mangent des gâteaux de guimauve. Puis le son s'éloigne, comme dans un rêve, avant de reprendre de la vigueur. Pour de nombreux jeunes, Lucy, la fille-aux-yeux-kaléidoscopes, sera le symbole des drogues psychédéliques. Cette chanson si fortement onirique traduit le rêve d'un impossible retour à l'enfance dans un monde de douceurs et de fantaisie : le rêve de Haight-Ashbury.

En août 1967, afin de prouver sa sympathie pour le mouvement hippie, et sans doute aussi de cultiver sa popularité, George Harrison se rend à San Francisco. L'année suivante, lors d'un séjour en Inde avec les autres Beatles, il est de plus en plus séduit par cet orientalisme qui attire un public grandissant et, en 1968, reprenant la mode des *nude-in*, John et Yoko, désireux de faire scandale, se montrent nus et de face sur la pochette d'un disque, qui est aussitôt interdite.

Mais bientôt, au risque de décevoir ses admirateurs, le groupe, pressentant la fin d'une époque, prend ses distances vis-à-vis d'une contestation qui se radicalise. En 1968, dans *Revolution*, le chanteur déclare : « Nous voulons tous changer le monde mais, quand tu parles de détruire, faut pas compter sur moi. » Un peu plus loin, il met explicitement en garde contre ceux qui veulent bouleverser la Constitution et les institutions, et qui défilent derrière le portrait de Mao. Ainsi, malgré un titre ambigu, *Revolution* signe la fin du mouvement contre-culturel. L'année suivante verra la séparation des Beatles, mais la disparition officielle du groupe en tant que tel n'interviendra qu'en 1975. En fait ils reflèteront une génération qui, après de nombreux excès, découvre l'aspect superficiel de la contre-culture.

La musique rock s'accompagne d'une véritable fascination pour la vedette, qui jouit auprès de son public d'un immense prestige, comparable dans le domaine politique à celui de Fidel Castro ou de Che Guevara. Le phénomène n'est d'ailleurs pas nouveau, et James Dean ou Elvis Presley ont eux aussi été l'objet d'un véritable culte. Sur l'artiste se polarise la passion de la foule. Il suscite la convoitise, attise les désirs par sa célébrité et sa réussite matérielle éclatante, et les jeunes s'identifient volontiers à lui. À la manière de ces étoiles situées à des milliers d'années lumière mais qui paraissent pourtant familières, la vedette, la *star*, fascine. Si proche et si lointaine.

Les vedettes incarnent l'intense soif de vivre d'une génération. Nombre d'entre elles font l'apologie de la drogue, ce qui entraîne leurs démêlés avec la justice. Leurs excès trahissent-ils un désir inconscient de refuser le temps et la vieillesse ? Elles semblent, du moins, attirées par le risque : tels des héros tragiques, les rockers meurent jeunes et, comme Achille, semblent préférer une vie brève et glorieuse à une existence longue et terne. Citons seulement pour mémoire la mort de trois d'entre eux, dès la fin des années 60 : Brian Jones, des Rolling Stones, se noie en 1969, probablement après une prise de produits toxiques ; Jimi Hendrix, après absorption d'une forte dose de somnifères, meurt en 1970, étouffé dans son sommeil par ses vomissements ; Janis Joplin succombe en 1970 à une surdose d'héroïne.

Le rock séduit les jeunes non seulement par l'originalité de sa forme mais aussi par son message social, lié d'ailleurs à une tradition de contestation déjà ancienne. S'il répond à leur attente sur le plan politique et culturel, il exprime également une révolte contre une société et son mode de vie. Il témoigne de l'aspiration d'une génération à un avenir d'amour, de liberté totale et de paix. Pourtant, si l'idéologie communautaire des années 60 traduit une sensibilisation aux problèmes de la pauvreté, les tournées humanitaires de certains groupes rock ne verront le jour que pendant la décennie suivante : l'une des toutes premières sera organisée en 1971 par George Harrison pour venir en aide au Bangladesh.

Les prises de position ambiguës des groupes se retrouvent dans le comportement personnel des artistes. À quelques exceptions près, la majorité sont d'origine modeste, ce qui constitue un attrait supplémentaire pour leurs fans, à une époque qui découvre les laissés-pour-compte de la société de consommation. Mais, tout en contestant les valeurs bourgeoises, les vedettes issues de ces milieux populaires montrent surtout comment faire fortune. Les Beatles se voient ainsi offrir des cachets de l'ordre d'un million de dollars pour quelques heures de concert. Et même quand la sincérité de leurs engagements politiques est indéniable, l'attitude des vedettes reste ambiguë. Ainsi, en avril 1964, Joan Baez annonce son refus de payer la partie de ses impôts - 60 %, selon elle - qu'elle juge destinée aux dépenses militaires. Quelques mois plus tard, le fisc lui réclamera la coquette somme de 50 182 dollars pour non-paiement de ses impôts de l'année précédente. Or, si l'on considère que les incidents du golfe du Tonkin de l'été 1964 marquent véritablement le début de la guerre du Viêt-nam, la protestation de l'artiste a précédé de fait le conflit...

De manière générale, on peut donc dire que, tout en dénonçant le conformisme du monde adulte, de nombreux artistes sacrifient eux aussi au culte de l'argent. Et ces sommes mirobolantes et cette célébrité fascinent, car elles véhiculent l'idée d'un succès possible en marge de la société. Sous cet angle, les chanteurs rock réincarnent le mythe éternel de l'Amérique : le *self made man*, la réussite foudroyante de l'homme parti de rien.

Rock et révolte

Le rock n'est pas le produit de quelque génération spontanée. Il s'inscrit dans la tradition des *freedom songs*. En écoutant ou en chantant des chansons engagées, les jeunes retrouvent une tradition populaire américaine, celle des syndicats ouvriers comme l'International World Workers. En effet, dès le début du siècle, ces chansons, les *wobbly songs*[4], ont été associées aux luttes de la gauche et ont véhiculé des thèmes tels que la lutte aux côtés des défavorisés, les combats contre le fascisme et pour les droits des Noirs, et un pacifisme ancré dans la croyance que les guerres sont la conséquence du capitalisme.

Fondé en 1962, le magazine *Broadside* publie des centaines de chansons, parmi lesquelles le grand succès commercial de Bob Dylan *Blowing in the Wind*. Ces *protest songs* ou *freedom songs* joueront un rôle considérable dans les mouvements sociaux, et le SNCC publiera un recueil intitulé *We Shall Overcome*. Dès le début des années 60, plusieurs chanteurs se feront un nom de la sorte. Après sa chanson *The Cuban Invasion*, Phil Ochs aborde le problème de l'intervention américaine au Viêt-nam et prend position pour les Noirs en lutte contre la discrimination. À la manière de la gauche contestataire, il condamne également l'industrialisation et l'automatisation.

Le rock s'inscrit donc dans la tradition américaine de la chanson engagée. C'est ce qui fait l'impact de Bob Dylan ou de Joan Baez. Le premier ne tarde pas à développer dans un style personnel ses propres voyages à travers les États-Unis et le nomadisme de ces jeunes qui, dans la tradition américaine de la marche vers l'ouest, décident de prendre la route à la recherche d'eux-mêmes. Joan Baez, elle, séduit par ses vigoureuses prises de position contre la guerre du Viêt-nam. Dès avril 1965, elle organise une manifestation pacifiste devant la Maison Blanche. Au printemps 1967, elle chante à Washington devant 30 000 personnes. Plus tard, sa défense des réfractaires au service militaire lui vaudra quelques semaines de prison. Ses activités ne se limitent cependant pas au mouvement pacifiste, et elle participe également à la lutte contre la ségrégation, aide les grévistes et manifeste contre la peine de mort.

Par tradition culturelle, les Américains sont donc, plus que d'autres, habitués à s'exprimer par des chants. La chanson engagée des *sixties* s'inscrit dans cet héritage.

---

4. Chansons de lutte ouvrière.

Drogue et sensualité

Au même titre que les parades ou les happenings, les concerts rock sont des fêtes mais, tandis que les uns sont essentiellement jeux de simulacre, les autres sont, avant tout, jeux de vertige. Selon Roger Caillois dans son ouvrage *Les Jeux, les hommes, le masque et le vertige*[5], les jeux se divisent en quatre catégories : compétition, chance, vertige et simulacre. Si les deux premiers genres dominent dans les cultures industrialisées - sous forme de sport et jeux de hasard -, en revanche dans les cultures primitives les rituels les plus utilisés reposent sur la transe et les masques. Pour se distraire et se libérer, les contestataires font donc appel à des techniques très répandues dans d'autres civilisations et montrent là encore leur attrait pour les sociétés dites « primitives ». Le rock devient alors fascination pour une illusion, pour des sensations qui outrepassent l'expérience ordinaire ; il saisit l'auditeur dans un tourbillon de sons, produisant, dans la furie des concerts, des sensations de vertige.

Le rock est, par ailleurs, fréquemment associé à la drogue. Aussi son extraordinaire essor pendant la révolution psychédélique rencontre-t-il l'hostilité de la société *straight.* Ces jeux de vertige s'accompagnent en effet de l'usage de substances toxiques, et nombre de chanteurs sont arrêtés pour possession de LSD, haschisch ou produits similaires. Ainsi de George Harrison et sa femme, ou de John Lennon et Yoko Ono. Bien rares sont, à vrai dire, les vedettes qui, à l'instar de Frank Zappa, se déclarent ennemies de la drogue ou excluent de leur groupe ceux qui en prennent.

La musique et la drogue sont encore en relation étroite avec la danse, souvent présente elle aussi dans les rituels primitifs. Associée dans son origine au sacré, la danse autorise un défoulement corporel. La transe qu'elle procure met l'individu en contact avec le divin. Elle a une fonction d'étourdissement qui rappelle celle du peyotl, des champignons hallucinogènes ou de l'alcool. Les concerts rock se déroulent ainsi dans des lieux de plus en plus vastes qui permettent une totale liberté corporelle. La danse y

5. Roger Caillois, *Les Jeux, les hommes, le masque et le vertige*, Paris, Gallimard, 1991.

devient rapidement frénésie, vertige des sens menant à l'oubli. La musique pénètre le corps tout entier, abolissant la distance entre le sujet et l'objet, et l'homme se fond dans le monde qui l'entoure.

En un sens, cette fusion opérée par le rock reste paradoxale, car les danses auxquelles on se livre au sein d'une foule sont le plus souvent individuelles. Toutefois, le corps du public en tant que tel est très présent. Les spectateurs aiment à se sentir proches les uns des autres, et les concerts sont, comme les manifestations et les cérémonies religieuses hippies, l'occasion de goûter la chaleur et l'odeur de corps jeunes, avec toute la sensualité que cela implique. La présence physique d'autrui assure le sentiment de communion. Les concerts contribuent ainsi à faire naître cette confiance qui vient du nombre.

De façon générale, le rock est, davantage que d'autres musiques occidentales, empreint de sensualité. La voix du rocker jaillit comme un cri. Ses vêtements diffèrent souvent de ceux du public ou laissent deviner son corps - ainsi des jeans moulants. Par ses déhanchements, la vedette a un jeu corporel très expressif. Un Jim Morrison mime sur scène masturbation et fellation, un Frank Zappa exprime un désir qu'il fait surgir dans sa brutalité la plus crue. Ce débordement de sensualité au milieu d'une véritable ivresse collective rappelle les cultes dionysiaques et souligne que, loin d'exclure le sacré, la sensualité peut lui être étroitement liée. La légende ne dit-elle pas que Dionysos-Bacchus, dieu du Vin et de la Nature, effectua en Inde un voyage resté mystérieux ? et que, frappé un moment de folie, il erra par le monde ? Si ce dieu symbolise la passion extatique, il n'en est pas moins le protecteur des beaux-arts, et notamment du théâtre. Et aussi bien que les muses d'Apollon, ses suivantes, les Bacchantes, savent inspirer les poètes. Les fêtes en l'honneur de Dionysos entraînèrent d'ailleurs des problèmes au sein de la société antique jusqu'à ce que, lassé de voir troubler l'ordre public, le Sénat tentât de mettre un terme aux orgies.

Ainsi, les hippies renouent ici avec la civilisation grecque et proclament le lien qui, dans plus d'une société, unit sexualité, musique et violence.

Violence et culture

S'il amène à l'extase, le rock est également inséparable de la violence. Par son rythme même, il engendre les débordements. En témoignent ces nombreux épisodes au cours desquels, sur scène, l'artiste brise volontairement des objets. En 1967, Jimi Hendrix casse pour la première fois une guitare et un ampli puis, dans un autre concert, met le feu à sa guitare. L'année suivante, il brûle sur scène un drapeau américain. Communicative, la violence ne reste pas l'apanage de l'artiste. Le public se laisse entraîner, saccageant les salles de spectacle. En 1967 et 1968, lors des concerts des Doors, éclatent de vraies émeutes. En 1969 à Altamont, devant 300 000 personnes, un incident très grave se produit durant le festival. Certes, l'ambiance était mauvaise et le LSD n'était pas de « bonne qualité », mais surtout certains Hell's Angels chargés du service d'ordre étaient ivres et commencèrent par maltraiter le chanteur du Jefferson Airplane lors de son passage sur scène. Les Grateful Dead et les Rolling Stones se produisirent ensuite et, dès son arrivée, Mick Jagger, le leader des Rolling Stones, fut agressé par un spectateur. Un jeune Noir monté sur la scène une arme à la main est alors frappé à mort par les Hell's Angels, sans que personne ne réagisse. L'ambivalence du rock est ici totale, entre un discours de paix et les modes d'expression les plus violents.

Cette violence déployée dans les concerts ne provient pas uniquement de facteurs comme le rythme musical ou l'absorption de drogue. Dans la mesure où ils se déroulent devant un public important, les concerts mettent au jour les caractéristiques de la psychologie des foules. Sensations et sentiments - dont on ne peut sous-estimer la place dans la contre-culture - sont exaltés. Cet appel à l'émotion constitue un motif récurrent dans les manifestations de masse. On sait qu'en foule l'individu met en suspens son esprit critique, au profit de l'affectif. L'imaginaire y décuple le sentiment de peur, accentuant de la sorte des notions déjà exprimées avec force dans la contestation politique : peur de la bombe atomique ou de la guerre du Viêt-nam. Le nombre est un catalyseur des émotions et une foule hystérique tombe aisément dans la violence collective.

Latente, la violence surgit d'autant plus facilement que la foule se sent investie d'une réelle puissance. Le nombre, en tant même que facteur sécurisant, incite au débordement. La présence d'autrui conforte l'individu dans sa conviction. Le sentiment d'appartenance à un groupe crée ainsi une impression de bien-être, et l'identification à l'autre donne au jeune la sensation d'être aimé. Selon la formule d'Abe Peck, le rock devient ainsi, après la politique, le sexe et la drogue, le quatrième des cavaliers de l'apocalypse[6].

Mais, si le rock est indissociable de la violence, ces désordres, il faut le noter, restent, tout compte fait, mineurs. Et la furie libérée pendant les concerts peut être considérée dans sa fonction sociale positive : elle détourne d'une autre violence qui risquerait de compromettre sérieusement l'ordre public. Dans un espace clos, les spectacles permettent une relative canalisation de l'énergie dépensée. La musique pop serait alors un mode d'expression acceptable de la violence que la jeunesse a besoin d'exprimer.

Ainsi, dans une microsociété qui refuse le travail, le rock est loisir, fête et communion. Il se fait l'écho de la révolte d'une génération idéaliste déçue par la réalité. Par son association avec les substances psychédéliques, il participe d'une recherche effrénée des sensations et d'une extase qui rappelle des expériences spirituelles. Ce véhicule des valeurs contre-culturelles comporte cependant des ambiguïtés. Il dénonce le conformisme, le matérialisme et certaines valeurs traditionnelles, mais il est lui-même le produit d'une culture de masse, fabriquée par un show-business dont le but est avant tout commercial. À ce titre, il s'insère dans l'économie capitaliste et forme une composante de la culture américaine. En transformant cette révolte en succès commercial, le rock témoigne à la fois des contradictions de la contre-culture et de celles de la société dans son ensemble.

6. Abe Peck, *Uncovering the Sixties. The Life and Times of the Underground Press*, New York, Pantheon, 1985.

En conclusion

La contre-culture se développe à un moment où les États-Unis sont en difficulté sur le plan international et où les idéologies néo-marxistes gagnent du terrain au niveau mondial. Elle témoigne d'une crise de confiance dans les capacités de la société américaine à mettre en œuvre les valeurs libérales dont elle se réclame et souligne un refus de l'angloconformisme. Ce mouvement apparaît chez une partie de la jeunesse qui, bien que souvent issue de la classe moyenne, se sent proche de ceux qui restent à l'écart de la prospérité générale, en raison de leur origine raciale ou sociale. L'augmentation rapide des effectifs étudiants donne à la révolte d'autant plus de force que la contestation s'appuie sur les grands problèmes du moment : la lutte des Noirs pour l'égalité et l'enlisement du pays dans un conflit extérieur dont il ne sortira pas vainqueur.

Mais, tout en s'opposant à la culture de masse, la contre-culture bénéficie de certaines de ses valeurs. Elle utilise une très grande liberté d'expression pour diffuser les idées de révolutionnaires cubains ou chinois qui, eux, interdisent à leurs propres opposants de s'exprimer, quand les procès intentés par la justice américaine à des meneurs ou à des militants pacifistes débouchent rarement sur de lourdes peines. Et, dans le domaine social, la contre-culture profite aussi du libéralisme américain. La révolution sexuelle est bien une conséquence directe de la mise en vente de la pilule par un gouvernement qui souhaite freiner la croissance démographique du pays. Quant à la révolution psychédélique, elle tire parti, pour s'implanter, du flou juridique et de la multiplicité de lois qui varient selon les États.

Certes, la contre-culture est l'expression d'un refus politique, social et moral mais, sous des airs affranchis, elle est l'héritière de valeurs et de modes de pensée qui viennent en droite ligne de la tradition américaine. À se vouloir avant tout libération totale, expression d'un désir d'indépendance, elle revendique cette filiation avec un passé prestigieux, celui des pères fondateurs. Et l'individualisme qu'elle exprime n'est-il pas l'autre face de ce besoin de liberté si ancré dans la mentalité collective ? Sur bien d'autres points encore, la contre-culture se rattache à cette tradition dont, pense-t-elle, la société moderne s'est éloignée : la vie rude dans la nature et la formation de communautés font partie d'un héritage américain déjà ancien, tandis que la recherche incessante d'expériences nouvelles rappelle l'élan qui a poussé un peuple de pionniers à délaisser les formes d'oppression et à partir à la découverte d'un monde nouveau, qu'il a cru lui aussi fabuleux. Quant à l'idéalisme et à la quête spirituelle dont témoigne la contre-culture, on peut en rendre compte comme d'une forme de néo-transcendantalisme. Le comportement de la jeunesse contestataire y manifeste la même ambiguïté avec, d'un côté, la volonté de distanciation et, de l'autre, la tentative agrarienne.

Une approche de la contre-culture qui refuserait de voir ses contradictions et ses limites serait malgré tout insuffisante. Il faut souligner les nombreuses faiblesses du mouvement. Sur le plan structurel, le manque d'unité, l'absence de bases économiques ou la brièveté de ce qui peut s'interpréter comme une crise existentielle de la jeunesse sont parmi les principales causes de l'effondrement rapide du mouvement. À un autre niveau, la retombée de la contestation et la réinsertion de la jeunesse dans la société américaine sont dues à son incapacité à dépasser ses propres contradictions. La non-violence cède notamment le pas à l'intolérance et au fanatisme, tandis que l'individualisme extrême et l'hédonisme total rendent difficiles des relations stables au sein de la subculture. Mais d'autres contradictions sont aussi lisibles : ces opposants à la société industrielle vivent de ses surplus, ces partisans d'une vie naturelle refusent de donner la vie, ces adeptes d'une ascèse spirituelle comptent trop souvent sur des substances miracles pour leur ouvrir sans effort l'accès au divin.

La difficulté essentielle que rencontre la contre-culture consiste en fait à effectuer des choix théoriques conciliables avec les exigences du monde réel. Privilégier instincts et sensations, qui sont par nature vécus dans l'instant, et interdire à l'homme d'agir durablement sur un environnement dont il aurait choisi d'évacuer le rationnel ? Cette valorisation de l'irrationnel fait alors partie intégrante du combat contre la culture, tandis que le refus de la durée conduit à cultiver l'éphémère. Parlant de ceux qui poursuivent le même idéal qu'elle, Lenore Kandel écrit dans l'un de ses poèmes : « Nous sommes doux, chauds et tremblants comme un papillon doré qui vient de naître. » On sait qu'un papillon ne vit que quelques heures...

Trente ans après une période aussi tumultueuse, il est sans doute possible d'établir un véritable bilan de l'impact de la contre-culture. Comme en témoigne l'ampleur d'un phénomène qui a largement débordé le cadre des États-Unis pour s'étendre à de nombreux pays industrialisés, les raisons profondes de la révolte de la jeunesse sont à rechercher ailleurs que dans des circonstances politiques ou économiques particulières, même si des événements comme le début de la déségrégation ou le conflit vietnamien ont pu, aux États-Unis, jouer un rôle de catalyseur. La présence d'une classe d'âge nombreuse issue du baby-boom et élevée de façon libérale dans une prospérité sans précédent est l'élément incontournable, et il lui faut trouver, dans de grandes causes mobilisatrices ou de nouveaux modes de vie, un but qui réponde à son besoin d'idéal.

Au-delà du souvenir d'une période mythique évoquée avec

nostalgie par ceux qui eurent vingt ans dans les années 60, que reste-t-il aujourd'hui de ces années passionnées, hormis la pointe d'envie qu'expriment aujourd'hui les enfants de la crise, inquiets de leur avenir ? Si les tensions internationales majeures se sont dissipées avec la fin de la guerre froide et si de nouvelles conceptions de la démocratie ont apparu tandis que des « minorités », ethniques ou autres, ont acquis une certaine audience, la contre-culture, elle, a surtout marqué les comportements et le mode de vie. Échec politique dans la mesure où ses excès ont contribué aux États-Unis à ternir l'image du Parti démocrate, la contre-culture a malgré tout participé au progrès social par le combat qu'elle a mené, à sa manière, aux côtés des défavorisés. Mais son impact s'est surtout fait sentir dans la libéralisation des mœurs.

L'extension de la drogue, la libération sexuelle, le renouveau du féminisme, l'essor du mouvement gay, la naissance d'une conscience écologique font notamment partie de son héritage, au même titre que le rock. Et, derrière des manifestations spécifiques, l'apport contre-culturel s'exprime en termes d'élargissement de la conscience. Le rejet de notions morales héritées du christianisme traduit la recherche d'une liberté toujours plus grande. Les années 60 peuvent s'interpréter comme une étape au cours de laquelle la civilisation occidentale se laisse séduire par une approche païenne qui, privilégiant le corps, fait du plaisir la valeur suprême. En cela, elle n'a eu qu'à ériger en ligne de conduite des conditions que lui proposait, de fait, la société de consommation.

Par-delà l'expression de la sensibilité d'une génération qui se révolte et se cherche, la contre-culture marque une hésitation, une peur de l'avenir tel que le définit la société moderne occidentale. Séduite par une pensée dans laquelle se mêlent freudisme et théories néo-marxistes, elle est prête à rompre avec une civilisation qui lui semble condamnée et dans laquelle, pourtant, elle a vu le jour. Elle est la fille rebelle de la culture.

Violente et pacifiste à la fois, la contre-culture reste un moment unique de passion mêlée de rêve, une période ambiguë et fascinante, brève et belle comme un mirage.

« Nous avions raison ! »

Entretien avec Patrick Rambaud

Autrement. - La contre-culture s'organise aux États-Unis dans les années 60, mais elle ne touche la France qu'environ dix ans plus tard. Était-ce par imitation ?

Patrick Rambaud[1]. - Non, plutôt par écho. La « nouvelle culture » - un terme moins agressif, que je préfère -, c'était une sorte d'onde qui passait au même moment dans une même génération, chez les plus marginaux, à San Francisco comme en Allemagne, au Québec, à Amsterdam, Londres, Paris, Katmandou. Si la guerre du Viêtnam et le rock nous reliaient aux jeunes Américains, nous n'avions pas, nous, de conflit colonial en route ni de ghettos noirs incendiés, et nous vivions sur une culture plus ancienne, mais le système que nous vomissions était cependant le même, celui qui aboutit aujourd'hui à la World Company des Guignols de l'info. Simplement, nous ne bougions pas dans le même décor.

Vous ne pouvez tout de même pas nier des influences américaines...

1. Patrick Rambaud est l'un des fondateurs du journal *Actuel*, en 1970. Il a écrit une trentaine de livres.

Lesquelles ? La nouvelle culture est vite devenue un fourre-tout d'idées dissemblables et parfois antagonistes. On y trouve à la fois les Black Panthers, qui préparent la guerre civile, et des hippies pacifiques. Les artistes américains étaient peu connus en France, en dehors d'un périmètre parisien réduit aux alentours de *La Coupole*. Quelques routards de luxe allaient se dorer à Ibiza, et Jean-Jacques Lebel, qui sortait du surréalisme, lançait des happenings plutôt mondains. En 1967, le Living Theatre était venu se produire dans le grand amphi de la faculté de Nanterre, avec ses représentations interminables, démantibulées et rasoir. Pendant une heure au moins, Julian Beck assise en lotus psalmodiait : « *Stop the war in Vietnam...*, Arrêtez le [sic] guerre... » Je me souviens d'un spectateur rouquin qui s'était levé et avait crié d'une voix forte : « Il ne s'agit pas d'arrêter la guerre mais de la gagner ! » Il avait été très applaudi. Il faisait mine d'étudier la sociologie. Il s'appelait Cohn-Bendit.

Le cinéma underground américain existait.

Oui, mais cantonné à des salles d'art et d'essai. *Faces*, de Cassavetes, avait des fanatiques. *Ice*, de Robert Kramer, plaisait par sa violence crue, son réalisme et son côté bricolé. Il y avait eu l'*Easy Rider* de Dennis Hopper, bien sûr, qui suivait à travers l'Amérique brutale et blanche la randonnée de deux motards déjantés. Et puis les frères Mékas, ou Andy Warhol, blasé, ironique, décadent, qui exposait des boîtes de conserve et filmait des éphèbes ; à New York, ses films passaient dans les circuits érotiques les plus restreints. Ce qui réunissait les cinéastes dits underground ? Ils se débrouillaient en marge de Hollywood et du spectacle officiel. En France, ils n'avaient pas le monopole. Dans un même programme de courts métrages marginaux, au cinéma *Le Racine*, on ajoutait à Warhol *Quand les anges tombent*, du Polonais Polansky, ou *Les oiseaux sont des cons*, de Chaval. Entre tous les courants, nous savions rester éclectiques.

Il y avait quand même une littérature beatnik.

Peu d'écrivains étaient traduits. *Sur la route* de Kerouac, bien sûr, et Ginsberg ou même Leary. Cela restait confidentiel. Manquaient Watts ou Brautigan, les plus importants à mes yeux. Et Jerry Rubin.

On parlait beaucoup de Burroughs...

À cause du scandale. Son *Festin nu*, si ma mémoire ne défaille pas, avait été censuré. Il avait l'aura des martyrs. Appartenait-il à ce que vous nommez la contre-culture ? Avec sa mine de pasteur anglican et ses déclarations incendiaires, il se référait plutôt à Genet, Artaud, Céline. Hippie ? Non. Il prétendait que l'amour était un virus. Il disait : « On ne donne pas de fleurs aux flics, sauf d'une fenêtre et dans un pot. » Homosexuel déclaré et fier, héroïnomane pendant quinze ans, toujours en vadrouille du côté de Tanger, il avait sans doute de quoi plaire aux marginaux, mais qui le lit encore ? Il préconisait le déconditionnement mais citait volontiers Ron Hubbard, le roi du lavage de cerveau, l'inventeur de la scientologie. Il entendait détruire le langage articulé, qu'on en revienne au grognement. En était-il dupe ? Il confiait à son propre propos : « J'ai écrit des textes que je trouvais intéressants en tant qu'expériences, mais illisibles. J'ai vu beaucoup d'expériences intéressantes dans des petites revues, mais je n'ai jamais réussi à en lire une page. » Mieux valait faire de la chaise longue ! On retrouvait chez lui ce refus de la clarté et ce goût enfantin de l'écriture prétendue automatique des années 20. Quand une culture se fige, des individus veulent la secouer. Ils prêchent alors son contraire, et ils en reviennent à chaque fois vers l'inarticulé et le facile, qui exerce longtemps ses ravages.

Et le célébrissime festival de Woodstock *? N'a-t-il pas été le plus fort symbole de ces années-là ?*

Les concerts gratuits du Jefferson Airplane, les rassemblements de l'île de Wight ou de *Woodstock*, 400 000 jeunes qui vivent ensemble dans la boue et dans l'herbe pendant trois jours, devant un podium géant où passent Hendrix, Richie Havens, Joe Cocker, cela a joué un rôle certain aux États-Unis. Et puis Hendrix mourut en septembre 1970. Il avait dit : « Être jeune, c'est être mécontent. » Tout le monde était d'accord. Mike Wadleigh a sorti le film de *Woodstock* en France au printemps 1970. La Warner Brothers l'avait même présenté au festival de Cannes. Déjà, les concerts de cette ampleur étaient devenus des bons placements, les promoteurs l'avaient compris : Altamont avait déjà perdu l'esprit de *Woodstock*. En Europe, il y avait eu un concert de ce type à Amougie, un autre à Biot pendant l'été 1970. Dans un cas comme dans l'autre, ils n'ont pas déplacé des centaines de milliers de personnes. C'était à notre échelle. Nous écoutions Dylan, Joan Baez, en même temps que Ferré qui chantait Mai 68 à la Mutualité dans une salle électrique.

En 1968, il n'y a pas eu que le mois de mai français...

Bob Kennedy et Martin Luther King avaient été assassinés, quelques mois après Guevara, et nous en avions ressenti la secousse. De même, à Mexico, les deux athlètes noirs qui avaient levé leurs poings gantés et baissé la tête, dans le stade olympique, quand on jouait, pour les saluer, l'hymne américain : nous recevions de là-bas des images fortes. De Prague aussi. D'Allemagne aussi. Du Viêt-nam aussi. Un discours politique les intégrait, même si je persiste à croire que Mai 68, chez nous, a d'abord été une nécessaire poussée de printemps. Les gens se parlaient dans la rue : voilà la révolution attendue.

Avec le temps, Mai 68 nous apparaît comme une révolte très politique.

Parce que ce sont toujours les mêmes qui en parlent ! La pulsion, la spontanéité ont été recouvertes par une phraséologie laborieuse. Des groupuscules surgis du XIXe siècle ont encadré et mis en tracts, mais je crois que l'immense majorité des gens de vingt ans avait d'abord envie d'un surcroît de liberté.

Les années 60 avaient-elles été si affreuses ? Aujourd'hui, on aurait plutôt tendance à les regretter.

On ne peut les regretter que si on ne les a pas vécues.

Quel souvenir en avez-vous donc ?

Il y avait dans l'atmosphère quelque chose de rétrograde, une absence de couleurs et de vie, pas de sentiments, aucune souplesse, tellement de vulgarité. Cette société amidonnée, il n'était pas question d'en hériter telle quelle. Tout était gris, conforme et pudibond. Le ministre de l'Information venait en personne à la télévision d'État présenter une nouvelle speakerine, et malheur à celle qui osait montrer un genou ! Il n'y avait que deux chaînes en noir et blanc, simples à mettre au pas. Quand de Gaulle recevait à l'Élysée, son épouse bigote imposait de couvrir les décolletés des dames avec des châles assez moches. La censure frappait les films, les journaux. Des éditeurs risquaient leurs maisons à publier Sade, Miller ou Bataille, qu'on peut maintenant se procurer en livres de poche. De l'air ! de l'air ! Nous avions seulement besoin de respirer.

En enfilant des manteaux afghans brodés et en vous laissant pousser les cheveux ?

Ne riez pas bêtement de ces futilités, qui n'en étaient pas. En 1788, un pareil refus des convenances annonce une révolution : les élégants choisissent soudain le négligé, les femmes se mettent à porter des souliers plats et des jupes moulantes, les hommes jettent leurs perruques et adoptent le chapeau rond... Eh bien, nous, nous n'étions même pas libres de notre aspect. Le cheveu devait se porter ras sur la nuque, comme dans les casernes. L'uniforme masculin obligatoire se composait d'un costume sombre, d'une chemise blanche et d'une cravate que les plus jeunes osaient tricotée ou écossaise - il fallait bien admettre une pointe de fantaisie, n'est-ce pas ? Une pointe mais pas plus. Je me souviens d'un garçon qui se promenait à Paris en costume de velours grenat. Les passants s'arrêtaient, interloqués : quelle audace ! Par moquerie, les Galeries Lafayette vendaient des perruques Beatles au rayon des jouets. Votre accoutrement vous désignait. *France-Soir* titrait en gras : « Le tueur sadique de Vernon : un barbu aux cheveux longs », comme si ceci expliquait cela. En fait, nous réclamions la couleur. Nous l'avons obtenue, dans la presse comme dans la rue. La mode n'est plus une contrainte, sinon épisodique, ces accessoires qui vous rattachent à une tribu, le jean déchiré des lycéens, par exemple. La dernière fois que j'ai pris un billet de train, le guichetier avait une coiffure de Jésus-Christ et la barbe du Père Noël. Si vous croisez aujourd'hui dans le métro un type en toge jaune canari, ou coiffé d'un pot de chambre, c'est à peine si vous le remarquez. Il a bien le droit de se déguiser si ça lui chante.

En 1970, dès son premier numéro, Actuel *prolongeait la contestation politique en s'attaquant aux mœurs...*

Le moyen de faire autrement ? Nous étions coincés entre l'ordre moral gaulliste et l'ordre moral gauchiste. Des deux côtés nous devenions suspects. Quand je rentrais du journal à quatre heures du matin, à pied, je me faisais contrôler une nuit sur deux par les flics. Ils m'entouraient à dix, il fallait que j'ouvre l'étui de ma machine à écrire sur le trottoir, des fois qu'il contienne un bazooka pliant. De l'autre côté, même méfiance. J'avais un jour repris un maoïste sur le texte qu'il nous avait soumis. Il m'avait répondu : « Explique-toi politiquement ! » Diable ! je ne voyais pas trop comment la politique pouvait se nicher dans l'accord du participe passé. En 1975, je me suis fait insulter par ces mêmes survivants du gauchisme raide pour avoir défendu, dans un article, les montagnards du Tibet qui tiraient sur les occupants chinois. Désormais, on a le droit de défendre les Tibétains, et bien des maoïstes français sont devenus bouddhistes pour expier leurs erreurs.

À quoi se réduisait, à l'époque, la contre-culture en France ?

À rien. Elle était diffuse. Vous connaissez la réplique de Michel Simon dans *Drôle de drame* : « À force de dire des choses horribles, elles finissent toujours par arriver. » Nous avons donc suivi ce précepte, et nous avons en effet orchestré des thèmes agités à San Francisco, jusqu'à ce qu'ils prennent corps chez nous.

Lesquels ?

Autorité, famille, travail, sacrifices, basta ! Mais nous avions des slogans joyeux. Dès le premier numéro d'*Actuel* nous réclamions des murs peints et le droit de marcher sur les pelouses interdites, de s'y rouler comme à Hyde Park. C'était possible sans les abîmer, et la maison Vilmorin nous avait renseignés : il suffisait de planter de la prairie pelouse. Humour, provocation, vigueur et mauvaise foi, ces bons vieux ingrédients appartenaient à notre propre tradition, celle des dada et des situationnistes. Nous proclamions : « L'art est fait pour s'amuser », « La révolution pour le plaisir », « Aucun océan ne nous sépare »...

Et ça a marché ?

Plus vite et mieux que prévu. *Actuel* devenait un point de rencontre. Les gens y débarquaient à l'improviste et s'y installaient. Un cinglé resta une nuit entière sur un canapé hors d'usage à composer des poèmes sur des feuilles de papier à cigarette. Un facteur proposa de distribuer à l'œil des livres et des journaux parallèles. Des routards arrivaient du Népal, repartaient en Californie et se posaient un instant chez nous. Nous recevions tant de lettres qu'il était impossible d'en rendre compte, malgré une rubrique qui s'imposa : « Les lecteurs parlent aux lecteurs. » Nous voulions être un collectif, cette fois nous l'étions. Nous refusions de signer, de nous mettre en avant, c'était réussi, nous servions d'aiguilleurs. Nous avons fini par ne conserver des lettres reçues que les informations ou les demandes, et cela, transformé en petites annonces gratuites, est devenu l'embryon d'un réseau parallèle, underground.

Vous nous donnez des exemples ?

Au hasard, en feuilletant : « Nous sommes décidés à introduire l'underground au Havre et nous y arriverons » ; « Communauté cherche pavillon dans la banlieue parisienne » ; « Je voudrais connaître les sentiments et les joies qu'ont ressentis les gens qui ont fait la route » ; « Écris-nous. Jack se tire fin mars. Es-tu à Paris ou dans le Gard ? On t'a écrit à Lyon » ; « Aimerais savoir où pieuter et pour pas cher, à Bordeaux et Rochefort (très urgent) » ; « On travaille l'artisanat, on fait quelque chose qui nous plaît, on essaie de planer. Si vous planez, si vous avez des combines, venez nous aider, on est au lycée de Valenciennes » ; « Dispose de dix billets d'avion retour simple Bombay-Zurich » ; « Cherche n'importe qui avec quatre roues pour m'amener le plus tôt possible le plus loin possible. » Il y en a ainsi des dizaines de milliers. En même temps, des petits journaux improvisés se sont mis à fleurir partout, et ils se rencontraient dans nos pages. On publia à leur intention un *Manuel du parfait petit imprimeur*. Les plus connus, les plus solides se nommaient *Quetton* à Cherbourg, *Crève Salope* à Toulouse, *Vivre* à Strasbourg, *La Grande Gueule* à Marseille...

Soit, un mouvement parallèle s'est développé, et il a fonctionné, mais cinq ans plus tard il s'était évanoui. Qu'en reste-t-il ?

La contre-culture d'une époque devient la culture de la suivante. Il faut un temps de digestion. Voyez les impressionnistes. Voyez la bataille d'*Hernani*. Voyez les procès de Flaubert et de Baudelaire. Voyez *La Règle du jeu* de Jean Renoir : ce film hué le jour de sa sortie est devenu un classique. Et le Grand Magic Circus règne au théâtre national de Chaillot. Les thèmes que nous avons jetés dans les années 70, ce sont les banalités de cette fin de siècle. Une idée qui se répand, se modifie et se dilue, se dénature parfois, mais l'essentiel demeure ; je crois que nous avions raison.

Sur quoi ?

Sur presque tout.

Vous pouvez détailler ?

Il suffit de reprendre les deux premières années d'*Actuel*, dont chaque numéro traitait d'un sujet, et de constater : ce qui passait alors pour décalé, farfelu, brouillon, excessif, existe désormais comme autant d'évidences. Par quoi commencer ? L'écologie ? Cela nous paraissait important. Nous avions prévu un numéro là-dessus en octobre 1971. Il y avait un problème de taille : comment titrer notre dossier ? À part Fournier dans *Charlie-Hebdo*, personne ne connaissait ce mot. Pour la couverture, on avait un dessin de Cobb, deux bonshommes défaits, sur le toit d'une voiture cassée, dans un océan de gadoue, de ferrailles et de rats. En titre, nous avons donc écrit en gros : « Beuark ! » et dessous, en petit : « C'est quoi l'écologie ? » Quelques mois plus tard, le mot inconnu figurait à la une de *L'Observateur*. Les idées couraient vite. Aujourd'hui, on nous signale un danger mortel par jour. Je ne serais pas surpris si on me disait la semaine prochaine que le merlan est radioactif, que le yaourt rend sourd ou que la lumière électrique provoque le cancer de la peau.

Les gens refusaient de voir les dangers ?

Pompidou était président. Il voulait adapter la ville à la voiture. La pensée d'un désastre ne l'effleurait pas. Il espérait bétonner les deux rives de la Seine, planter un Manhattan aux abords de l'Opéra, Hong-Kong à la place de la gare d'Orsay, Chicago devant l'église Saint-Eustache et une autoroute bien large pour cacher le canal Saint-Martin. C'était l'époque diabolique de la destruction des halles de Baltard, où se sont donnés de si beaux concerts et de si merveilleux spectacles, celle de Beaubourg, qui rouille, et de cette insolente tour Montparnasse bénie par André Malraux. La défense du patrimoine n'intéressait pas les gaullistes. La mort prématurée du président Pompidou nous a sauvés de l'horreur intégrale mais, grâce à lui et à ses proches, en région parisienne la pollution de l'air nous coûte cinq milliards de francs par an, selon des chiffres officiels. Bravo ! il aurait mieux valu nous écouter brailler.

Personne ne protestait vraiment ?

Peu de monde. Attention ! Nous vivions sous un régime autoritaire, suffisant, affairiste et policier qui serait de nos jours heureusement impensable. Je viens d'ailleurs de lire que le maire provisoire de Paris renonce à raser le bas de Belleville, sous la pression d'associations courageuses et tenaces. Ce maire a même prétendu avoir le souci de la population et de son mode de vie habituel. Ah, que voilà un langage neuf ! C'était le nôtre en 1971.

Vous préconisiez aussi le vélo ?

Mais oui ! Nous avions même donné l'exemple des provos d'Amsterdam, nos homologues, mieux organisés, qui avaient mis à la disposition des habitants une centaine de vélos blancs et gratuits pour circuler en ville sans ronger leurs poumons. Je viens d'apprendre que cent quatre-vingt communes françaises ont tenu un congrès à Nantes pour promouvoir le vélo, en proclamant : « Aller moins vite permet de gagner du temps ! » On dirait un titre d'*Actuel*. Toutefois, il ne faudrait pas que le cycliste adopte un comportement aussi crétin que l'automobiliste qu'il dénigre. Hélas, il en prend le chemin. En ville, le cycliste est dangereux et arrogant. Il fait le malin sur sa selle parce qu'il ne vous crache pas de l'oxyde de carbone dans le nez, mais il circule vite et dans tous les sens. On ne l'entend même pas venir.

Vous circulez comment ?

J'ai deux jambes. Selon les distances je préfère l'avion, le train, le métro ou la marche à pied qui dégourdit la cervelle. Je ne sais pas conduire.

Dès qu'une idée devient majoritaire, vous ne lui trouvez plus de charme ?

Sot ! On ne constitue une majorité qu'en assemblant des minorités braillardes. En 1970, de quoi s'agissait-il ? De dégager de la grisaille pompidolienne des envies, des actions justes. Les homosexuels se cachaient ; nous leur avons donné la parole. Après, à eux de la conserver, avec mesure. Les lycéens se faisaient chaque jour tabasser par la police (la liste est impressionnante) ; ils venaient s'exprimer chez nous. Très tôt nous avons offert un numéro aux femmes. C'était une minorité qui représentait la moitié de la population.

N'oubliez pas que jusqu'en 1966, pour travailler, une femme mariée devait demander une autorisation écrite à son mari. Alors des filles en furie revendiquaient avec fracas des droits élémentaires. Elles étaient casse-pieds mais elles avaient raison. On leur ouvrait nos colonnes, elles nous injuriaient, nous avions de la vertu et les nerfs en pelote. Que réclamaient-elles ? D'abord le droit à l'avortement. Elles l'ont obtenu quelques années plus tard sous Giscard, ce président qui a aboli la censure et interrompu la destruction de Paris. Elles ont à nouveau manifesté en novembre 1995 pour préserver cet acquis ; avec les culs-bénis qui rôdent, un retour en arrière est toujours possible. Voyez ce qui se passe aux États-Unis, ces médecins qui doivent travailler en gilet pare-balles. Bref, en couverture du numéro 4, sur un sublime dessin fluo de Meysenbug, nous avons titré : « À bas la société mâle ! »

En parlant du Women's Lib américain ?

Évidemment, puisqu'il a précédé le MLF français, qui était en train de naître. Il fallait parler de Germaine Greer, et dans la foulée nous avons traduit le *Society for Cutting Up Men Manifesto*, « le manifeste pour les couper aux hommes », de Valérie Solanas, une New-Yorkaise qui traînait dans le hall de l'hôtel Chelsea, avec ses gros pulls et sa casquette en velours, et qui faisait profession de haïr les hommes. En 1968, elle avait tiré trois coups de revolver sur Warhol, la star du pop art. Il avait été trois mois à l'hôpital et Solanas s'était retrouvée en psychiatrie. Le *SCUM Manifesto* a eu un sacré retentissement aux États-Unis ; c'était un appel aux armes, un programme politique proche de la science-fiction. Nous devions en rendre compte.

Et ce numéro était abondamment illustré de dessins américains...

Des dessins très forts de Robert Crumb, l'un de nos héros, la vedette des Zap Comix, ces bédés parallèles et décoincées qui décrivaient notre univers avec de l'humour, comme le Shelton des *Freak Brothers*, comme Ron Cobb. Mais cela ne nous empêchait pas de demander des illustrations à Gotlib, Druillet, Brétecher,

Mandryka. La bande dessinée ne nous paraissait pas du tout un genre mineur, nous qui avions très tôt pratiqué Hergé, Franquin ou Jacobs. Nous avons également voulu souligner l'importance de la science-fiction, mal considérée, et là encore nous évoquions des auteurs américains ; ils avaient des intuitions et des extravagances réjouissantes, Heinlein, Van Vogt obsédé par les failles de l'intelligence scientifique, le lyrique et absurde Philip José Farmer, *Demain les chiens* de Simak...

Dans ce cas, vous figuriez le relai de la contre-culture californienne et new-yorkaise.

À côté de ceux-là nous placions nos auteurs, et nous écrivions tout autant sur Darien, Roger Vailland ou le Collège de pataphysique. Même chose pour le cinéma. Le *Charles mort ou vif* d'Alain Tanner, avec l'éblouissant François Simon, ou *Les Mâles*, de Gilles Carles, nous poussaient naturellement vers les nouveaux cinémas de la Suisse et du Québec. Quelques années plus tôt, des films français montraient déjà des personnages décalés, qui décidaient du jour au lendemain que le travail était mauvais pour la santé, je pense au *Bof* de Faraldo, avec Paul Crauchet, et à *La Vie à l'envers* de Jessua, avec Charles Denner sublime...

En fait, vous brassiez large pour contrer la culture dominante.

Impossible de la décoincer, nous en réclamions une autre, ce qui nous engageait à renverser ses valeurs cul par-dessus tête. L'un de nos premiers éditos le proclamait : « Les recherches psychédéliques et la dérision balaient le puritanisme et les faux impératifs de la technologie. La vie commence à l'écart des hiérarchies, des technocraties, des bureaucraties et des organisations, vers des collectivités égalitaires... » Que nous offrait la société où nous errions ? Le rapport de force, la performance, la compétition. Cela a-t-il vraiment changé ? Pas assez. Nous pataugeons encore dans un univers de la quantité, quand nous aurions besoin de la qualité. Bill Gates a pour l'instant écrasé Montaigne. Internet en est le terrible symbole, comme si savoir se résumait à accumuler !

Attendez, je ne comprends plus. Vous parliez de McLuhan et de son village planétaire...

McLuhan est l'un des rares à s'être interrogé sur l'horreur des médias, mais on le comprend de traviole. Vous savez pourquoi ? On ne l'a pas lu. Le village planétaire dont il parlait n'était pas une utopie bienfaisante mais un mal qui lui semblait inévitable. Il ne jugeait pas, il montrait. J'ai l'impression que l'informatique développe une capacité de nuisance qui couvre ses possibilités de communication. Vous ne croyez pas ?

Il faudrait donner des exemples...

Quand on parle de village planétaire, on oublie la réalité des villages : on ne peut pas y faire un pas sans que les voisins le sachent. Merci ! D'ailleurs, McLuhan restait très critique contre les nouvelles formes de la communication. En 1967, il expliquait que les nouveaux médias étaient dangereux pour notre santé mentale. Il pensait que, si nous arrêtions les émissions de télévision pendant quelques années, les résultats seraient extrêmement bénéfiques, sinon, écrivait-il, « nous allons vers la destruction totale de notre vie politique, éducative, sociale, institutionnelle. La télévision va dissoudre la trame de la vie sociale dans un très court laps de temps. La télévision bouleversera la vie psychique et la vie sensorielle. » Voyez dans quel état nous sommes.

Vous refusez la notion de progrès ?

À l'époque de ce que vous nommez la contre-culture, beaucoup d'entre nous s'en méfiaient comme de la peste.

Les hippies...

Nous y voilà ! D'où venaient-ils ? De loin. Vers le milieu du XIXe siècle, aux États-Unis, la notion de progrès que les industriels venaient d'inventer tournait à la franche religion. Des visionnaires et des inventeurs appuyaient les marchands de leur imagination.

On creusait à l'air comprimé des tunnels sous l'eau, le chemin de fer de la Western Railroad mangeait la prairie. La Machine et l'Argent devenaient la mesure des choses. Communication d'abord : fleuves, routes, rails, diligences, ponts. Ces pionniers venaient d'Irlande, d'Angleterre, de France, d'Allemagne, de l'Est européen, ils parlaient chacun leur langue et n'avaient aucune histoire commune ; alors, contraints de se côtoyer, ils avaient inventé la communication. En ces temps lointains, déjà, les philosophes se rebellaient. C'étaient les ancêtres des hippies modernes. Ils s'appelaient Emerson ou Thoreau, parlaient de Saadi, d'Épictète, de Brahma, de Coleridge. Que disaient-ils ? Le télégraphe ou l'électricité sont des jouets, et la foule a remplacé l'homme. À New York, il y avait des façades en marbre à Broadway, mais des banques en faillite, des ateliers fermés, des soupes populaires, trop d'immigrants, trop de chômage. Cette accélération déplaisait à Emerson, qui se demandait : l'homme arrivera-t-il à une fin plus rapide par un chemin plus bref ? Thoreau, l'auteur de *La Désobéissance civile*, le livre de chevet de Gandhi et de Martin Luther King, était encore plus radical. Il était parti s'enfermer dans une cabane, au bord de l'étang de Walden. Un jour, il avisa des ouvriers qui plantaient des poteaux et y accrochaient des fils :
« Qu'est-ce que vous fabriquez ?
- On installe le télégraphe, m'sieur.
- Pour quoi faire ?
- Ben, vous pourrez savoir tout ce qui se passe à Boston, à New York, vous aurez des nouvelles du monde entier.
- Je m'en fiche, moi, de savoir que la princesse Adélaïde a des maux d'estomac ou je ne sais quoi ! »
Et Thoreau, avant de regagner son champ de haricots, se demandait si le fil du télégraphe, après tout, n'allait pas servir à diffuser des sornettes : « Des moyens de communication, je veux bien, mais si les gens n'ont rien à se dire ? » On nous impose Internet : l'interrogation demeure la même.
Récemment, dans le *Palm Beach Post*, un dessin de Don Wright reprend ce point de vue. Une voiture surchargée, avec des télés et des téléphones empaquetés sur le toit, s'arrête devant un arbre. Le conducteur et sa famille demandent à un gros type à casquette,

pipe à la main, placide, comment rejoindre la superautoroute électronique. Le gros répond, l'index tendu : « Allez tout droit jusqu'à l'avenue de la Mort-Cérébrale, tournez à droite dans la rue du Jamais-Lu, comptez trois pâtés de maisons jusqu'au boulevard des Illettrés, et puis virez sur la gauche, par la route des Patates-de-Divan qui vous y mènera tout droit. »

C'est pourquoi les hippies vivaient comme des Indiens ?

Oui. C'est la raison des communautés, qui ont périclité par naïveté ; le premier hiver était fatal à ces faux paysans. L'autarcie était difficile. La rupture était trop brutale, sans doute, et même un potager demande un savoir. Les salades ne poussent pas par miracle.

Il y avait aussi des communautés urbaines...

Elles ont eu les mêmes problèmes. Sur dix personnes, il n'y en avait que deux à travailler, à laver la vaisselle, à nettoyer. Ces deux-là se sont vite lassées. Là aussi, le nombre des profiteurs était considérable. Refuser le travail, c'est tout un travail !

Et puis, fumer des joints ne rend pas très dynamique.

N'exagérez pas. L'herbe faisait partie intégrante de nos plaisirs. Il n'y a pas d'accoutumance, comme pour le tabac, et aucun risque mortel, comme pour l'héroïne, dont elle est l'exact contraire. S'il y a des souris chez vous, il n'y aura pas de rats. S'il y a des joints, il n'y aura pas de seringues. C'étaient des produits antinomiques.

Autour de la marijuana, il y avait toute une mythologie...

Bien sûr, puisque c'était interdit. Mais le pastis ne nous disait rien. Certains dealers étaient des artistes, ils pensaient que l'herbe serait autorisée et qu'ils ouvriraient des échoppes pour leurs produits de luxe. Certains parlaient comme Hédiard ou Fauchon : « Tiens, regarde, j'ai de la colombienne qui fait des vagues. Je viens de recevoir un afghan noir et souple... » Ils étaient poètes.

Tout de même !

C'est ainsi. Les psychédéliques nous ouvraient un autre monde en nous faisant mieux voir celui où nous vivions. Je sais bien que rester trois heures devant un vieux mur en disant : « Waow, ce mur ! Super, ce mur ! Waow ! » n'est peut-être pas une activité très riche, mais nous avions envie de planer et de nous éblouir. Un myosotis devenait divin. Nous n'avions jamais regardé de myosotis avant. Cela a développé notre regard. Ce que ce bon vieil Alan Watts écrivait dans sa *Joyeuse Cosmologie* tombait pile, nous devions nous déconditionner, jeter sur le monde un regard dépouillé et nu : « Pour reconnaître que pensée et corps, forme et matière, sont une seule et même chose, il faudrait que nous soyons capables de passer outre le blocage que nous ont imposé des siècles de confusion sémantique et de préjugé philosophique. » Trois bouffées partagées et nous y parvenions. Je me souviens que nous montions des gammes de goûts, en installant en rangée des pots de confiture, passant des tonalités sourdes du pamplemousse au clairon de la groseille. Les numéros consacrés à ces substances illicites ont été les premiers épuisés.

Vous n'avez pas été interdits ?

Nous ne faisions aucun prosélytisme. Nous dénoncions même l'héroïne, peu présente à l'époque. Nous dénoncions aussi l'hypocrisie officielle. Le gouvernement français n'avait-il pas profité pendant des décennies de l'opium d'Indochine, que sa régie mettait en vente libre et qui lui rapportait autant que le sel ou l'hévéa ? Il y avait même des fumeries autorisées, à Paris, pour les anciens militaires, en bas de la rue Lepic ou à Montparnasse : Clara Malraux, une rigolote vieille dame, nous l'avait raconté.

Sur ce point aussi, vous aviez raison ?

J'ai lu dans *Le Monde* que 30 % des Danois, de 11 % à 16 % des Français, Allemands, Espagnols et Anglais ont fumé des joints ou en fument encore. Pourquoi ? À cause du stress. Pour se relaxer, disent-ils, pour oublier entre amis le chômage et les impôts. L'Observatoire européen des drogues le confirme. Je vous signale qu'il y a un siècle la marijuana était une médecine, et que George Washington en cultivait dans son jardin. Il semble qu'elle ait un effet dans le cas du glaucome, en permettant à la tension oculaire de baisser.

L'héroïne aussi était un médicament !

C'est exact. Après la guerre de Sécession, bien des éclopés s'habituèrent à la morphine. On avait inventé un produit de substitution pour les tirer de cette toxicomanie. Ce fut l'héroïne. Une erreur. Par la suite, l'héroïne est devenue une arme de guerre, au Viêtnam, pour pourrir l'armée américaine. De nos jours, c'est encore une arme de guerre, et une belle rente pour les mafias.

En 1970, la pratique des psychédéliques avait des motifs, comment dire, plus mystiques...

Le mysticisme se loge où il peut, comme le bernard-l'hermite dans les coquilles vides. Nous avions surtout envie de rire aux éclats, de voyager devant l'écran en nous absorbant dans le *2001* de Kubrick.

Venons-en à cette fameuse révolution sexuelle.

En théorie, certes. Mais dans les faits ? Les orgies réclamées restaient assez tartes. Le désir des lycéens s'arrêtait en général au regard, et à seize ans ce n'était pas facile pour une jeune fille de se procurer la pilule. Quant aux légions d'immigrés, ils vivaient un apartheid rigoureux, s'ils ne se faisaient pas agresser dans la rue à coups de barre de fer : relisez les faits divers de l'époque.

D'où vient, dans ce cas, la nostalgie des jeunes générations actuelles pour les années 70 ?

Allez savoir ! Une époque révolue est toujours idéale. Il n'y avait pas de sida, peu de chômage, un festin coûtait quatorze francs et le fascisme demeurait dans sa taupinière. La police était rude, la paranoïa guettait souvent, mais nous pouvions ruser avec ces maux. Maintenant, que voit-on ? Chacun regarde en arrière par crainte de regarder devant. L'avenir est brumeux, le passé est donc appelé à la rescousse, enjolivé, écrémé, exemplaire. Vous jetez un coup d'œil sur la télé ? Il n'y a que des rétrospectives. Vieux feuilletons, émissions et jeux sur la télévision d'hier, hommages permanents aux morts, Brel, Ventura, Gabin, Coluche, Le Luron, Claude François. Cela n'arrête pas. On bazarde un présent qui déplaît. On n'ose qu'à peine évoquer les lendemains, sinon en termes de grèves ou de catastrophes.

Les gens chercheraient avant tout à fuir ?

Oui. Dans les années 70 aussi, mais plutôt en Orient. On y partait pour chercher une autre notion du temps et de la richesse, une nouvelle mentalité. « Ralentissez ! Simplifiez ! » Ces mots d'ordre restent valables. Changer de décor et changer de corps, pendant quelques mois, c'était vivifiant. Bien sûr, les gourous restaient à l'affût des voyageurs les plus innocents, et combien se sont laissé happer par une belle illusion ? Combien en sont revenus avec de la bouillie sous le crâne et des déguisements inadéquats sous nos latitudes ? Quitter un système de pensée pour tomber dans un autre, avec ses clochettes, ses formules magiques et tout le tralala, je vous concède qu'il y a là-dedans quelque chose de débilitant. Cette mauvaise part des années 70 est toujours vivace dans ce que l'on nomme le New Age : les librairies, par rayons entiers, vous proposent des livres de sagesse qui pour la plupart relèvent de la soupe. Pour ma part, je relis souvent Tchouang-tseu et Krishnamurti, parce qu'ils sont toniques. Ils avaient compris que toute croyance est négative, qu'elle vous isole et finit par vous rendre odieux. Une utopie qui se réalise, c'est affreux. Le sourire supérieur de l'adepte, je le reçois toujours comme une paire de gifles.

Le voyage en Inde n'existe plus ?

Je n'en sais rien, mais le monde s'est rétréci. On ne pourrait plus traverser certains pays comme il y a vingt-cinq ans. Vous iriez dormir à la belle étoile au Laos ou à Kaboul ? Dans les lagons indonésiens, vous avez de fortes chances de voir flotter des bouteilles de shampooing. La route a vécu, et l'Asie entière singe l'Occident dans ce qu'il offre de pire, le béton, le dollar, le travail forcé. On prétend que les Chinois veulent détruire la Cité interdite de Pékin et la reconstruire dans la banlieue, en plus grand, pour les touristes.

Votre tableau n'est pas rose.

Le rose est peut-être une couleur fade.

Aujourd'hui, quelle serait la valeur, le sentiment, l'attitude qui pourrait servir de fondement à une nouvelle contre-culture ?

La politesse.

Glossaire

Acid test. « Partie » où se retrouvent des jeunes pour écouter de la musique pop et consommer des substances psychédéliques.

Alpert, Richard. Un des pionniers du LSD. Il dirigera la *Psychedelic Review.* À la suite d'un séjour en Inde, il prend le nom de Baba Ram Dass.

Banana hoax. Canular monté au printemps 1967. Le bruit ayant couru que la peau des bananes contenait des substances psychédéliques, de nombreux hippies se précipitent sur ce fruit. Alertée, la Food and Drug Administration ordonne des analyses qui concluent à sa totale inocuité.

Black Panther Party (BPP). Organisation composée de militants d'extrême gauche du *black power.* Le BPP a été créé en 1966 à Oakland (San Francisco) par, entre autres, Huey Newton, Eldridge Cleaver et Bobby Seale. Prônant la révolte interraciale, il sera démantelé entre 1969 et 1972.

Carmichael, Stokely. Lance le concept de *black power.*

Civil Rights Movement (Mouvement des droits civiques). Lutte contre la discrimination. Le *sit-in* de la cafétéria de Greensboro, début 1960, est souvent considéré comme le début du Civil Rights Movement, d'autant qu'il est bientôt suivi de la fondation d'un mouvement étudiant, le SNCC, qui participe activement à la lutte. L'organisation de voyages en bus, en mai 1961, où se mêlent militants noirs et blancs, les *freedom riders,* ainsi que la marche sur Washington en 1963 sont les principaux temps forts du Civil Rights Movement. Même si Martin Luther King déclare quelques années plus tard sa déception devant la lenteur des transformations sociales, le mouvement n'en a pas moins joué un rôle considérable dans la lutte pour l'égalité.

Cleaver, Eldridge. Connaît très tôt la prison, notamment pour viols. Lors d'une incarcération, il se laisse séduire par les idées de Malcolm X puis, à sa sortie, devient membre des Black Panthers. Après de multiples péripéties, il part à Cuba puis à Alger d'où il est bientôt expulsé. De retour aux États-Unis en 1976, il fait un retour à Dieu et adhère à des valeurs traditionnelles. En 1980, il se déclare partisan de Reagan.

Communes (ou communautés). Groupes de personnes ayant décidé de vivre ensemble à l'écart de la société américaine pour expérimenter un mode de vie différent. Historiquement, le mouvement des communes aux États-Unis se rattache à une tradition, en particulier en Californie. À l'époque contre-culturelle, on peut distinguer des communes religieuses, des communes urbaines - souvent peu visibles - et des communes rurales - les plus fréquentes.

Crash-pad. Chambre ou appartement généralement surpeuplé occupé par des hippies.

Diggers. Groupe très actif de hippies, pour beaucoup anciens membres de la troupe théâtrale San Francisco Mime Troupe.

Flower children (« enfants fleurs »). Surnom donné aux hippies en raison de leur attirance pour la nature et l'éphémère. Ils manifestent par leur comportement un rejet de la société industrielle.

Free Speech Movement (1964). Point de départ de la révolte des campus. Parti d'un incident lors d'une distribution de tracts devant l'université de Berkeley, il prend rapidement de l'ampleur et a tôt fait de contester l'institution universitaire et la société tout entière.

Friedan, Betty. Auteur de *The Feminine Mystique* (1963). Elle fonde en 1966 la National Organization for Women (NOW).

Ginsberg, Allen. L'un des personnages les plus influents de la *beat generation.* Après des études d'histoire, il professe des opinions marxistes et compare le capitalisme et l'impérialisme américains à un monstre, Moloch, dieu sanguinaire et cannibale. En 1955, à la Six Gallery, il lit en public *Howl,* qui annonce certains thèmes de la contestation. Tout au long de la décennie suivante, il exerce une influence littéraire réelle, grâce à ses ouvrages.

Golden Gate Park. Situé à San Francisco, il constitue le lieu de la plupart des rassemblements hippies se déroulant dans cette ville.

Goodman, Paul. Écrivain et psychanalyste. Plus encore que C.W. Mills, il contribue à la prise de conscience par l'intelligentsia des problèmes de la civilisation industrielle américaine. Selon lui, le libéralisme est incapable d'apporter une solution au malaise de la société. Auteur notamment de *Growing Up Absurd* (1960), *The Community of Scholars* (1962) et *Making Do* (1963).

Grass. « Herbe », autre nom de la marijuana.

Haight-Ashbury. Quartier de San Francisco, haut lieu de la communauté hippie.

Happenings. Grands rassemblements hippies.

Harrington, Michael. Membre du Socialist Party et de mouvements de gauche, il participe à des actions pour les droits civiques et pour le pacifisme. Il incarne une tendance libérale et tolérante de la New Left (nouvelle gauche) à ses débuts. Son ouvrage *The Other America* (1962) contribue largement à la prise de conscience des problèmes sociaux par l'opinion publique.

« Hippocrates ». Rubrique médicale du Dr Schoenfeld, qui paraît simultanément dans plusieurs journaux underground.

Hoffman, Abbie. Diplômé de psychologie, il participe au mouvement étudiant et collabore à divers journaux underground. En 1968, il fonde avec l'aide de Jerry Rubin le mouvement Yippie. Au terme du procès dit des « Huit de Chicago », il est condamné à cinq ans de prison pour avoir participé aux émeutes lors de la convention démocrate de Chicago en août 1968. Il sera libéré quelques mois plus tard. Un moment tenté par le trafic de drogue, Hoffman se tournera ensuite vers le mouvement écologiste. Son ouvrage le plus connu est *Revolution for the Hell of It* (1968).

Hofman, Albert. Chimiste des laboratoires Sandoz qui, en 1943, découvrit le LSD.

Huxley, Aldous (1894-1963). Auteur de *Contrepoint* (1928) et du *Meilleur des mondes* (1932). Il découvre la mescaline en 1953 et se laisse séduire par les substances psychédéliques. Il raconte ses expériences avec la drogue dans *Doors of Perception* (1954). Son livre *Island* (1962), dans lequel il décrit une société utopique ayant adopté l'usage de la drogue, connaît un vif succès.

Kandel, Lenore. Dans sa poésie érotique, elle évoque avec des accents lyriques l'amour charnel, qu'elle met en relation avec les mythologies grecque et hindoue.

Kerouac, Jack (1922-1969). Auteur de *On the Road* (1957). Il y décrit une vie errante qui, à bien des égards, sera celle de nombreux hippies.

Kesey, Ken. Écrivain, publie en 1962 *One Flew Over the Cuckoo's Nest (Vol au-dessus d'un nid de coucous).* S'intéresse aux drogues comme le peyotl, la mescaline, la psilocybine, le LSD. Avec ses amis, les Merry Pranksters, il est un élément marquant de la bohème de San Francisco.

King, Martin Luther (1929-1968). Né à Atlanta (Géorgie). Après ses études de théologie, il s'installe à Montgomery en Alabama et, en décembre 1955, prend la tête du boycott des autobus de la ville, pour exiger la déségrégation. Il fonde le Southern Christian Leadership Conference (SCLC) et milite activement pour la défense des droits civiques des Noirs. En août 1963 à Washington, il prononce le discours célèbre *I have a dream.* Il reçoit le prix Nobel de la Paix en 1964. Il critique bientôt la politique vietnamienne de Johnson, qui pèse trop lourdement sur l'économie et freine les réformes sociales. Mais il est déçu par les difficultés de la société américaine à se réformer en profondeur. Il est assassiné en avril 1968.

Leary, Timothy. Né en 1920, un des pionniers du LSD avec Richard Alpert. Il est l'auteur de *The Politics of Ecstasy* et des *Psychedelic Prayers.* Son doctorat de psychologie clinique lui permet d'exercer à Harvard, d'où il est renvoyé pour avoir fait auprès de ses étudiants l'apologie du LSD. Il lance le mot d'ordre « Se brancher, être en phase, laisser tomber » et prône la libération par l'usage des drogues. Condamné à la prison, il s'évade avec l'aide de membres des Black Panthers et des Weathermen, et gagne un temps l'Europe. Après une période de revendication plus violente, Leary est arrêté de nouveau. Il termine sa vie chez lui, en Californie.

Love beads. Grosses perles peintes.

Maccarthysme. Période d'intolérance vis-à-vis de personnes soupçonnées d'être communistes ou, plus simplement, d'avoir des idées de gauche. Elle se traduit par une « chasse aux sorcières ». La condamnation de McCarthy par le Sénat en décembre 1954, puis la décision de la Cour suprême Yates vs USA (1957) marquent la fin du maccarthysme. Avant même la naissance de la contre-culture, il avait déjà perdu beaucoup de son pouvoir.

Malcolm X (Malcolm Little, dit). Fils d'un pasteur baptiste, il sera élevé par sa mère jusqu'à ce qu'elle soit internée, puis connaîtra l'Assistance publique et sera finalement recueilli par sa sœur à Boston. En prison, il adhère à la Nation de l'Islam. À sa libération en 1954, il s'associe à Elijah Muhammad, fondateur de ce mouvement, mais se sépare de lui. Il part en pèlerinage à La Mecque, puis fonde à son retour l'Organisation de l'unité afro-américaine, qui prône l'autodéfense armée. En février 1965, il est assassiné, probablement par ses anciens amis de la Nation de l'Islam. Les Black Panthers en feront un héros.

Mantra. Formule sacrée du brahmanisme.

Marcuse, Herbert (1898-1979). Philosophe d'origine allemande. S'installe aux États-Unis en 1934. Il enseigne dans diverses universités dont Columbia (New York) et San Diego. Parmi ses ouvrages les plus connus, on note *Éros et Civilisation* (1955) et *One-Dimensional Man (L'Homme unidimensionnel)* (1964). Ses idées, parfois déformées, ont exercé un impact important sur la nouvelle gauche américaine et, de façon plus générale, sur le mouvement contre-culturel tout entier.

Mills, C.W. Auteur de *The Power Elite* (1956), dans lequel il démonte les mécanismes de la société américaine qui n'est, dit-il, ni aussi égalitaire ni aussi démocratique qu'elle le prétend.

Mud-in. Comme les *be-in*, les *love-in*, ou les *nude-in*, il s'agit d'un grand rassemblement de jeunes. Si, au cours des *nude-in*, les participants font l'expérience du naturisme, pendant les *mud-in*, ils se réunissent pour s'enduire de boue *(mud).*

New Age. Ensemble de théories et de méthodes ésotériques souvent non rationnelles qui rendent compte, à leur manière, de la place de l'homme au sein du monde.

New Left (nouvelle gauche). Courant essentiellement représenté par deux mouvements étudiants : le SNCC, composé surtout d'étudiants noirs, et le SDS, à majorité blanche.

Owsley (Augustus Owsley Stanley III). Un des fabriquants de LSD les plus connus. La « qualité » de ses produits les fait connaître jusqu'en Europe.

Peace symbols. « Symboles de paix » : croix égyptiennes, logo pacifique, etc.

Presse underground. Comprend des parutions parfois irrégulières comme *Village Voice, Mad, The Realist, Open City LA, Rat, Berkeley Barb, Liberation News Service, Teaspoon Door, LA Free Press, Seed, The Oracle.*

Psychedelic Shop. Magasin créé en 1966 à Haight-Ashbury par les frères Thelin. Un passage obligé pour tout hippie qui se respecte...

Reich, Wilhelm (1897-1957). Psychanalyste d'origine austro-hongroise. Exclu du PC allemand, il s'installe aux États-Unis en 1939 après un séjour au Danemark et en Suède. Cet homme à l'équilibre fragile affirme avoir découvert une énergie biologique capable selon lui de guérir nombre de maladies, dont le cancer. Il sera un temps emprisonné pour escroquerie. Ses écrits, *La Révolution sexuelle* et *Psychologie de masse du fascisme*, ont largement contribué à la naissance du mouvement de libération sexuelle au cours des années 60.

Rubin, Jerry. Né en 1938, il abandonne très vite ses études universitaires et participe à la révolte étudiante de Berkeley de 1964 (Free Speech Movement). Il milite également pour les droits civiques, se mobilise en faveur de Cuba et prend part au mouvement pacifiste. Il fait la connaissance de Timothy Leary et devient un acteur convaincu de la révolution psychédélique et culturelle. En octobre 1967, il organise avec Abbie Hoffman la marche sur le Pentagone, puis fonde avec lui le mouvement Yippie, début 1968. Son livre *Do It* (1969) est un best-seller. Quelques années plus tard, il deviendra agent de change et conseiller financier.

Substances hallucinogènes. Elles comprennent notamment le cannabis (et ses dérivés, marijuana et haschisch), le peyotl ou mezcal (qui contient la mescaline), les champignons hallucinogènes psilocybes, le LSD 25, ainsi que les amphétamines.

Trips Festival. Organisé au Fillmore Auditorium, en janvier 1966, par Bill Graham et Ken Kesey.

Venice. Quartier bohème de Los Angeles.

Village. Quartier bohème de New York.

Watts, Alan. Érudit, auteur de *The Joyous Cosmology* (1962), ainsi que d'ouvrages sur les religions extrême-orientales. Son itinéraire spirituel le conduit au bouddhisme puis à une quête religieuse fondée sur le LSD. Il est un des personnages les plus marquants de la contre-culture.

Weathermen. Mouvement extrémiste dont Mark Rudd sera l'un des principaux leaders.

Wolfe, Tom. Auteur de *The Electric Kool-Aid Acid Test*, dans lequel il raconte l'aventure psychédélique.

Yippie. Membre du Youth International Party (YIP), né de la manifestation d'octobre 1967 devant le Pentagone et fondé en 1968 par Allen Ginsberg, Abbie Hoffman et Jerry Rubin. Le mouvement prône une forme d'anarchisme sur fond de révolution sexuelle et de substances psychédéliques, et s'exprime volontiers de manière pittoresque.

Chronologie

1952	*États-Unis :* nov. : élection d'Eisenhower (Nixon vice-président)
1953	*Monde :* fév. : première bombe thermonucléaire soviétique juil. : armistice en Corée *États-Unis :* juin : exécution d'Ethel et Julius Rosenberg oct. : Earl Warren à la tête de la Cour suprême
1954	*Monde :* mai : défaite de la France à Diên-Biên-Phu *États-Unis :* mai : arrêt de la Cour suprême Brown vs Topeka (décision de déségréguer les écoles) déc. : chute de Joe McCarthy
1955	*Monde :* avril : conférence de Bandung *États-Unis :* janv. : renvoi de milliers de fonctionnaires soupçonnés d'être sympathisants communistes nov. : interdiction de toute forme de ségrégation dans les trains et les autobus des transports entre États déc. : Rosa Parks refuse de céder sa place dans un bus à un passager blanc. Son emprisonnement sera à l'origine du boycottage des bus de Montgomery (Alabama)

1956 *Monde :*
juil. : nationalisation par l'Égypte du canal de Suez
automne : intervention soviétique en Hongrie (Budapest)
oct.-nov. : arrêt de l'intervention franco-anglo-israélienne à Suez

États-Unis :
nov. : réélection d'Eisenhower

Contre-culture :
mise au point de la pilule par le Dr Pincus

1957 *Monde :*
premier vol des spoutniks soviétiques

États-Unis :
29 août : *Civil Rights Act* (première loi en faveur des droits des Noirs depuis 1868)
sept. : à Little Rock (Arkansas), le gouverneur tente d'empêcher la déségrégation scolaire et fait appel à la garde nationale de l'État. Eisenhower enverra 1 000 hommes pour protéger 9 écoliers noirs
sept. : premiers essais nucléaires souterrains (Nevada)

Contre-culture :
On the Road, de Jack Kerouac

1958 *Monde :*
mars : suspension par l'URSS puis les États-Unis des essais nucléaires

États-Unis :
juil. : création de la NASA

1959 *Monde :*
Fidel Castro entre à La Havane

États-Unis :
janv. et août : entrée de l'Alaska et de Hawaï dans l'Union
juil. : visite de Nixon (vice-président) en URSS
sept. : visite de Khrouchtchev aux États-Unis

1960 *Monde :*
bombe atomique française
mai : avion espion américain U2 abattu au-dessus de l'URSS

États-Unis :
naissance du SNCC
9 mai : la Food and Drug Administration autorise la mise en vente de la pilule contraceptive
oct. : embargo sur les exportations vers Cuba
8 nov. : élection de J.F. Kennedy

Contre-culture :
1er fév. : occupation par des Noirs de la cafétéria du magasin Woolworth à Greensboro (Caroline du Nord) : premiers *sit-in* noirs

---

1961 *Monde :*
collectivisation de l'économie tibétaine et poursuite de l'implantation - commencée en 1950 - de la Chine au Tibet
janv. : rupture des relations diplomatiques entre les États-Unis et Cuba
avril : procès du nazi Eichmann en Israël
premier vol dans l'espace (Youri Gagarine, URSS)
mai : Kennedy en visite à Paris
juin : rencontre Kennedy-Khrouchtchev à Vienne
août : construction du mur de Berlin

États-Unis :
17 avril : débarquement manqué de la baie des Cochons, à Cuba
envoi par Kennedy de forces spéciales au Viêt-nam
5 mai : premier astronaute américain, A.B. Shepard
déc. : les États-Unis promettent leur aide au Sud-Viêt-nam

Contre-culture :
4 mai : début des voyages en bus des *freedom riders* à destination du sud

---

1962 *Monde :*
fin de la guerre d'Algérie
28 oct. : l'URSS démantèle les bases qu'elle installait à Cuba

États-Unis :
15 juin : naissance du SDS et publication du *Port Huron Statement*
oct. : J. Meredith, premier étudiant noir à s'inscrire à l'université du Mississippi
22 oct. : J.F. Kennedy dénonce dans un discours télévisé la présence de bases de fusées soviétiques à Cuba. « Crise des missiles »

Contre-culture :
One Flew Over the Cuckoo's Nest, de Ken Kesey
Island, d'Aldous Huxley
The Joyous Cosmology, d'Alan Watts

1963

Monde :
juin : visite de J.F. Kennedy à Berlin-Ouest
août : décision d'installer le « téléphone rouge » entre les États-Unis et l'URSS
août : signature par les États-Unis, la Grande-Bretagne et l'URSS d'un traité interdisant les expériences nucléaires dans l'atmosphère

États-Unis :
avril : arrestation à Birmingham (Alabama) de Martin Luther King et de 2 500 manifestants
16 000 conseillers militaires américains au Viêt-nam
28 août : *Civil Rights March* : défilé à Washington de 200 000 personnes à l'appel de M.L. King, qui prononce son discours *I have a dream*
22 nov. : assassinat de J.F. Kennedy à Dallas. L.B. Johnson lui succède
publication de *The Other America*, de Michael Harrington, qui dénonce la pauvreté aux États-Unis

Contre-culture :
mars : Harvard renvoie le Dr Leary et le Pr Alpert pour avoir incité leurs étudiants à prendre des hallucinogènes. Bientôt se développent dans tout le pays des campagnes en faveur de la légalisation de la marijuana. Débuts de la Psychedelic Left.
The Feminine Mystique, de Betty Friedan

1964

Monde :
août : affaire du golfe du Tonkin (navires américains attaqués)
L. Brejnev remplace N. Khrouchtchev

États-Unis :
janv. : Johnson déclare la « guerre contre la pauvreté »
fév. : arrivée des Beatles à New York
arrivée aux États-Unis de la minijupe, créée par le couturier anglais Mary Quant
2 juil. : Johnson signe le *Civil Rights Act*
18 juil. : émeutes à Harlem puis dans d'autres villes
30 août : loi sur l'égalité des chances *(Economic Opportunity Act)*
14 oct. : M.L. King prix Nobel de la Paix
nov. : L.B. Johnson élu président à une large majorité

Contre-culture :
mai : naissance du *Los Angeles Free Press.* Début de la presse underground
publication de *One-Dimensional Man,* d'Herbert Marcuse
1er oct. : début du Free Speech Movement, à Berkeley

1965

Monde :
première marche dans l'espace (Leonov, URSS)
avril-mai : intervention de *marines* à Saint-Domingue
déc. : rendez-vous spatial entre Gemini 6 et Gemini 7

États-Unis :
fév. : bombardement systématique du Nord-Viêt-nam par les États-Unis et engagement massif des États-Unis au Viêt-nam
21 fév. : assassinat de Malcolm X
21-25 mars : défilé de Selma à Montgomery (organisé par M.L. King)
juillet : envoi au Viêt-nam de 100 000 soldats américains supplémentaires
6 août : Johnson signe le *Voting Rights Act*
11-17 août : graves émeutes à Watts (Los Angeles) : 34 morts

Contre-culture :
fév. : début de la production massive de LSD à Los Angeles
17 mars : première manifestation nationale contre la guerre (Washington)
24 mars : *Teach-in* contre la guerre, à l'université du Michigan, puis dans des centaines d'universités
SDS organise à Washington la première marche nationale pacifiste
août : concert géant des Beatles au Shea Stadium de New York
sept. : à Delano (Californie), Cesar Chavez lutte aux côtés des travailleurs agricoles en grève
nov. : début des *acid tests* à San Francisco
1965-1966 : création de la commune de Drop City près de Trinidad (Colorado)

1966

États-Unis :
janv. : reprise des bombardements sur le Nord-Viêt-nam
Stokely Carmichael élu président du mouvement étudiant noir SNCC. Il va lancer le slogan *black power.*
juil. : émeutes noires à Chicago et Cleveland
oct. : plus de 300 000 soldats américains présents au Viêt-nam
15 oct. : fondation du Black Panther Party par Seale et Newton
nov. : Reagan élu gouverneur de Californie

Contre-culture :
ouverture à San Francisco du *Psychedelic Shop*
slogan de Leary : « *Turn on, tune in, drop out* »
janv. : premier *Trips Festival* à San Francisco, organisé au Fillmore Auditorium par Graham et Kesey
mars : nombreuses manifestations pacifistes à San Francisco, Chicago, Boston, Philadelphie, Washington
mai : nouvelles manifestations pacifistes à Washington
6 août : nombreuses manifestations contre la guerre pour l'anniversaire de Hiroshima
6 oct. : grand *love-in* hippie au Golden Gate Park de San Francisco
6 oct. : interdiction du LSD en Californie
21 nov. : fondation par Betty Friedan de la National Organization for Women (NOW)
16 déc. : parade *Diggers' Death of Money and Rebirth of the Haight*

1967 *Monde :*
guerre des Six-Jours entre Israël et l'Égypte
guerre du Biafra (tentative de sécession d'une partie du Nigeria)
mort de Che Guevara
première transplantation cardiaque (Afrique du Sud)

États-Unis :
15 avril : manifestation contre la guerre dans de multiples villes, dont New York et San Francisco
juin : nomination à la Cour suprême du premier juge noir, Thurgood Marshall
juil. : émeutes raciales dans tout le pays : des dizaines de morts
17 août : Stokely Carmichael lance un appel à la révolution
nov. : premiers maires noirs à Cleveland (Ohio) et Gary (Indiana)

Contre-culture :
14 janv. : *World's First Human Be-In (Gathering of the Tribes)* à San Francisco
printemps : *banana hoax*
juin : ouverture de la Free Clinic de San Francisco
16 juin : premier *Pop Festival* à Monterey (Californie)
juin-août : le *Summer of Love* marque l'apogée du mouvement hippie. Énorme *be-in* au Golden Gate Park de San Francisco
fondation du mouvement Yippie par Rubin et Hoffman
août : *Festival of Om*
6 oct. : *Death of Hippie Ceremony and Birth of Free Man* à San Francisco

1967-1968 : création de la commune religieuse de Lama Foundation, près de Taos
21-22 oct. : manifestation devant le Pentagone
oct., nov., déc. : nombreuses manifestations contre la guerre

---

1968

Monde :
30 janv. : début de l'offensive communiste du Têt
traité de non-prolifération des armes nucléaires
août : invasion de la Tchécoslovaquie par les forces du pacte de Varsovie

États-Unis :
4 avril : assassinat de Martin Luther King, et nombreuses émeutes noires
arrêt des bombardements américains sur le Nord-Viêt-nam
10 avril : nouvelle loi sur les droits civiques *(Civil Rights Act)*
2 mai : « Marche des pauvres » à Washington
mai : début à Paris des négociations sur le Viêt-nam
5 juin : attentat contre Robert Kennedy
sept. : Huey Newton, leader du Black Panther Party, est condamné à quinze ans de prison pour le meurtre d'un policier
nov. : élection de Nixon, à une faible majorité

Contre-culture :
27 mars : début des événements de Columbia University
naissance de l'association féministe WITCH, à New York
les féministes protestent contre l'élection de Miss America
publication par Eldridge Cleaver de *Soul on Ice*
août : *Miami Pop Festival*
26 août : convention démocrate à Chicago : violents affrontements entre la police et les manifestants yippies

---

1969

Monde :
20 juil. : mission Apollo XII. Les cosmonautes américains sont les premiers hommes sur la lune.

États-Unis :
janv. : 540 000 soldats américains au Viêt-nam
juin : début de la diminution des effectifs américains au Viêt-nam
24 sept. : répression contre les Black Panthers et début du procès dit des « Huit de Chicago »

Contre-culture :
avril : révolte étudiante à Harvard
mai : incidents graves lors de manifestations au People's Park de Berkeley

juil. : *Atlanta Pop Festival*
15-17 août : *Woodstock Festival :* 500 000 participants
Newport Festival
8 oct. : émergence des Weathermen
15 oct. : importante manifestation *(First Vietnam Moratorium)* contre la guerre : 250 000 personnes à Washington
déc. : *Altamont Festival*, en Californie. Le concert des Rolling Stones dégénère

---

1970

Monde :
fin de la tentative de sécession du Biafra

États-Unis :
30 avril : incursion américaine au Cambodge
20 mai : manifestation à New York de personnes favorables à la poursuite de l'engagement américain au Viêt-nam

Contre-culture :
avril : *The Mobe* (manifestation pacifiste) à New York
avril : *Earth Day*, organisé par le mouvement écologiste
nouvelle manifestation pacifiste importante à Washington *(Second Moratorium)*
mai : graves incidents à Kent State University et à Jackson State University
vague d'attentats à la bombe contre la police et les institutions qui soutiennent l'effort de guerre américain au Viêt-nam
une centaine d'universités en grève
août : manifestation nationale des féministes
sept. et oct. : mort de Jimi Hendrix, puis de Janis Joplin

1971

Monde :
admission de la Chine populaire à l'ONU (à la place de Taiwan)
conflit Inde-Pakistan
missions Apollo XIV et XV vers la lune

États-Unis :
fév. : entrée de troupes américaines au Laos
juin : début de la publication par le *New York Times* des « dossiers du Pentagone »
juil. : droit de vote à dix-huit ans
procès d'Angela Davis
déc. : violents bombardements sur le Nord-Viêt-nam

Contre-culture :
mai : manifestations pacifistes à Washington

1972 *Monde :*
massacre des athlètes israéliens aux Jeux olympiques de Munich

États-Unis :
fév. : visite de Nixon en Chine
mai : visite de Nixon à Moscou et signature des accords SALT 1
17 juin : début de l'affaire du Watergate
fin juin : abolition de la peine de mort dans certains États
signature d'accords économiques et stratégiques importants entre États-Unis et URSS
12 août : les derniers soldats américains quittent le Viêt-nam
nov. : réélection triomphale de Nixon

Contre-culture :
mars : vote par le Congrès de l'amendement sur l'égalité des femmes (ERA)

Titres disponibles par collection

Collection "Mutations"

Abandon et adoption
(Nº 96) 224 p. 95 F.
Acteurs
(Nº 70) 256 p. 110 F.
Ainsi change l'école
(Nº 136) 256 p. 110 F.
Amour foot
(Nº 80) 200 p. 80 F.
Après les grands soirs
(Nº 165-166) 360 p. 149 F.
À quoi pensent les philosophes
(Nº 102) 256 p. 110 F.
Argent
(Nº 132) 232 p. 110 F.
Armes
(Nº 73) 256 p. 80 F.
Attente
(Nº 141) 224 p. 110 F.
Autres médecines, autres mœurs
(Nº 85) 240 p. 95 F.
Aventure
(Nº 160) 216 p. 120 F.
Aventure des images
(Nº 167) 192 p. 98 F.
Le Baiser
(Nº 169) 216 p. 120 F.
Bibliothèque
(Nº 121) 232 p. 95 F.
Bombe
(Nº 55) 168 p. 99 F.
Chercheurs ou artistes ?
(Nº 158) 240 p. 120 F.
Chez-soi
(Nº 137) 224 p. 110 F.
Cité des chiffres**
(Nº 5) 264 p. 120 F.
Confort moderne**
(Nº 10) 224 p. 120 F.
Corps surnaturé**
(Nº 4) 208 p. 120 F.
Culte de l'entreprise
(Nº 100) 256 p. 110 F.
Culture des camarades
(Nº 78) 224 p. 80 F.
Défi bioéthique
(Nº 120) 200 p. 95 F.
Demain, un emploi ?
(Nº 110) 256 p. 89 F.
Deuils
(Nº 128) 232 p. 110 F.
Dieux en sociétés
(Nº 127) 184 p. 110 F.
Dimanche
(Nº 107) 224 p. 95 F.
10-13 ans
(Nº 123) 208 p. 110 F.
Dormir
(Nº 119) 208 p. 95 F.
École plus
(Nº 67) 384 p. 149 F.
École et entreprises
(Nº 118) 192 p. 95 F.
Économie dévoilée
(Nº 159) 192 p. 110 F.
Enfances rêvées
(Nº 170) 224 p. 120 F.
Enfant lecteur
(Nº 97) 208 p. 95 F.
Enfant vers l'art
(Nº 139) 256 p. 110 F.
Ère des médiums
(Nº 103) 232 p. 89 F.
Ère du faux
(Nº 76) 224 p. 95 F.
Esprit des drogues
(Nº 106) 224 p. 89 F.
Être vieux
(Nº 124) 192 p. 95 F.
Europe-Hollywood et retour
(Nº 79) 240 p. 80 F.
Excellence
(Nº 86) 249 p. 95 F.
Faire la politique
(Nº 122) 224 p. 95 F.
Fatale beauté
(Nº 91) 224 p. 95 F.
Fous de danse
(Nº 51) 264 p. 95 F.
Génération glisse
(Nº 155-156) 344 p. 140 F.
Gourmandise*
(Nº 140) 192 p. 110 F.
Habiter, habité
(Nº 116) 224 p. 89 F.
Hauts lieux
(Nº 115) 184 p. 89 F.
Hauts-lieux musicaux d'Europe
600 p. 220 F.
Héros de l'économie
(Nº 59) 252 p. 70 F.
Homme contaminé
(Nº 130) 208 p. 110 F.
Hôpital à vif
(Nº 109) 232 p. 95 F.
Humour
(Nº 131) 232 p. 110 F.
Infiniment médecins
(Nº 161) 208 p. 120 F.
Info-révolution
(Nº 113) 360 p. 149 F.
Intelligence, intelligences
(Nº 57) 192 p. 95 F.
Intime
(Nº 81) 208 p. 95 F.
Islam
(Nº 95) 216 p. 110 F.
Jeunesse perdue
(Nº 157) 168 p. 110 F.
Jouet
(Nº 133) 216 p. 110 F.

* Collection "Mutations/Mangeurs".
** Collection "Mutations/Sciences en société".
*** Collection "Monde/Français d'ailleurs, peuple d'ici".

Légèreté
(N° 164) 208 p. 120 F.
Lumière
(N° 125) 208 p. 95 F.
Machines à écrire**
(N° 146) 224 p. 110 F.
Manger magique*
(N° 149) 208 p. 110 F.
Mangeur*
(N° 138) 176 p. 110 F.
Mariage, mariages
(N° 105) 208 p. 95 F.
Maternelle
(N° 114) 232 p. 110 F.
Mémoires lactées*
(N° 143) 224 p. 110 F.
Mère
(N° 90) 224 p. 95 F.
Mille et une bouches
(N° 154) 224 p. 110 F.
Mort à vivre
(N° 87) 224 p. 110 F.
Nom, prénom
(N° 147) 224 p. 110 F.
Nourritures d'enfance*
(N° 129) 216 p. 110 F.
Objectif bébé
(N° 72) 240 p. 95 F.
Obsession sécurité
(N° 104) 192 p. 89 F.
Odeurs
(N° 92) 224 p. 95 F.
Œdipe et neurones
(N° 117) 256 p. 95 F.
Opéra
(N° 71) 260 p. 95 F.
Orchestre
(N° 99) 240 p. 95 F.
Oublier nos crimes
(N° 144) 288 p. 120 F.
Ouvriers, ouvrières
(N° 126) 224 p. 110 F.
Panseurs de douleurs
(N° 15) 224 p. 89 F.
Parents au singulier
(N° 134) 224 p. 110 F.
Passés recomposés
(N° 150-151) 368 p. 149 F.
Penser la Terre
(N° 152) 264 p. 110 F.
Pères et fils
(N° 61) 232 p. 95 F.
Plaisir des mots
(N° 153) 224 p. 110 F.

Pub
(N° 53) 232 p. 110 F.
Rencontre
(N° 135) 184 p. 110 F.
Réveil des anges
(N° 162) 216 p. 120 F.
Révolutions minuscules
(N° 29) 254 p. 60 F.
Scène catholique
(N° 75) 232 p. 75 F.
Sciences contre l'homme**
(N° 8 vol. 1) 192 p. 120 F.
Sciences contre l'homme**
(N° 9 vol. 2) 152 p. 98 F.
Science ou justice ?**
(N° 145) 224 p. 110 F.
Science, pouvoir et argent**
(N° 7) 224 p. 120 F.
Sexe des sciences**
(N° 6) 208 p. 120 F.
Sœurs, des frères (Des)
(N° 112) 184 p. 110 F.
Souffrances
(N° 142) 224 p. 110 F.
Technologies du quotidien**
(N° 3) 224 p. 120 F.
Technopolis
(N° 74) 256 p. 75 F.
Terre outragée**
(N° 1) 272 p. 120 F.
Thérapies de l'âme
(N° 43) 264 p. 110 F.
Tokyo séisme**
(N° 2) 152 p. 95 F.
Tout négocier
(N° 163) 240 p. 120 F.
Vacances
(N° 111) 224 p. 95 F.
Villes en guerre
(N° 83) 192 p. 80 F.
Violence des familles
(N° 168) 184 p. 120 F.
Visage
(N° 148) 240 p. 110 F.

Collection "Monde"

Afrique australe
(HS 45) 272 p. 119 F.
Afrique du Sud
(HS 15) 256 p. 95 F.
Défi sud-africain
(HS 99) 208 p. 120 F.

Albanie utopie
(HS 90) 216 p. 120 F.
Algérie
(N° 38) 280 p. 95 F.
Algérie 30 ans
(HS 60) 208 p. 98 F.
Amazonie
(HS 49) 224 p. 89 F.
America
(HS 58/59) 416 p. 169 F.
Andalousie
(HS 38) 224 p. 95 F.
Antilles
(HS 41) 224 p. 110 F.
Arméniens et leurs territoires***
(HS 84) 192 p. 89 F.
1962 :
l'arrivée des Pieds-Noirs***
(HS 81) 160 p. 89 F.
Asie centrale
(HS 64) 256 p. 98 F.
Australie
(HS 7) 296 p. 110 F.
Australie noire
(HS 37) 192 p. 110 F.
Autre Allemagne
(HS 89) 224 p. 110 F.
Bali
(HS 66) 248 p. 110 F.
Barcelone
288 p. 149 F.
Berlin
(HS 1) 258 p. 95 F.
Berlin capitale
(HS 57) 208 p. 98 F.
Bornéo
(HS 52) 224 p. 95 F.
Brésil
(N° 44) 272 p. 95 F.
Budapest
(HS 34) 224 p. 95 F.
Buenos Aires
(HS 22) 256 p. 110 F.
Le Caire
(HS 12) 260 p. 110 F.
Californie
(N° 31) 264 p. 95 F.
Campagne anglaise
(HS 44) 224 p. 89 F.
Camps sur la plage,
un exil espagnol***
(HS 88) 160 p. 89 F.
Capitales de la couleur
(HS 9) 320 p. 95 F.

Cités disparues
(HS 55) 240 p. 95 F.
Corne de l'Afrique
(HS 21) 256 p. 110 F.
Côté banlieue
(HS 77) 160 p. 89 F.
Crète
(HS 69) 208 p. 110 F.
Cuba
(HS 35) 256 p. 110 F.
Damas
(HS 65) 264 p. 110 F.
Des villes en Suisse
(HS 25) 224 p. 95 F.
Désert
(HS 5) 254 p. 110 F.
Écosse
(HS 33) 224 p. 95 F.
Enfants de Faust
(HS 73) 176 p. 110 F.
Europe centrale
(HS 51) 208 p. 95 F.
Grèce
(HS 39) 224 p. 95 F.
Himalayas
(HS 28) 224 p. 110 F.
Hong Kong
(HS 3) 250 p. 110 F.
Après Hong Kong
(HS 97) 280 p. 130 F.
Inde
(HS 13) 232 p. 95 F.
Irlande
(HS 23) 224 p. 110 F.
Irlandes parallèles
(HS 93) 224 p. 120 F.
Istanbul
(HS 29) 232 p. 110 F.
Jérusalem
(HS 4) 248 p. 110 F.
Lieux d'islam
(HS 91-92) 352 p. 149 F.
Lisbonne
(HS 30) 224 p. 95 F.
Londres
(HS 6) 260 p. 95 F.
Londres création
288 p. 120 F.
Madrid
(HS 24) 224 p. 95 F.
Maroc
(HS 48) 224 p. 89 F.
Marrakech
(HS 11) 246 p. 110 F.
Marseille transit :
les passagers de Belsunce***
(HS 79) 160 p. 89 F.
Mayas
(HS 56) 232 p. 95 F.
Mékong
(HS 63) 264 p. 98 F.
Mexico
(HS 18) 240 p. 110 F.
Montréal
(HS 62) 200 p. 98 F.
Moscou
(HS 40) 264 p. 110 F.
Munich
(HS 19) 240 p. 95 F.
Mythe de l'Ouest
(HS 71) 224 p. 110 F.
Nanterre algérien,
terre de bidonvilles***
(HS 85) 144 p. 89 F.
Naples
(HS 74) 224 p. 110 F.
Nations basques
(HS 75) 240 p. 110 F.
New York
(N° 39) 304 p. 95 F.
New York contre N.Y.
(HS 61) 224 p. 98 F.
New York création
338 p. 99 F.
Nogent des Italiens***
(HS 80) 160 p. 89 F.
Le Panier, village corse
à Marseille***
(HS 98) 160 p. 89 F.
Paris Arts On Seine
432 p. 140 F.
Paris création
460 p. 140 F.
Paris-XIIIe,
lumières d'Asie***
(HS 87) 160 p. 89 F.
Patagonie
(HS 94) 224 p. 110 F.
Pays baltes
(HS 50) 232 p. 95 F.
Pays du Sahel
(HS 72) 232 p. 110 F.
Pékin
(HS 17) 200 p. 95 F.
Place du Pont
ou la médina de Lyon***
(HS 96) 88 p. 79 F.
Pologne
(HS 47) 224 p. 95 F.
Polonais du Nord***
ou la mémoire des corons
(HS 83) 160 p. 89 F.
Portugais à Champigny,
le temps des baraques***
(HS 86) 160 p. 89 F.
Prague
(HS 46) 232 p. 95 F.
Quelle Russie ?
(HS 67-68) 280 p. 129 F.
Repenser Israël
(HS 70) 200 p. 110 F.
Rio de Janeiro
(HS 42) 216 p. 89 F.
Rome
(HS 32) 224 p. 110 F.
Rue des Rosiers,
une manière d'être juif***
(HS 82) 160 p. 89 F.
Saigon
(HS 95) 248 p. 120 F.
Shanghai
(HS 26) 224 p. 95 F.
Sibériens
(HS 78) 256 p. 110 F.
Téhéran
(HS 27) 224 p. 110 F.
Terre indienne
(HS 54) 232 p. 110 F.
Thaïlande
(HS 43) 232 p. 95 F.
Tokyo
(HS 8) 344 p. 95 F.
Toscane
(HS 31) 224 p. 95 F.
Transsibéries
(HS 16) 224 p. 95 F.
Turcs
(HS 76) 224 p. 110 F.
Venise
(HS 14) 224 p. 95 F.
Vienne
(HS 53) 232 p. 95 F.

Collection "France"

Avignon
(SF 1) 224 p. 95 F.
La Défense
(SF 7) 200 p. 110 F.
Évry
(SF 8) 128 p. 89 F.
Limousin
(SF 14) 224 p. 110 F.

Marne-la-Vallée
(SF 9) 120 p. 89 F.
Marseille
(HS 36) 224 p. 89 F.
Massif central
(SF 15) 216 p. 110 F.
Metz
(SF 5) 224 p. 95 F.
Montauban
(SF 12) 192 p. 110 F.
Nancy
(SF 3) 224 p. 95 F.
Picardie
(SF 13) 200 p. 110 F.
Saint-Nazaire
(SF 6) 216 p. 110 F.
Saint-Quentin
(SF 10) 104 p. 89 F.
Sénart
(SF 11) 104 p. 89 F.
Toulouse
(SF 4) 192 p. 110 F.

Collection "Mémoires"

Alexandrie IIIe s. av. J.-C.
(N° 19) 264 p. 120 F.
Alexandrie 1860-1960
(N° 20) 256 p. 120 F.
America Magica
(N° 29) 256 p. 120 F.
Amsterdam XVIIe siècle
(N° 23) 256 p. 120 F.
Aurès/Algérie 1954
(N° 33) 176 p. 89 F.
Banlieue rouge 1920-1960
(N° 18) 296 p. 140 F.
Barcelone 1888-1929
(N° 16) 232 p. 120 F.
Berlin 1919-1933
(N° 10) 288 p. 120 F.
Berlin 1933-1945
(N° 37) 192 p. 120 F.
Calcutta 1905-1971
(N° 46) 256 p. 130 F.
Constantinople 1054-1261
(N° 40) 272 p. 130 F.
Les Découvertes
88 p. 69 F.
Dublin 1904-1924
(N° 6) 288 p. 120 F.
Fès médiévale
(N° 13) 224 p. 120 F.
Goa 1510-1685
(N° 41) 232 p. 120 F.
Guadeloupe 1875-1914
(N° 28) 248 p. 120 F.
Harlem 1900-1935
(N° 25) 288 p. 120 F.
La Havane 1952-1961
(N° 31) 240 p. 120 F.
Lituanie juive 1918-1940
(N° 44) 288 p. 130 F.
Hiroshima 50 ans
(N° 39) 240 p. 120 F.
Hollywood 1927-1941
(N° 9) 264 p. 120 F.
Istanbul 1914-1923
(N° 14) 232 p. 120 F.
Libération, fête folle
(N° 30) 240 p. 120 F.
Lisbonne hors les murs
(N° 1) 288 p. 120 F.
Lituanie juive 1918-1940
(N° 44) 288 p. 130 F.
Londres 1851-1901
(N° 3) 240 p. 120 F.
Londres 1939-1945
(N° 36) 320 p. 130 F.
Madrid 1936-1939
(N° 4) 288 p. 120 F.
Moscou 1918-1941
(N° 26/27) 352 p. 150 F.
New York 1940-1950
(N° 35) 256 p. 120 F.
Oxford 1919-1939
(N° 8) 288 p. 120 F.
Ozerlag 1937-1964
(N° 11) 256 p. 120 F.
Palerme 1070-1492
(N° 21) 272 p. 120 F.
Paris 1944-1954
(N° 38) 304 p. 130 F.
Pondichéry 1674-1791
(N° 24) 264 p. 120 F.
Rome Ier siècle av. J.-C.
(N° 42) 256 p. 120 F.
Rome Ier siècle ap. J.-C.
(N° 43) 240 p. 120 F.
Rome 1920-1945
(N° 7) 288 p. 120 F.
Saigon 1925-1945
(N° 17) 264 p. 120 F.
Salonique 1850-1918
(N° 12) 296 p. 140 F.
Samarcande 1400-1500
(N° 34) 248 p. 120 F.
Séville XVIe siècle
(N° 15) 232 p. 120 F.
Thèbes 1250 av. J.-C.
(N° 2) 272 p. 120 F.
Tolède XIIe-XIIIe
(N° 5) 280 p. 120 F.
Tonkin 1873-1954
(N° 32) 168 p. 89 F.
Venise 1500
(N° 22) 256 p. 120 F.
Vienne-Budapest 1867-1918
(N° 45) 264 p. 130 F.

Collection "Morales"

Amitié
(N° 17) 208 p. 120 F.
Charité
(N° 11) 256 p. 120 F.
Civisme
(N° 19) 240 p. 120 F.
Consolation
(N° 22) 176 p. 120 F.
Courage
(N° 6) 232 p. 120 F.
Curiosité
(N° 12) 256 p. 120 F.
Destin
(N° 21) 228 p. 120 F.
Fidélité
(N° 1) 208 p. 120 F.
Honneur
(N° 3) 232 p. 120 F.
Humilité
(N° 8) 192 p. 98 F.
Justice
(N° 16) 224 p. 120 F.
Pardon
(N° 4) 240 p. 120 F.
Patience
(N° 7) 224 p. 120 F.
Politesse
(N° 2) 216 p. 120 F.
Prudence
(N° 20) 192 p. 98 F.
Pudeur
(N° 9) 208 p. 98 F.
Pureté
(N° 13) 256 p. 120 F.
Résister
(N° 15) 224 p. 120 F.
Respect
(N° 10) 224 p. 120 F.

Responsabilité
(Nº 14) 224 p. 120 F.
Sincérité
(Nº 18) 256 p. 120 F.
Tolérance
(Nº 5) 224 p. 120 F.

Collection "Atlas/Monde"

Atlas du nouvel état du monde
168 p. 129 F.
Atlas de l'environnement dans le monde
128 p. 129 F.
Atlas de la santé dans le monde
136 p. 129 F.
Atlas des désordres du monde
160 p. 159 F.
Atlas des religions dans le monde
128 p. 149 F.
Atlas des États-Unis d'Amérique
136 p. 159 F.
Atlas de la Terre
128 p. 159 F.
Atlas des conflits fin de siècle
144 p. 159 F.

Collection "Atlas/Mémoires"

Atlas historique de l'Amérique du Nord
144 p. 159 F.
Atlas des croisades
192 p. 290 F.
Atlas du débarquement et de la bataille de Normandie
144 p. 149 F.
Atlas de la Première Guerre mondiale 1914-1918
192 p. 290 F.
Atlas de la Rome antique
144 p. 159 F.
Atlas des Vikings 789-100
144 p. 159 F.

Collection "Littératures"

Qu'est devenue Dulce Veiga ?
Caio Fernando Abreu.
248 p. 89 F.
Lady Oracle,
Margaret Atwood.
388 p. 130 F.
Les Sept Pendus,
Léonid Andreev.
152 p. 85 F.
Albert Savarus,
Honoré de Balzac.
152 p. 69 F.
La Faute de Jeanne Le Coq,
Antoon Coolen.
192 p. 85 F.
Confusion des peines,
Julien Blanc.
272 p. 110 F.
Mozart, poste restante,
Valeri Brioussov.
104 p. 69 F.
L'Agent secret,
Joseph Conrad.
320 p. 98 F.
Au bout du rouleau,
Joseph Conrad.
224 p. 89 F.
Le Compagnon secret,
Joseph Conrad.
96 p. 59 F.
Freya des Sept-Îles,
Joseph Conrad.
132 p. 79 F.
Jeunesse,
Joseph Conrad.
80 p. 59 F.
Karain,
Joseph Conrad.
96 p. 59 F.
La Ligne d'ombre,
Joseph Conrad.
192 p. 89 F.
Lord Jim,
Joseph Conrad.
480 p. 140 F.
Un paria des îles,
Joseph Conrad.
408 p. 120 F.
Un sourire de la Fortune,
Joseph Conrad.
136 p. 79 F.
Victoire,
Joseph Conrad.
464 p. 130 F.
Petits hommes perdus,
Humberto Costantini.
192 p. 89 F.
Un mystérieux héroïsme,
Stephen Crane.
216 p. 89 F.
Lady Roxana,
Daniel Defoe.
438 p. 120 F.
Elias Portolu,
Grazia Deledda.
224 p. 89 F.
Nétotchka Nezvanova,
Dostoïevski.
224 p. 89 F.
L'homme qui s'est fait tout seul,
Théodore Dreiser.
208 p. 89 F.
Mademoiselle de Clermont,
Mme de Genlis/
Édouard,
Mme de Duras.
168 p. 79 F.
Un enfant d'Ukraine,
Albrecht Goes.
128 p. 69 F.
Années de guerre,
Vassili Grossman.
336 p. 98 F.
Les mots ont des visages,
Joël Guenoun.
Tome 1 : *88 p. 49 F.*
Tome 2 : *88 p. 59 F.*
Contes d'un voyageur,
Washington Irving.
216 p. 89 F.
Les femmes a-sensées,
Edward Lear.
124 p. 79 F.
Chaves,
Eduardo Mallea.
100 p. 69 F.
Le Passage,
Charles Morgan.
288 p. 98 F.
La Droite amoureuse du cercle,
Didier Nordon.
88 p. 59 F.
Les Feux,
Shôhei Ôoka.
216 p. 89 F.
Les Jeux du destin,
Michel Ossorguine.
160 p. 79 F.
Le Calendrier de Cordoue,
Yves Ouahnon.
416 p. 120 F.

Autobiographie de mon père,
Pierre Pachet.
136 p. 69 F.
Le Concile d'Amour,
Oscar Panizza.
144 p. 79 F.
Freud à Nancy,
Michel Picard.
568 p. 149 F.
Caton, Cicéron, Antoine, destins de crise,
Plutarque.
288 p. 120 F.
Pompée, Crassus, César ou l'agonie de la République,
Plutarque.
272 p. 98 F.
La Vie d'Alexandre,
Plutarque.
176 p. 79 F.
Le Soleil de la mort,
Pandelis Prevelakis.
240 p. 110 F.
Les Cloportes,
Jules Renard.
248 p. 89 F.
La Marquise de Gange,
Sade.
248 p. 89 F.
Une fin de règne,
Saint-Simon.
320 p. 98 F.
Orient Exils,
Annemarie Schwarzenbach.
176 p. 79 F.
Les morts restent jeunes,
Anna Seghers.
Tome 1 : 464 p. 120 F.
Tome 2 : 432 p. 120 F.
Transit,
Anna Seghers.
352 p. 120 F.
Train pour le Pakistan,
Khushwant Singh.
256 p. 98 F.
Les Lettres de Capri,
Mario Soldati.
332 p. 120 F.
Tante Safeya et le monastère,
Baha Taher.
128 p. 79 F.
Mémoires d'un valet de pied,
William M. Thackeray.
176 p. 89 F.
Une paysanne russe,
Léon Tolstoï.
128 p. 59 F.
La Mort de Michaël,
Ernst Wiechert.
80 p. 59 F.
Le Roi des Schnorrers,
Israël Zangwill.
176 p. 79 F.
Comédies du ghetto,
Israël Zangwill.
440 p. 120 F.

Collection "Littératures/Roman d'une ville"

Paris, rive noire,
Daniel Picouly, Maurice G. Dantec, Jean-Bernard Pouy, Patrick Raynal, Serge Quadruppani, Cesare Battisti et Marc Villard.
216 p. 120 F.
L'ombre de La Havane,
Manuel Granados, Miguel Mejides, Antonio José Ponte, Zoé Valdés, Carlos Victoria. Trad. Liliane Hasson.
192 p. 120 F.

Collection "Diableries"

Anna, malgré tout,
Arnold Bennett.
288 p. 120 F.
Dans l'ombre de Zennor,
Helen Dunmore.
352 p. 130 F.
Un hiver enchanté,
Helen Dunmore.
360 p. 130 F.
L'Héritière de Robinson,
Jane Gardam.
256 p. 110 F.
Chambre d'ombre,
Julian Gloag.
144 p. 98 F.
L'Amour en classe célibataire,
Angela Lambert.
360 p. 130 F.
Un mariage très anglais,
Angela Lambert.
368 p. 130 F.
Jill,
Philip Larkin.
320 p. 130 F.
L'amour en classe célibataire,
Angela Lambert.
360 p. 130 F.
Thé à l'eau de mer,
James Meek.
304 p. 130 F.
Morsures,
Kate Pullinger.
144 p. 89 F.
Jeux d'orgue,
Joanna Trollope.
328 p. 120 F.
La Famille Aubrey,
Rebecca West.
560 p. 140 F.

Collection "Histoires graphiques"

L'Argent roi,
Edmond Baudouin, Thomas Ott, Federico Del Barrio, F'Murr.
112 p. 98 F.
Le Retour de Dieu,
David B., François Ayroles, Jean-Christophe Menu, Lorenzo Mattotti, Marc-Antoine Mathieu.
112 p. 98 F.
Chroniques du IIe siècle
Avoir 100 ans en Europe,
Carl Cordonnier et Éric Le Brun.
96 p. 139 F.
Avoir 20 ans en l'an 2000,
Baru, Jean-Claude Denis, Aristophane, Jeanne Puchol, Stefano Ricci, Philippe de Pierpont.
112 p. 120 F.
Noire est la Terre,
Frédéric Bézian, Hunt Emerson, Blutch et Jean-Christophe Menu, Chantal Montellier, Lewis Trondheim.
116 p. 120 F.
Le Réveil des nations,
Pascal Rabaté, Alexios Tjoyas, Alain Garrigue, Yvan Alagbé.
112 p. 120 F.

Collection "Figures mythiques"

K.
160 p. 89 F.
Lancelot
160 p. 89 F.
Robinson
160 p. 89 F.
Salomé
176 p. 89 F.
Caïn
144 p. 89 F.
Emma Bovary
160 p. 89 F.
Carmen
160 p. 89 F.
Dracula
160 p. 89 F.

Collection "Autrement jeunesse"

Bateaux
Agnès Rosenstiehl
75 F.
Chapeaux
Agnès Rosenstiehl. 75 F.
Chevaux
Agnès Rosenstiehl. 75 F.
Cheveux
Agnès Rosenstiehl. 75 F.
Tous les secrets du pirate
69 F.
Tous les secrets du cow-boy
69 F.
Tous les secrets du chevalier
75 F.
Félix court des risques
59 F.
Prosper, une santé de fer
59 F.
Samson, l'as du gazon
59 F.
Les Chapeaux d'Achille
79 F.
Léon et Bob
79 F.
Le chocolat, ça craque
49 F.
Les épinards, ça rouille
49 F.
Les pâtes, ça gonfle
49 F.

Revue "Le fait de l'analyse"

La Reproduction,
n° 1
280 p., 130 F.
Moi,
n° 2
280 p., 130 F.

Éditions Autrement

Directeur-rédacteur en chef : Henry Dougier. *Rédaction :* Jean-Claude Béhar. Nicole Czechowski. *Fabrication/Secrétariat de rédaction :* Bernadette Mercier, *assistée de* Hélène Dupont *et de* Alice Breuil. *Graphisme :* Kamy Pakdel. *Service financier :* Éric Moulette. *Gestion et administration :* Agnès André. Hassina Mérabet. Christian Da Silva. *Service de presse :* Agnès Biltgen.

Abonnements au 1er janvier 1997 : la collection « Mémoires », complémentaire des collections « Monde », « Mutations » et « Morales », est vendue à l'unité (120 F par ouvrage) ou par abonnement (France : 450 F ; étranger : 550 F) de 4 titres par an. L'abonnement peut être souscrit auprès de votre libraire ou directement à Autrement, Service abonnements, 17, rue du Louvre, 75001 Paris. Établir votre paiement (chèque bancaire ou postal, mandat-lettre) à l'ordre de NEXSO (CCP Paris 1-198-50-C). Le montant de l'abonnement doit être joint à la commande. Veuillez prévoir un délai d'un mois pour l'installation de votre abonnement, plus le délai d'acheminement normal. Pour tout changement d'adresse, veuillez nous prévenir avant le 15 du mois et nous joindre votre dernière étiquette d'envoi. Un nouvel abonnement débute avec le numéro du mois en cours. Vente en librairie exclusivement. Diffusion : Éditions du Seuil.

Directeur de la publication : Henry Dougier. Revue publiée par Autrement.
Comm. par. 55778. Corlet, Imp. S.A., 14110 Condé-sur-Noireau. N° 21917.
Dépôt légal : 2e trimestre 1997. ISSN : 1157-4488. ISBN : 2-86260-697-9. *Imprimé en France.*